나의 일을 의미있게 만드는 방법

직업의 심리를 이해하면 일터에서의 삶을 변화시킬 수 있다

Bryan J. Dik and Ryan D. Duffy 저
박정민 · 지승희 공역

아내 에이미와
아들 엘리, 실라스, 재스퍼에게
— 브라이언 딕

부모님
마이클과 도로시 더피에게
— 라이언 더피

역자 서문

2015년에 「일터에서 의미찾기(원제: Purpose and Meaning in the Workplace)」를 번역했을 때, 나중에 약간 후회가 들었던 것이 우리말 제목을 붙일 때 '의미 찾기'가 아니라 '의미 만들기'로 하는 것이 더 좋지 않았을까 하는 점이었다. 어딘가에 보물이 숨겨져 있고 그것을 찾기만 하면 된다는 것이 아니라, 의미라는 것은 우리가 직접 만들어 가야 한다는 내용을 제목에서 더 전달할걸 그랬다 라는 마음이 들었던 거다. 그런데, 그 후에 재미있게도 「Make Your Job a Calling」이라는 이 책을 만나게 되었다. 이번에는 후회하지 않고 제목을 '의미만들기'로 해볼 수 있게 되어서 더 마음에 들었다.

커다란 규모의 조직에 소속되어 일을 하는 사람이거나, 혼자 1인 기업의 모습으로 일을 하고 있는 사람이거나, 두세 명이 함께 일을 하고 있는 사람이거나, 이런 말을 자주 한다. "목구멍이 포도청이라 일한다" "정말 죽지 못해 일하는 거다" "토끼같은 새끼랑 여우같은 마누라 때문에 일하지, 안 그러면 곧바로 때려쳤을 거다" "매일매일 다람쥐 쳇바퀴 도는 삶을 사는 것이 말 그대로 지긋지긋하다".

일을 한다는 것이 항상 즐겁고 신나고 재미있을 수는 없는 것 같다. 힘들고 어렵고 도망치고 싶을 때가 엄청나게 많으니 말이다. 미카엘 엔데의 「모모」를 보면, 비는 추적추적 내리고 손님이 하나도 없는 어느 날, "내 인생을 이렇게 면도 거품 속에서 보내야 하나"라고 한숨 쉬는 이발사 아저씨의 모습이 낯설지 않다. 그리고, 꼭 그런 부정적인 마음이 들 때 인간의 시간을 훔쳐가려고 화려한 사기술을 펼치는 회색인간이 아저씨에게 접근하는 것도 이해가 간다. 사실 이발사 아저씨는 본인의 면도 기술에 대해 큰 자부심도 가지고 있고, 사람들과 농담을 주고받으면서 이웃들의 머리를 다듬어주는 일을 즐거워하는 사람이었으니 말이다.

이렇게 우리가 생계를 유지하기 위한 도구로만 일을 바라볼 때, 삶 자체에 대한 허무감이 커진다는 이야기는 수많은 학자들이 주장하고 있다. 성인기의 발달 과제 또한 자신의 인생에 대한 의미를 점검하고 정리하는 것이기도 하다. 이러한 이론을 벗어나서 단순하게 생각한다 하더라도, 우리는 하루 24시간 중에서 가장 많은 시간을 일을 하는데 쓰고 있지 않은가. 그런데, 요새 젊은 사람들이 하는 말대로, "직업은 돈을 벌기 위해서만, 그리고 진정한 자아실현은 퇴근 후에!"라면 그 길고 긴 근무 시간을 버틴다는 것이 정말 말 그대로의 고문일 것 같아 심히 걱정스럽다.

책의 본문에서 저자들도 이야기하듯이, 사람들은 내가 성공할 수 있는 직업은 딱 하나가 정해져 있고, 그것을 찾기만 하면 성공은 보장된다는 생각을 많이 한다. 하지만, 이 책을 번역하면서 똑같은 일을 하더라도, 그 일을 하는 사람의 가치관과 삶의 목표, 생활양식에 따라 일을 통해 얻을 수 있는 행복과 의미, 성공은 사람마다 너무나 달라질 거라는 생각을 새삼스럽게 많이 하게 되었다.

이 책에서 가장 마음에 들었던 내용은 일을 바라보는 시각을 세 가지 역할에 비유한 것이었다. 수동적으로 주어진 일을 해내는 배우,

자신의 직업 경로를 계획하는 기획자, 스스로의 삶을 어떻게 꾸며갈 것인지를 자기자신이 선택하는 작가. 배우는 진로의 내용(what)을 다루고, 기획자는 진로의 방법(how)이 중요하다고 생각하지만, 작가는 진로의 이유(why)에 관심을 가진다. 이 책을 읽으시는 독자분들은 내가 삶을 통해 추구하고자 하는 목적은 무엇인지, 그리고 그 목적을 추구하는 과정에서 내 직업과 일과 진로는 어떤 의미를 가지는지에 대해 생각하며, '내 인생'이라는 책을 쓰는 작업을 하실 수 있었으면 좋겠다.

사람들이 자기자신의 인생을 보다 더 풍요롭게 꾸며가는 일을 전문적으로 조력하는 상담심리학자들 뿐 아니라, 조직 부하직원들의 비전과 커리어에 대해 함께 고민해주시는 관리자분들께도 이 책을 권해드리고 싶다. 술자리가 파할 무렵, 참석한 사람들 모두 다 정신이 없어 기억을 못할 때쯤에야 창피하지 않게 꺼내놓곤 했던 "인생을 어떻게 살 것인가"에 대한 이야기를, 언제 어디서라도 편안하고 자연스럽게 나눌 수 있는 분위기가 최대한 많은 곳에서 만들어졌으면 좋겠다는 소망을 가져본다.

2016년 11월

박정민 & 지승희

Contents

차례

감사의 글

책을 쓰는 작업 과정에서 가장 좋은 일은, 실제 글쓰기가 시작되기 이전에 일어난다. 프로젝트를 상상하고, 계획을 짜고, 전체 책 내용의 구성을 하는데서 오는 즐거움은 그 무엇과도 비교할 수 없을 정도이다. 이와 같은 사전 작업이 끝나고 나면, 곧바로 어려운 일들이 시작된다. 물론, 그 과정에서도 신나고 즐거운 일들을 경험할 수 있게 되지만, 책상에 앉아서 매우 오랜 기간 동안 글을 쓰다보면, 여러 가지 요인들 때문에 동기수준이 내려가고, 꾀를 피우고 싶은 마음이 들기 마련이다. 이 어려운 과정을 견딜 수 있었던 것은, 우리가 이야기하고 싶은 아이디어에 대한 신념과, 그 생각을 사람들과 공유하고 싶은 마음 때문이었다. 하지만, 그보다 더 강력하고 가치있었던 것은 정말 운이 좋게도 많은 사람들이 주위에 있었다는 사실이다. 그들은 우리의 일을 넓은 마음으로 지지해주었고, 용기를 북돋아주었으며, 자신의 전문성을 활용해서 조력을 해주었다. 너무 흔한 말로 들릴지도 모르겠지만, 그 사람들이 도와주지 않았다면, 독자들이 지금 읽고 있는 이 책은 세상에 선보일 수 없었을 것이다.

* 브라이언 *

이 책에 관련된 아이디어를 정교하게 다듬는데 있어서 지원과 조력을 제공해주었던 콜로라도 주립대학의 동료들과 학생들(과거와 현재 모두)에게 감사의 마음을 전하고 싶다. 특히 어니 샤베즈(Ernie Chavez), 커트 크레이거(Kurt Kraiger), 마이클 스테거(Michael Steger)와 브랜디 엘드리지(Brandy Eldridge)에게 감사한다. 또한, 지속적으로 나의 멘토와 지원자가 되어주었던 조-이다 한센(Jo-Ida Hansen)과 웨인 주스(Wayne Joosse)에게도 감사를 표한다. 테리 그레이(Terry Gray), 앤디 틱스(Andy Tix), 에이미 반 길더 딕(Amy Van Guilder Dik)은 이 책의 초기 원고에 대해 정말 도움이 되는 피드백을 주었고, 매튜 샤프(Matthew Schapp)는 전문가적인 조언을 해주었으며, 진로분석가들의 네트워크(Career Analytics Network)도 항상 우리에게 용기를 북돋아주었다. 모두에게 감사한다. 그리고, 부모님과 형제들은 언제나 나의 지원자로서 힘을 주는 사람이었다. 그 중에서도 가장 큰 감사의 마음을 전하고 싶은 사람은 아내 에이미와 네 명의 어린 아들이다. 그들의 희생이야말로 이 책의 마감기한을 맞추는데 있어서 가장 중요하고 핵심적인 조력요소였다. 가족들이 내가 하는 일에 좋은 영향을 주고, 내가 하는 일을 이해해주며 나에게 용기를 북돋아주었기 때문에, 이번 책이 태어날 수 있었다고 생각된다. 그리고 그들의 지지는 나에게 지금까지도 도움이 되고 있다.

* 라이언 *

소명에 대한 이론을 개발하고 정교화하는 작업을 도와준 학문적인 멘토 데이비드 블루스타인(David Bluestein), 밥 렌트(Bob Lent), 빌 세드라섹(Bill Sedlacek)에게 감사한다. 집필작업에 대한 지지를 보내준 동료들, 그 중에서도 특히 니콜 보르헤스(Nicole Borges)와 플로리다 대학 동료들에게 감사의 마음을 전한다. 몇 가지의 소명 프로젝트를 함께 했고, 이 책을 쓰는데 있어서 다양한 방법으로 도움을 준 박사과정 학생들 - 알렉스 자디디안(Alex Jadidian), 캐리 토레이(Carrie Torrey), 리자 보트(Liza Bott), 블레이크 알란(Blake Allan), 켈시 오틴(Kelsey Autin) - 에게도 감사를 표하고 싶다. 마지막으로 나를 교육시키기 위해 기꺼이 힘든 일을 해오셨던, 나의 가장 소중한 존재 부모님은 내 소명을 추구할 수 있는 기회를 주셨다. 진심으로 감사한다.

   * 브라이언 & 라이언 *

   매우 유용한 방향성을 제시해주고, 전문가로서 조언을 해주며, 아낌없는 지지를 해주었던 정말 멋진 템플턴 프레스팀에게 감사의 마음을 전한다. 특히, 수잔 아렐라노(Susan Arellano), 샤론 켈리(Sharon Kelly), 나탈리 실버(Natalie Silver)와 매트 스마일리(Matt Smiley)에게 감사한다. 또한, 이 프로젝트를 지원해주었던 잭 템플턴(Jack Templeton) 박사에게 진심으로 감사를 표하고 싶다. 지속적으로 지지와 조력을 해주고 있는 데이비드 마이어스(David Myers)에게도 감사한다. 그리고 여기에서 꼭 언급해야 하고, 잊지 않았다고 말하고 싶은 사람들도 정말 많다 - 나인가? 라고 생각하는 바로 당신이다.

Part One

21세기의 소명

Calling in the
Twenty-first Century

Chapter One

소명의 진정한 의미 되찾기

Recovering Calling

소명의 진정한 의미 되찾기

Recovering Calling

콜로라도 록키산맥의 모나크 고개에 있는 U.S. 50번 고속도로. 어느 따뜻한 8월의 오후에, 브라이스 엘드리지(Bryce Eldridge)는 자동차의 가속장치를 가볍게 두들기면서 아주 약간 앞으로 차를 움직였다. 그는 시계를 바라봤다가 속도계를 쳐다본 다음에는 눈앞에 아주 길게 줄지어 늘어서 있는 차들에게 시선을 옮겼고, 그 후에는 무거운 한숨을 내쉬었다. 브라이스의 아버지는 매우 오랫동안 미뤄왔던 웨스트 엘크 야생지대로의 여행을 떠나기 위해 거니슨(Gunnison)에서 그를 기다리고 있는데, 정작 자신은 제자리에서 꼼짝을 못하고 있는 상황이었다. 이렇게 길이 밀릴 줄은 상상도 못했고, 지금 할 수 있는 일이라곤 왜 이런 상황이 되었는지에 대해 추측해보는 일 뿐이었다. 사고가 일어났나? 고속도로에 큰 바윗돌이라도 떨어져 있나? 고속도로에는 산맥을 따라 셀 수 없을 만큼 많은 커브길이 있어서, 왜 이렇게 교통정체가 일어나는지를 알기가 어려웠다. 이후 15분 동안 두세 번의 급커브길에서 느릿느릿 기어가는 것을 반복한 끝에, 브라이스는 겨우 앞에서 무슨 일이 일어나고 있는지를 볼 수 있었다. 도로공사하는 사람들이 이차선 도로의 반을 막아놓아서, 기대하던 금요일 오후, 자신을 여행지의 오두막으로 데려다줘야 하는 고속도로에게 차선 하나밖에 주지 않았던 것이다.

공사팀의 앞쪽에는, 자동차의 진입을 막은 차선의 입구를 표시하기 위해 눈에 잘 띄게 만든 8각형의 정지 표지판에 기대어, 오른 손에 긴 막대를 든 사람이 표지판의 그림자 속에 서 있었다. 눈부신 햇빛에 눈을 가늘게 뜨고 바라보았더니, 그 사람은 오렌지색 조끼를 입은 신호수인 것 같았다. 브라이스는 그 신호수의 힘든 삶에 대해 생각해보았다. 청바지와 격자무늬 셔츠, 안전모와 작업부츠를 걸치고, 새로 보수된 도로위에 서 있는 그 신호수의 일이란, 공사장의 반대쪽에 있는 또 다른 한명의 신호수와 무선으로 소통하면서 '앞으로! 뒤로!'라고 방향을 외치는 것일 거다.

교통의 흐름을 통제하기 위해, 매 순간 그는 한쪽의 '정지' 표지판을 다른 쪽의 '서행' 표지판과 계속해서 바꿀 것이다. 어느 정도 시간이 지나면 '정지' 표지판으로. 그 다음에는 다시 '서행' 표지판으로. 이렇게 계속 말이다.

언제나 머피의 법칙에 당하고 사는 사람으로서, 브라이스는 공사가 이루어지는 쪽으로 접근하게 될 때, 마음을 단단히 먹었다. 자신의 자동차로부터 세 번째 앞에 있는 차가 표지판 옆을 돌면서 열려있는 차선으로 들어가자마자, 신호수가 '정지' 표지판으로 바꿔놓는 것을 본 것이다. 그는 얼마 지나지 않아 긴 줄로 늘어설 자동차들의 가장 앞에 서 있게 될 것을 예상하고, 곁눈질을 하며 브레이크를 당겼다. 아예 시동을 꺼버렸기 때문에, 그의 자동차 엔진은 매우 조용해졌다. 얼마 동안은 움직이지 못하고 기다려야 할 것이 뻔했다. 불쾌한 아스팔트 냄새가 진동을 했기 때문에, 브라이스는 창문을 내려서 따뜻한 산의 공기를 마셨다. 신호수와 매우 가까운 곳에 있다는 것을 깨닫고, 라디오를 꺼서 무슨 소리가 들리는지 귀를 기울여보았다. 신호수는 브라이스 앞에 있는 모스그린색의 스바루 운전석에 있는 사람과 이야기를 시작한 참이었다. 진심이 담긴 말투, 솔직히 말하면 거의 동정하는 듯한 어조로 운전자는 말했다. "힘드시겠습니다. 제가 상상할 수 있는 한, 최고로 지루한 일을 하고 계시군요. 어떻게 견디시는지 궁금합니다." 브라이스는 신호수를 향해 몸을 내밀었다. 창문밖으로 얼굴을 반쯤 내밀고, 그 질문에 대해 어떤 답이 나올지를 들어보려고 했다.

신호수의 대답은 매우 놀라웠다.

그 이야기를 들었을 때, 우리 저자들 또한 정말 놀랐다. 신호수는 망설임없이, 또 모순되는 점이 없이 아주 명확하게, 그리고 열정과 자신감을 가지고 활발하게 이야기를 했다. "저는 제 일을 사랑합니다! 사랑하지요. 왜 그런지 아세요? 제 일에는 의미가 있기 때문이에요. 나는 사람들의 안전을 책임지니까요. 나와 함께 일하는 동료들도 잘 살피고, 그들의 안전에 대해서도 신경을 씁니다. 물론 당신의 안전도 책임지구요, 당신 뒤에 있는 모든 자동차에 타고 있는 사람들의 안전도 내 관심사입니다. 매일매일의 삶이 저에게는 새로운 도전이에요." 이 말을 해야 할까 말까를 망설인 듯한 침묵이 흐른 후, 그는 덧붙였다. "나는 이 일을 하게 된 것에 대해 감사한답니다."

대부분의 사람들에게, 이 신호수의 이야기는 믿기 어려운 내용일 것이다. "어떻게 이 일을 견뎌내세요?"라는 질문을 한 운전자는 당연

히 그의 일이란 도전이 없는 지루한 것이며, 페인트가 마르기를 기다
리는 것 정도의 몰입만 요구될 거라고 상상했을 것이기 때문에, 아마
도 신호수의 대답을 듣고 기가 막혔을 것이다.

그럼에도 불구하고, 신호수는 자신의 일이 가지고 있는 목적과 중
요성에 대해 확고한 신념을 가지고 있었다. 우리는 이 이야기를 듣고,
이와 같은 의문을 가졌다. '고통스러울 정도로 너무나 지루한 일을 하
면서, 어떻게 그렇게까지 강한 의미를 찾을 수 있었을까?' 신호수는
교사나 성직자도 아니었고, 사회복지사나 의사도 아니었다. 그렇다고
해서 간다나 마더 테레사, 마틴루터킹 주니어와 같이 대단한 사람도
아니었다. 도로건설팀의 신호수란 말이다! 하지만, 그의 일은 의미있
는 일의 모든 요소를 가지고 있었다. 신호수는 지금 하고 있는 일을
하게 된 과정을 이야기하면서, "부르는 자(caller)"에 대해 언급하였다.
소명을 주신 분의 말을 듣고 그 부름에 응답하였다는 것이다. 그의
일이 가지고 있는 의미는 명확했고, 그 의미는 삶의 목적이라는 더
큰 시각과도 일치하였다("나는 사람들의 안전을 책임집니다"). 그의 일은
이타적인 기반을 가지고 있었다. 그의 시각에 의하면, 그는 사람들의
안전에 신경쓰면서, 많은 사람들을 돕고 있는 것이었다.

물론, 모든 신호수들이 자신의 일이 소명이라고 생각하지는 않을
것이다. 모든 교사, 예술가, 간호사, 변호사들이 자신의 일을 소명이라
고 보지는 않는 것처럼 말이다. 그렇다면, 자신의 일이 매일매일 반복
되는 지루한 것이며, 월급을 받는 것 이외에는 아무런 의미가 없다고
생각하고, "하나님, 금요일을 주셔서 감사합니다"를 인생의 주제로 삼
고 있는 다른 신호수들과 이 신호수를 차별화하는 것은 무엇일까? 어
떤 일에서든지(농부, 금속 사업장에서 일하는 근로자, 수위, 행정보조원, 교
수), 자신의 일을 소명이라고 생각하는 사람과, 동일한 일을 하고 있

지만 전혀 그런 생각을 하지 않는 사람의 차이는 무엇일까? 좀 더 핵심적인 질문을 해본다면 이런 것일 것이다. "소명이란 어떤 것을 말하는가? 소명을 가지게 된다면 어떤 변화가 생겨나는가? 사람들은 어떻게 자신의 소명을 발견하고, 경험하며, 수행해나갈 수 있을까?"

이러한 궁금증들을 기반으로 하여, 우리 저자들은 함께 작업을 해보기로 했다. 이 질문들에 대한 대답을 찾는 것이 우리의 일에 있어서 가장 최우선시 되는 작업이 되었다. 우리는 소명의 개념과, 사람들의 삶 속에서 소명이 수행하는 역할을 더 잘 이해하기 위해 다수의 연구를 수행해온 학자들이 소속된 커뮤니티의 일원이며, 심리학을 연구하는 과학자이다.

진로상담 전문가로서, 우리는 간절하게 소명을 찾고자 하는 수많은 내담자들과 함께 작업을 해왔다. 이때의 소명이란, 꼭 해야겠다고 생각한 일을 의미하고, 삶의 목적과 깊이 연결되어 있으며, 자신이 속한 사회와 세상에 있어서 긍정적인 변화를 만들어내는 방법으로 움직이게 해주는 것을 말한다. 우리 자신의 소명에 있어서 핵심적인 부분은, 신중하게 시행된 최신 연구들을 활용해서, 브라이스가 고속도로 위에서 신호수를 만나 얻었던 배움, 또한 모든 분야에서 자신의 일을 소명으로 생각하는 다양한 사람들로부터 얻은 배움에 대해 더 잘 이해하고 그 배움을 삶에 적용하는 것이다. 확실히 이 일은 우리에게 의미가 있다.

그리고 당신에게도 분명히 중요한 의미가 있을 것이다.

그 이유는 무엇일까?

소명을 가진다는 것이 어떤 의미인지를 이해하게 되면, 우리 각자의 삶에 대해 점검해보게 되고, 어떻게 하면 우리의 경력과 직업을 더욱 의미있고, 만족스러우며, 인생을 바칠만한 방향(직접적으로나 간접적으로 세상을 더 좋은 곳으로 만드는 방향)으로 변화시킬 것인지에 대해 알아낼 수 있게 되기 때문이다. 이 책의 목적은 당신이 이 깨달음을 잘 이해하고, 자신의 직업, 경력, 그리고 인생의 맥락에서 효과적으로 활용할 수 있도록 돕는 것이다.

이 책에서 우선 우리는 소명이라는 개념을 정의할 때 매우 다양하고, 때로는 서로 상충되는 방법이 존재하여 혼란이 생기게 된 이유가 무엇인지에 대해 이야기하는 것으로 시작해보려고 한다. 다음으로는, 일의 맥락에서 정리해본 소명의 개념을 명료화함으로써, 혼란상황을 타개해보려는 우리의 접근법을 소개할 것이다. 우리의 접근법은 수세기 동안 신학자들과 철학자들이 소명에 대해 쌓아온 지혜들뿐 아니라, 매우 빠른 속도로 관심을 얻고 있는 과학적 연구의 최신 이론과, 직업심리학자로서 우리가 가지고 있는 경험을 기반으로 하고 있다. 지금부터는 전체적인 책의 내용을 요약하면서, 전반적인 지도를 그려보려고 한다.

소명의 의미

"소명(calling)"이란 무엇을 의미하는 것일까? 그 질문은 누구에게 묻느냐에 따라 대답이 달라질 것이다. 예일대학교의 경영학과 교수인 에이미 브제스니에프스키(Amy Wrzesniewski)는 이 개념을 로르샤하 검사에 비유한다.

로르샤하는 잉크반점으로 유명한 투사적 검사로서, 심리치료 내담자에게 모호한 자극을 제공한 후, 어떤 것이 보이는지를 묻는다. 이때 나온 대답은 내담자의 무의식에서 이루어지는 내적 작업을 드러낼 수 있는 열쇠로 사용되는 것이다. 유사하게, 사람들로부터 "소명"에 대한 개념 정의를 들어보면 매우 다양한 대답이 나오는데, 그 대답을 통해 그들의 경력과 삶에서 소명이 어떤 역할과 기능을 하고 있는지에 대한 가정(assumption)과 신념을 알아볼 수 있다. 사람들이 소명에 대해 어떻게 이해하고 있는지에 대해 직접적으로 질문해보았던 첫 번째 연구에서, 우리는 대학생들을 대상으로, 소명이라는 개념에 대한 생각을 알아보기 위한 몇 가지 질문을 하였다.[1] 책을 더 읽어나가기 전에, 독자여러분도 직접 대답을 해보도록 하자.

1. "소명"이 당신의 직업에 미치는 영향을 고려할 때, "소명"을 어떻게 정의하시겠습니까?

_____

_____

_____

2. 당신이 직업을 선택하는 데 있어서 소명이라고 생각되었던 것은 무엇이었습니까?

_____

_____

_____

3. "소명"이라는 단어는 일 이외의 당신의 삶에 대해 어떤 영향을 미치고 있습니까? 구체적으로 이야기해주십시오.

_____

_____

_____

435명의 학생들 중에서, 68%(!)는 직업을 선택하는 데 있어서 소명이 핵심적인 고려요소였다고 대답했다. 위의 세 가지 질문에 대해 이 학생들이 대답한 내용들을 분석해서 공통 주제를 찾아보았다. 그 결과, 소명을 이해하는 데 있어서 '이끄는 힘(guiding force)'의 개념이 핵심적인 것으로 나타났다. 신, 신의 선물이나 운명과 같은 외부적인 힘(한 학생은 소명이란 "신이 내 인생을 위해 마련해놓은 길"이라고 표현했다)을 언급한 학생들이 많았고, 내적인 욕구나 열정("특정한 분야나 직업에 대한 자연스러운 본능이나 내면적인 힘")을 이야기한 학생들도 있었다. 또 자신의 재능, 열정, 목적의식과 특정한 직업 사이에 강한 적합성(fit)이 있게 되면, 성장, 인생의 방향에 대한 명료화와 행복을 얻을 수 있다는 것을 강조하기도 했다("구체적으로 설명하기는 좀 어렵지만, 내 자신과 다른 사람들을 위한 더 좋은 일을 하는 느낌이 든다"). 그리고 학생들은 소명이란 다른 사람들에게 긍정적인 영향을 미치는 것이라고 이야기하였다("어떤 일을 하도록 이끌려 간다는 것은, 내 자신뿐 아니라 다른 사람들을 돕기 위함인 것이다"). 어떤 학생들은 소명이 있다면, 특별한 노력과 헌신하는 태도를 가지고 책임감 있게 일을 하게 된다고 대답하기도 했다. 대부분의 학생들은 소명은 일뿐 아니라, 삶의 다른 분야(관계, 교육, 여가생활, 영성)에서도 중요한 요소라고 이야기하였다. 또 어떤 학생들에게, 소명이란 자신의 인생 모든 부분들에 영향을 미치는 것이었다("소명은 내가 삶을 사는 데 있어서 이 일을 왜 하는지를 설명하기 위해 필요한 요소이다").

물론, 이들은 젊고 이상주의적인 대학생들이다. 우리도 현실의 세상이 대학 2학년의 기준만으로 운영될 수는 없다는 것을 알고 있다. 그래서 우리는 후속연구에서, 370명의 대학 직원들에게 동일한 질문을 해보았다. 이번의 연구대상에는 다양한 직업군을 포함하였다. 교수와 행정직원들보다 회계사, 행정보조원, 정보기술 전문가, 미화원, 도서관 사서, 정원사들의 숫자가 더 많았다.[2] 이들 중 62%는 소명이 자신의 직업과 관련이 있다고 대답하였는데, 이는 대학생의 대답보다 6% 정도만 낮은 것이었다. 세 가지 질문 중, 1번과 2번 질문에 대한 응답내용을 분석해보니, 학생들의 대답에서 나온 표현들과 거의 유사했다 - 이끄는 힘(외적인 힘과 내적인 힘), "적합성"의 느낌, 이타적인 동기. 물론 학생들과 달리, 웰빙에 대한 다양한 요소들도 나타났다(열정, 만족감, 의미. 어떤 직원은 소명이란 "나의 흥미와 가치를 기반으로 한 의미있는 일"이라고 표현하였다). 또한 대학생들과 유사하게, 직원들도 소명이란 자신의 직업을 넘어서서 보다 더 넓은 의미를 가진다고 생각하고 있었다. 물론, 예외적인 몇 명도 존재했다("소명이란 풍요로운 소비를 말한다").

이 두 가지 연구결과를 종합해보면, 사람들이 소명에 대해 가지고 있는 공통적인 주제가 어떤 것인지를 명확하게 보여준다. 의미와 목적에 대해 더 넓은 시각을 가지는 것과 함께, 이끄는 힘, 직업에 대한 개인적 특성의 "적합성", 이타적 태도에 대해 생각하는 것은, 학생이나 일하고 있는 성인이나 마찬가지였다. 그리고 성인들은 웰빙을 제공해줄 수 있는 혜택과 소명을 연결시키고 있었다. 이렇게 사람들이 소명을 어떻게 정의하는지에 대해서는 유사점도 있었지만, 차이점도 발견되었다. 예를 들어보면, 소명을 정의내리는 다양한 방법들은 크게 두 가지로 묶어볼 수 있었다. 첫 번째로, 신고전주의적 소명은 외적인 힘에 기원을 두고 있으며, 사회적인 의무를 강조한다("나는 외부의 사건이나 어떤 사람 때문에 이 일을 하게 되었다. 그리고 내가 하는 일을 통해 다른 사람들을 도우려 한다"). 반대로, 모더니즘적 소명은 내면으로부터 생겨나며, 개인적인 행복을 강조한다("나는 특정한 직업에 대한 내적인 욕구를 가지고 있으며, 그 일은 나를 가장 행복하게 만들어준다").

이와 같은 신고전주의 대 모더니즘의 대립은, 학자들이 소명을 정의하는 데 있어서 종종 사용하는 신성주의 대 세속주의 간의 차이와 일치한다. 지난 반세기 동안 가장 영향력이 컸던 심리학 연구자들 중 하나인 로이 바우마이스터(Roy Baumeister)는 외부에 기원을 두고 있는 소명(종교적 시각과 연결한)과, 내부적이고 세속적인 소명간의 차이에 대해 처음으로 탐색한 사회과학자였다. 종교에 뿌리를 두고 있는 일 관련 소명(다음 장에서 더 자세히 살펴볼 것이다)은 매우 단순하다. 소명에 대한 고전적 시각은 프로테스탄트 개혁가들에 의해 개발되었다. 이들은 신이 사람들에게 자신을 섬기고 다른 사람들을 섬기기를 요구한다고 가르쳤다. 어떤 일을 하고 있든지, 그 일을 잘 할 수 있도록 능력을 개발해야 하는 것이다. 신고전주의적 시각 또한 이 전통을 기반으로 하고 있지만, 조금 더 정의를 확장하였다. 반대로, 소명에 대한 모더니즘적 시각에서는 자기실현의 개념을 가져왔고, 낭만주의와 빅토리아 시대 예술가들은 이 시각에 따라, 자신이 하는 일을 선택한 이유는 스스로의 내면에서 아직 완성되지 못한 대작을 만들기 위함이라고 이야기했다.

바우마이스터는 소명에 대한 모더니즘적 시각에 대해 "소명을 따른다는 것은, 신에 대한 의무에서 자기 스스로에 대한 의무로 대체되었다"[3]고 말했다. 브제스니에프스키는 이제 소명에 관해서는 모더니즘적 시각을 기준으로 활용한다고 결론을 내렸다. "소명은 전반적으로 종교적인 의미보다는 세속적인 시각에서 정의되고 있다. 이제 소명이란, 각 개인이 이 세상을 더 나은 곳으로 만들 수 있다고 믿는, 즐길 수 있고 행복을 추구할 수 있는 일들로 구성되어 있는 개념이다."[4]

하지만 모더니즘적이며 세속화된 소명의 정의가 신고전주의적인 정의를 대체하여 사용되고 있다는 가정은 아직 연구를 통한 근거를 기반으로 하는 것은 아니다. 그렇다고 해서 틀린 이야기라는 것도 물론 아니다. 앞으로 시간이 지나고 자료가 모이게 되면 자연스럽게 해결될 일이다. 그럼에도 불구하고, 위의 두 가지 접근법은 현재 가장 많이 활용되고 있다. 그렇다면, 둘 중에서 어떤 정의를 고를지는 어떻게 결정되는 것일까? 287페이지의 Q&A 1번에서 이 문제에 대해 더 자세히 설명하였는데, 우리에게는 소명이라는 단어 자체가 가지고 있는 문자 그대로의 의미는 무엇인지, 그리고 그 단어는 긴 역사를 통해 어떻게 사용되어 왔는지에 대한 것이 중요한 의문으로 남는다. 우리는 여기에서 "신(god)"이라는 단어에 대한 또 다른 논쟁을 떠올렸다. 스티븐 호킹(Stephen Hawing)은 그의 유명한 「시간의 역사(A Brief History of Time)」라는 책에서, 현대 물리학이 "만물의 이론(theory of everything)"이라는 성배를 찾게될 때, 사람들은 비로소 "신의 마음"을 들여다볼 수 있게 될 거라고 주장했다.[5] 유사하게, 천문학자 조지 스무트(George Smoot)는 빅뱅 이론을 뒷받침해주는 우주배경복사(역주 : 특정한 천체가 아니라, 우주공간의 배경을 이루며 모든 방향에서 같은 강도로 들어오는 전파이다. 0.1mm~20cm의 마이크로파로, 2.7K의 흑체복사를 나타낸다. 우주의 팽창이 대폭발(Big bang)에서 시작되었다는 우주론에 의해 예언되었던 것이다 / 두산백과)의 발견에 대해 "마치 신의 얼굴을 직접 보는 것 같다"고 말하기도 했다.[6] 최근에는 국제 뉴스에서 힉스 입자(Higgs boson) - 우주, 시간과 물질을 이해하는 데 있어서 매우 중요한 소립자 - 의 발견에 대해 대서특필했었는데, 이 소립자는 "신의 입자(the God particle)"라는 별명으로 더 잘 알려져 있다. 이와 같은 표현들을 보면, 경외감을 갖게 되는 과학의 미스테리를 설명할 때 "신"이라는 단어가 은유적으로 사용되는 듯하다. 하지만 이때의 신은 지

구에 있는 사람들을 보살피는 실제적인 존재를 의미하는 것은 아니
다. 이렇게 "신"이라는 단어를 사용하는 것은 노벨물리학상 수상자인
스티븐 와인버그(Steven Weinberg)도 예외는 아니었다. 와인버그는 한
인터뷰에서 이런 말을 했다. "우리가 언어를 사용할 수 있으려면, 단
어들의 의미를 보존하기 위해 노력해야 한다. 그리고 '신'이라는 단어
는 역사적으로 자연의 법칙을 의미하는 것이 아니라, 특정한 인격
(interested personality)을 의미해왔다. 나는 사람들이 '신'이라는 단어
를 생각없이 쓰는 것에 대해 비통함을 느낀다. 왜냐하면, 우리는 역사
적으로 단어가 사용되었던 방법을 충실하게 따라야 한다고 생각하기
때문이다."[7]

우리 필자들은 와인버그와 동일한 생각을 갖고 있기 때문에, 소명
에 대한 우리의 개념 정의는 그 단어의 문자 그대로의 뜻과 역사적
의미를 보존하고자(사실, 되찾고자) 하는 의도를 반영한다.

우리가 '소명'이라고 말할 때, 말하고자 하는 것은 무엇인가?

소명이라는 단어가 명사로 쓰일 때에는, 어디로 가라는, 또는 무
엇을 하라는 명령, 요청, 초대의 의미로 쓰인다. 이때에는 "부르는 자
(caller)" 즉, 소명을 만들어내는 존재(issuer of the call)이자 부름의 원
천(source of the summons)의 존재가 있다는 전제를 기반으로 한다.
또한 이 단어는 역사적으로 유용하고, 다른 사람들에게 도움을 줄 수
있는 방향으로 일할 책임이 있다는 뜻을 포함해 왔다. 스튜어드 번더
슨(Stuart Bunderson)과 제프리 톰슨(Jeffrey Thompson)은 의무와 운명
이 가지는 중요성에 초점을 맞추어 설명한다. "고전주의 및 신고전
주의 시각에서는 의무와 운명이 핵심적인 역할을 했지만, 현대적인

소명의 개념에서는 큰 역할을 하지 못하고 있다."[8] 소명이라는 단어 자체의 뜻은, 소명이 외부적인 원천에서 왔다는 가설을 지지하며, 역사적인 단어의 활용을 보았을 때에도, 소명은 사회와 공동의 선(the common good)에 대한 의무 추구를 강조한다.

공식적으로, 우리는 "소명"이라는 개념을 다음과 같이 정의하려고 한다. "자기를 넘어선 어딘가에 원천을 두고 있는 초월적인 부름(summon)으로 경험되는 현상. 동기의 근본적인 기반으로서 타인을 고려하는 가치와 목표를 가지고 있으며, 그 목적과 의미를 추구하는 방향으로 특정한 인생의 역할을 수행하려는 태도."[9] 솔직히, 이 정의에는 너무 많은 단어가 포함되어 있는데다가 지나치게 학문적이라는 것을 인정한다. 그래서 각 요소들로 이 정의를 좀 나누어서 설명해보도록 하겠다. (한 가지만 먼저 이야기하면, 소명은 "어떤 인생의 역할"에도 적용될 수 있다. 이 부분은 조금 후에 더 탐색해보도록 하겠다. 하지만 이 책의 초점은 일과 진로에 맞추어져 있기 때문에, 이 부분에 대해 주된 논의를 진행해볼 것이다.)

초월적 부름

소명의 정의에서 나타나는 첫 번째 요소는, 소명이란 부르는 자(caller) - 소명을 이야기해주고 자각하도록 해주고 경험하도록 해주는 외부의 원천 - 을 포함하고 있다는 우리의 신념을 반영한다. 역사적으로 부르는 자는 대부분의 경우 신이라고 생각되었고,[10] 특히 성인 중 92%가 신이나 우주적인 존재를 믿는다는 현대 미국에서는 여전히 그러한 현상이 관찰되고 있다.[11]

그렇지만, 어떤 사람들은 소명이란 사회의 요구, 운명, 가족의 유산과 같은 다른 원천으로부터 오는 것으로 생각하기도 한다. 우리의 연구에 참가했던 대학생들 중 한명은 소명에 대해 "자기 자신이 그 일을 할 운명을 타고났다고 믿게 만드는 특정 분야의 무엇"이라고 표현했다. 매우 큰 사건이 발생했을 때(2001년 9월 11일의 테러, 허리케인 카트리나, 털루사와 알라바마, 조플린, 미주리 근처에서 일어난 2011년의 토네이도), 많은 사람들이 이웃의 고통에 대한 뉴스에 마음이 움직여, 하고 있던 일을 그만두고 사고현장으로 가서, 특별한 기한을 정해놓지 않고 어려움을 겪고 있는 사람들을 돕는 경우가 많았다. 그 중에서도 로힛(Rohit)이라는 한 지게차 운전기능사(그의 이야기는 3장에서 다시 다룰 것이다)의 사례는 매우 정확한 실례가 될 것이다.[12] 또 어떤 사람들은 소명이란 다양한 원천으로부터 경험할 수 있다고 이야기한다. 아이오와의 옥수수 농장을 하게 된 소명은 신, 조상, 굶주린 세상, 새로운 에탄올 엔진 세대 모두로부터의 부름일 수도 있는 것이다.

일에서의 목적과 의미

소명의 두 번째 요소는 일과 인생에서 목적과 의미를 경험하는 것에 초점을 맞춘다.[13] 소명은 한 개인이 자신의 일로부터 인생의 의미를 경험하는, 목적의식을 끌어내준다. 예를 들어서 한 열정적인 요리사를 상상해보자. 자신이 만들어낸 에클레어를 먹고 기분이 좋아지는 손님들을 보면서 스스로 얼마나 큰 기쁨을 느끼는지에 대해 항상 놀라게 되는 사람 말이다. 그녀에게 있어서 멋지고 행복한 인생을 만들어주는 것은, 사람들이 가지고 있는 문제를 잠시 내려놓고 삶의 한 순간을 생생하게 느낄 수 있게 도와주는 디저트를 만들 수 있는 예술적 재능으로부터 나오는 즐거움 그 자체인 것이다. 또한 소명이란, 인생에 있어서 명확한 목적의식과 의미를 가지고 있는 사람이 자신의 목적의식과 의미를 표현할 수 있는 일을 찾는 것처럼, 목적의식을 표현해 준다.

예를 들어서, 손님을 진정한 고객으로 생각하는 자동차 정비공은, 사고가 일어난 차를 고친다는 것은 화가 나고 불편한 상황을 겪고 있는 운전사들이 정상적인 삶으로 돌아갈 수 있도록 효과적으로 도울 수 있는 방법이기 때문에, 자신의 일이 의미있다고 생각한다. 사람들이 소명을 가진다는 것은, 일에서의 목적의식과 의미를 더 넓은 시각으로 보게 되면, 전체 인생에서의 목적의식과 의미와 일치한다는 것을 가리킨다. 독자들도 상상이 갈 것이다. 이와 같은 일치감은 사람들에게 인생의 안정성과 일관성을 제공해준다는 것을 말이다.[14]

그 외의 동기들

세 번째 요소에서는, 소명의 핵심 요소에 대한 역사적인 조망 - 일이란 다른 사람들의 웰빙과 전체적인 공통의 선을 지원해야 한다는 생각 - 을 강조한다. 기본적으로, 또 적어도 이론적으로 우리의 경제란 이 생각을 지원하기 위해 만들어져 있다. 우리가 생존하기 위한 모든 일들을 스스로 해내는 사람은 존재하지 않기 때문이다. 우리는 가게에 가서 채소를 사기 위해, 모든 것이 얼어붙도록 추운 겨울 밤 보일러를 켜기 위해, 자동차의 오일을 교환하기 위해 다른 사람들의 도움을 필요로 한다. 우리는 다른 사람들이 필요하고, 그 사람들도 우리가 하는 일을 필요로 한다 - 적어도, 이론적으로는 말이다. 예를 들어, 교사, 사회복지사, 의사와 같은 사람들은 다른 사람들에게 직접적이고 눈에 보이는 도움을 제공해준다. 다른 사람들도 간접적으로, 하지만 작지 않은 도움을 준다. 우리가 사용하는 모든 물품들은 누군가에 의해 만들어졌고, 우리가 활용하는 모든 서비스는 누군가에 의해 제공되며, 모든 기계들은 누군가에 의해 움직여지고 수리된다. 이

와 같은 맥락에서 소명을 가지고 있는 사람들은, 자신의 일이 다른
사람들에게 어떤 도움을 주고 있는지에 대해 이해한다. 그 도움의 크
기가 어느 정도이든지 간에, 자신이 만들어내는 도움이 어떤 것인지
에 대해 언어를 통해 설명할 수 있다. 그뿐 아니라, 이들이 일을 하
는 이유는, 바로 자신이 변화를 창출할 수 있기 때문이다. 전체적인
세상을 더 좋게 만드는 것은 그들이 일을 하게 되는 유일한 동기는
아닐지 모르지만, 핵심적인 동기인 것이다.

소명에 대한 추가적인 설명

더 이야기를 하기 전에, 오해가 있을 수도 있는 사람들에 대해 정
리를 해보는 것이 좋겠다.

첫째, 소명이란 엄청나게 큰 통찰이 일어나면서 한번에 찾을 수
있는 무언가가 아니다.

우리의 연구에 참여하여 인터뷰를 했던 사람들 중에서, 소명을 개
발하는데 있어서 통찰의 순간(aha moment)을 경험한 경우는 실제로
얼마 되지 않았다. 종종 사람들은 소명을 찾고 싶다는 이야기를 하면
서, 소명 찾기를 의자 쿠션 아래 숨겨져 있는 열쇠들을 찾는 것과 비
슷하게 생각하곤 한다. 소명이란 발견되기를 바라며 숨어 있는 것이
고, 사람들이 자신의 소명을 찾기만 한다면 그때부터는 전혀 헤맬 필
요가 없으며, 자신에게 완벽하게 맞는 일을 하는 즐거움에 빠지기만
하면 된다고 여기는 것이다. 한마디로 소명찾기란 너무나 쉬운 일이
라고 생각하는 거다! 하지만 우리가 생각하기에 소명이란 지속적인
과정을 의미하는 것 같다. 소명의 시각을 가지고 일에 접근을 한다는
것에는 어떤 일을 할 것인지를 결정하는 부분도 물론 포함되어 있지

만, 그 결정을 한 것에서 모든 것이 끝나는 것은 아니다. 직업을 결정한다는 것은 인생에 대해 자신이 가지고 있는 목적의식과 일을 통해 경험하는 활동이 일치할 수 있도록, 또 다른 사람들을 위해 좋은 세상을 만들어내기 위해 자신의 일에 대해 지속적으로 성찰하고 적극적으로 일의 내용을 변화시키는 작업의 시작이며, 출발점인 것이다. 이상적으로 꿈꾸는 직업을 가지지 못한 사람이라 해도 자신의 일을 변화시키고 재구조화하여, 소명에 가깝게 만드는 작업을 할 수 있다. 더 정확하게 표현한다면, 생계유지를 위해 하는 도구로서의 일을 소명으로 변화시키는 작업을 할 수 있다는 것이다.

두 번째로, 모든 사람들은 소명을 가질 수 있는 잠재력을 지니고 있다. 물론, 기본적인 생계를 꾸려나가는 데에 정신없이 바쁜 사람들에게는 어려워보일 수도 있을 것이다. 이번 달에 갚아야 할 대출금 이자를 어떻게 낼지에 대해 고민하고 있는 사람에게, 소명에 대한 추구는 거의 머리에 떠오르지 않는 일일 테니 말이다. 그렇지만, 인생의 역경은 실제로 소명추구 작업을 촉진하기도 한다. 예를 들어, 다양한 성인 실업자들을 인터뷰한 후, 연구자들은 이런 결과를 찾아냈다. "어떤 경우, 경제적인 풍요로움은 소명을 찾는 데 있어서 장애물로 기능하기도 한다는 의견이 꽤 많이 나왔다. 경제적 안정이 된 상태에서는, 자신을 돌아보고 또 다른 일을 해보려고 하는 동기가 없어지기 때문인 것이다.[15] 어떤 사람들은, 자신의 일을 통해 의미를 찾으려면 어느 정도의 경제적 지위가 필요하다는 생각은 정말 말도 안된다고 이야기하기도 했다."

마지막으로, 어떤 분야든지 정직하고 합법적인 일이라면 소명이 될 수 있다. 눈에 보이는 방법으로 세상을 좋게 만들지 않는 일이거나, 사람들이 하고 싶지 않지만 어쩔 수 없는 상황에서만 선택하는 일이라도 말이다.

사실 소명이란 그 사람이 어떤 일을 하는지와는 아무런 관련이 없고, 오히려 그 사람이 어떤 태도로 자신이 맡은 일을 하는지와 큰 연관성을 가지고 있다. 연구결과를 보면 이 주장이 뒷받침된다. 행정 보조원, 병원 미화원, 헤어디자이너, 레스토랑의 주방 직원들은 사회적 지위가 낮은 직업으로 간주되지만, 자신의 일을 통해 의미를 찾았고, 스스로의 일이 다른 사람들의 웰빙수준을 높이는 데 기여한다고 말하는 사람들이었기 때문이다.[16] 또한 매우 단순하고 반복적인 일을[17] 하는 사람들이나, "궂은"(dirty / 예 : 사람들이 극도로 회피하는 일이거나, 낙인이 찍혀 있고 악명이 높은 일) 일을 하는 사람들 중에도 의미있는 일을 통해 소명을 찾은 사람들이 있었다. 이들은 자신의 일이 다른 사람들에게 미치는 영향을 강조하기 위해, 일을 재구조화하고, 재조정하고(recaliberate), 재초점화 작업을 하는 모습을 보였다.[18]

직업심리학

신학, 철학, 역사학 분야의 학자들은 '일'이란 소명이라는 전제를 기반으로 하여 오랜 기간 동안 다양한 연구들을 진행해왔다. 우리는 지금까지 이루어진 이 학계의 연구결과들이 높은 가치를 가지고 있다고 생각했고, 필자들이 가지고 있던 고민도 이 연구들로부터 큰 혜택을 받을 수 있었다. 소명과 의미있는 일에 대해 기술하고 있는 모든 책들과 논문들과 마찬가지로, 이 책에도 다양한 분야의 연구로부터 얻은 지혜들이 자연스럽게 스며들어 있다. 하지만 우리는 직업심리학 분야의 과학자 - 실천가로서, 특별히 자료(data)와 실제적 적용에 대해 높은 관심을 가지는 편이다. 우리는 자료(소명과 연관 주제에 대한 과학적 연구의 결과)를 좋아한다. 왜냐하면, 자료는 일을 의미있게 만드는 것은 무엇인지, 그리고 일의 의미를 어떻게 찾고 어떻게 만들어가는지, 사람들이 이야기하는 내용의 진실에 대해 최대한 객관적인 검증을 할 수 있도록 해주기 때문이다. 자료는 어떤 형태를 가지고 있더라도 유용하게 사용될 가능성이 있지만, 우리는 특히 실제적 적용이 가능한 자료를 좋아한다.

우리가 기존 연구들을 공부하고 직접 연구를 수행하는 이유는, 인간세계의 지식창고를 채우는 작업에 기여하기 위해서라기보다는(이러한 지식창고가 있다는 것은 믿고 있지만), 일에 대해 가치를 부여하는 사람들과 긴밀하게 함께 일하고 있는 직업심리학자로서, 사람들이 자신의 직업에 대해 좋은 결정을 내릴 수 있도록 더 잘 도와줄 수 있는 정보를 갈망하기 때문이다. 우리는, "직업심리학"이라는 이름 하에 이루어지는 연구들 중에서 두 가지 종류의 자료들에 초점을 맞추어보았다 : 첫째, 소명과 의미있는 일에 대한 연구. 둘째, 진로선택 및 개발에 대한 연구.

소명과 의미있는 일에 대한 연구

특별히 소명의 개념에 대해 살펴보는 연구는 매우 최근에 이루어지고 있다. 소명이 사람들의 삶에 미치는 영향에 대해 사회과학자들이 과학적 방법을 활용하여 연구하기 시작한 것은 20년이 채 안된다. 우리가 소명에 대한 현대적 시각이 신고전주의적 시각과 다른 점을 명료화하려 애쓰고는 있지만, 지금까지 연구자들이 결론을 낸 것은 그다지 많지 않다. 연구자들과 연구참여자들이 소명에 대해 가지고 있는 다양한 정의를 가지고 있다는 사실은 간과되었고, 오히려 모든 사람들은 소명에 대해 기본적으로 동일한 생각을 하고 있다는 잘못된 전제를 기반으로 하고 있어서, 연구결과는 모호하고 해석하기 어렵게 나오기 일쑤였다. 재미있는 것은, 이러한 한계점에도 불구하고, 최근 연구들은 매우 유사한 결과를 내놓고 있다는 사실이다. 다양한 학생들과 직장을 가지고 있는 성인 남녀들은 소명에 대해 각 개인마다 독특한 정의를 가지고 있었지만, 소명을 가지고 있는 사람은 놀랄 만큼 많았으며, 소명과 관련하여 긍정적인 성과를 얻고 있는 경우도 매우 많은 것으로 나타났다.

우리가 "놀랄 만큼 많았다"라고 말하는 것은, 일반적으로 상상하는 것 이상으로 더 많은 사람들이 소명에 대해 중요하게 생각하고 있었다는 의미이다. 한번 생각해보자. 소명이란 자신이 생각하고 있는 직업과 관련이 있다고 이야기한 사람들은 어느 정도 있었을까? (1994년에 출판된) 소명에 대한 초기 경험연구들 중 하나에서, 사회학자 제임스 데이비슨(James Davidson)과 데이비드 캐델(David Caddell)[19]은 직업을 가진 성인 참가자들 중 15%가 자신이 하고 있는 일을 소명이라고 말했다고 보고했다.

연구 참여자들이 미국 하트랜드(인디애나 주, 사우스 벤드와 라파예트)에서 구해졌다는 것을 고려해보았을 때, 15%라는 숫자는 미국 전체 국민을 고려했을 때 매우 작은 숫자라고 생각할 수도 있을 것이다. 그러나 그 이후에 이루어진 모든 연구들에서는 30% ~ 68%의 참가자들이 소명이란 자신이 스스로의 일을 바라보는 시각과 관련이 있다고 보고하였다. 정확한 수치가 얼마이든지 간에, 소명이란 정말 많은 사람들에게 중요한 개념이라는 사실은 변함이 없는 것이다.

물론 연구자들은 소명이라는 것이 얼마나 많은 사람이 가지고 있는 개념인지를 알아보는 것에서 멈추지 않았다. 소명을 가진다는 것이 어떤 차별점을 가져오는지를 알고자 했다. 소명을 지닌 사람들은 일에 대해 그 외의 시각을 가지고 있는 사람들에 비교했을 때, 더 좋은 인생을 살고 있을까? 대답은 '그렇다'였다. 소명을 가진 사람들은 일을 비롯한 전체적인 인생에서 긍정적인 경험을 하고 있었다. 소명을 가지고 있는 사람들은 자신이 직업을 선택하는 데 있어서 좋은 결정을 했다는 것에 대해 더 많은 확신감을 느끼고 있었고, 자신의 일과 소속된 조직에 대해 더 많은 기여를 하고 있었으며, 내적 동기와 몰입도가 더 높았고, 자신의 일에 대해 더 높은 만족도를 보이고 있었다. 그들은 더 행복했고, 인생에 대한 만족감도 더 높았으며, 도전 과제를 마주했을 때 더 효율적으로 대처하는 모습을 보였다. 스트레스나 우울 때문에 고통받는 경우도 적었고, 삶을 살아가는 데 있어서 의미와 목적의식을 더 강하게 느끼고 있었다.[20] 최근 연구자들은 어떻게 소명이 이와 같은 차별점을 만들어내는지를 밝혀내기 시작했다. 예를 들어, 소명을 가진 사람들은 일에 더 많은 기여를 하기 때문에, 자신의 일에 대한 만족도가 더 크다는 결과가 있었다.[21] 또 다른 연구에서는, 소명을 가진 사람들은 스스로에 대해 긍정적인 시각을 가지고 있고, 인생이란 의미있는 것이라고 생각하기 때문에, 웰빙과 심리적 적응도 수준이 더 높다는 보고도 있었다.[22] 물론, 어떤 연구에서는 소명을 가지고 있는 것만으로는 충분치 않다는 결과도 제시되었다. 소명의 혜택을 경험하기 위해서는 소명을 실제로 삶을 통해 구현해야 한다는 것이다.[23] 소명과 관련된 긍정적인 현상도 많이 나타났지만, 문제점도 존재한다. 사람들은 자신의 소명을 추구하기 위해 고통스러운 희생을 하고, 다른 사람들을 위해 만족과 웰빙(물질적 부와 편안한 삶)을 포기하기도 하기 때문이다(세상을 더 의미있게 변화시키려는 생각에서).[24]

9장에서 이야기할 것이지만, 소명은 오히려 문제에 대한 취약성을 높여서 알콜중독에 빠지게 하거나, 부도덕한 고용주에 의해 착취를

당하도록 할 수도 있다. 번더슨(Bunderson)과 톰슨(Thompson)이 주
장했듯이, 소명이란 양날의 검인 것이다. 그럼에도 불구하고, 소명을
지닌 대부분의 사람들은 재정적으로 안정적인 상태라면, 소득을 얻지
못하더라도 계속해서 소명과 관련된 일을 할 것이라고 이야기했다.[25]

소명에 대한 연구는 그 자체로 더 넓은 맥락에서의 의미있는 일
에 대한 연구에 포함된다. 사람들이 자신의 일을 통해 의미있는 경험
을 하고, 자신의 일이 다른 사람들을 도와줄 수 있는 도구라고 생각하
게 되면, 직업과 인생에서 웰빙의 수준이 더 높아지는 경향이 있다.
우리는 연구를 통해 정말 좋아하는 것 – 자료와 실제적 적용 – 을 얻을
수 있었는데, 이 책을 통해 그 내용을 여러분에게 전달하고 싶다. 현
재 사람들의 관심이 매우 높은 분야인 소명에 대한 연구의 가치가 높
은 것은 사실이지만, 대부분의 경험적 연구가 2007년 이후에 나왔을
만큼, 연구의 역사가 매우 짧다는 것도 인정한다. 그래서 우리는 이
책을 통해 중요하지만 아직 새로운 분야인 소명 연구를 정리해보려고
한다. 우리의 개인적 경험도 공유할 것이고, 직업에 대해 인터뷰를 하
면서 만났던 사람들과, 직업상담을 하면서 만났던 사람들이 이야기해
주었던 소명에 대한 사례들도 함께 살펴보려고 한다.

직업선택과 경력개발에 대한 연구

학문적인 역사가 짧기 때문에, 소명은 직업선택과 성장에 대해서
이루어진 많은 연구들 중에서 아직까지는 매우 작은 부분만을 차지하
고 있다. 1909년에 히트를 쳤던 프랭크 파슨스(Frank Parsons)의 유명
한 책 「직업선택(Choosing a Vocation)」을 시작으로 하여, 사람들이 어
떻게 효과적인 직업선택을 하는지에 대해서는 100년 이상에 걸쳐 이
론이 정립되고 연구가 이루어져 오고 있다. 파슨스의 진로경로(career

path)에 대한 역설적 이야기는 6장에서 다루도록 하겠다.

여기에서는 이런 말로 시작을 해보려고 한다. 파슨스는 사후에 "직업심리학의 아버지"로 알려지게 되었고, 직업선택을 어떻게 하는 지에 대해 믿을 수 없을 정도로 간단한 공식을 만든 것은, 거의 모든 직업 상담자들이 사용하는 주요 전략으로 여전히 존재하고 있다. 파 슨스는 자기 자신과 접근가능한 직업적 기회에 대해 명확히 이해하는 것이 중요하다고 강조하면서, 개인적 특성과 일의 특성 간에 적절한 매칭을 하기 위해 "합리적 추론(true reasoning)"을 해볼 것을 제안했 다. 이 "개인 – 환경 적합성(Person-Environment Fit)" 모델은 개인의 소명을 찾아내기 위한 전략의 기반을 형성하게 되었다. 조금 후에 이 부분에 대해서는 더 자세히 이야기해보도록 하자.

현재, 대부분의 경력개발 이론가들은 파슨스가 '직업선택은 아무 것도 없는 빈 공간에서 갑자기 나타나는 것이 아니라, 복잡한 인생 속에서 항상 이루어지고 있는 것'이라는 주장을 한 이후에 태어난 세 대에 속한다. 사람들은 삶에 있어서 다양한 기여를 하고, 다양한 책임 감도 가지고 있다. 그 중에서 어떤 것은 중요하게 생각되고, 어떤 것 은 별것 아닌 것으로 간주되기도 한다. 하지만 그 모든 것들은 시간 이 지나감에 따라 변화하고 중요도도 오르락내리락한다. 사람들 또한 변화한다. 나이가 들어감에 따라 더 성숙하게 된다. 환경도 물론 변한 다. 경제적 상황과 직업 상황들도 안정적인 것은 하나도 없다. 누군가 일에서의 소명(삶의 다른 분야에서의 소명들과 함께)을 찾아내고, 개발하 고, 실제로 삶을 통해 구현하려고 한다면, 이 모든 요소들을 고려해야 만 한다. 이 이야기도 조금 더 나중에 충분히 시간을 갖고 다뤄보도 록 하겠다.

마지막으로, 직업심리학자들은 성공적인 경력을 가지려면, 일반적

으로 알려졌듯이 단순히 필요한 재능, 동기, 기회를 가지는 것 이상
이 되어야 한다는 것을 발견하게 되었다. 성공적인 경력을 얻게 된
사람이라면, 자신이 기대되는 바를 잘 할 수 있고, 기대되는 바를 수
행하는 것이 중요한 성과를 만들어낸다는 것을 지속적으로 믿는 태도
를 가지고 있었다. 이뿐 아니라, 장애물을 만났을 때, 소명을 가진 사
람들은 (외부환경적 한계가 허용하는 선까지) 자신의 소명을 만들어낼
수 있도록 스스로를 격려하고 촉진하며 필요한 도구를 제공하기 위
해, 맡은 일의 형태를 변화시키고 새롭게 만들어가는 역량을 가지고
있기도 했다. 이 내용에 대해서도 책의 후반부에서 더 자세히 설명하
도록 하겠다.

우리가 추구하는 것

이 책은 일에서의 소명에 대한 자료들을 탐색하고, 새로운 것을
발견하고, 개념에 대한 명료화 작업을 하는 내용을 담고 있다. 구성
은 총 4부로 나누어져 있는데, 하나씩 살펴보도록 하자. 1부, "21세
기의 소명"은 일에 대해 소명이라는 시각을 가지고 접근하는 방법을
소개한 1장으로 시작하는데, 1장은 직업심리학의 렌즈를 통해 소명을
탐색하는 기반작업에 대한 내용을 담고 있다. 2장은 서양 역사를 통
하여, 다양한 문화 안에서 소명이 어떤 뿌리를 가지고 있고, 일이라
는 것이 어떻게 이해되어 왔는지에 대해 맥락을 살펴본다. 역사는 그
자체로 되풀이되므로, 오랜 시간 동안 사람들이 가져왔던 일에 대한
생각은 오늘날 사람들이 일에 대해 가지는 시각에서 또 반복해서 나
타나는 것을 볼 수 있을 것이다. 2부, "소명의 차원"에서는, 소명의
세 가지 차원에 대해 생각해본다 : 초월적 요청, 일에서의 의미와 목

적의식, 다른 곳에 뿌리를 두고 있는 목표와 동기들. 3부, "소명을 찾고 살아가기"에서는, 직업을 선택하고 기존의 진로경로를 변화시키는데 있어서 소명을 활용하는 실제적 지침을 제공한다. 또한, 일에서의 소명이 인생에서의 다른 역할과 책임에 미치는 영향에 대해 살펴볼것이다. 마지막으로, 4부 "소명의 경계선과 도전과제"에서는, 일의 새로운 세계에서 소명이 맡고 있는 역할을 포함하여, 소명추구의 유해함과 위험성, 도전과 기회도 알아볼 것이다. 직업현장에서의 기준들은 우리 조부모님이라면 정말 이해하시기 어려울 형태로 계속해서 변해가고 있기 때문이다.

우리는 소명에 대해 더 잘 이해하고 싶은 사람들과, 소명과 삶을 일치시키려고 노력하는 사람들로부터 자주 질문을 받는데, 이 기회를 통해 직접적이고 명확하게 대답해줄 수 있어서 참 즐겁다. 이 책의 마지막 부분에, 특별 코너를 만들고 소명에 대해 사람들이 가장 많이 물어봤던 질문들과 우리의 대답을 실어놓았다. 이 "Q&A" 코너는 독자들과 우리 사이에서 이루어질 대화의 시작이라고 할 수 있겠다. 여러분이 궁금한 것이 이 코너에 실려 있지 않다면, www.makeyourjobacalling.com을 방문해주시기를 바란다.

이 사이트는 다른 내용도 많이 담고 있지만, 여러분이 우리에게 직접 질문을 올릴 수 있도록 구성되어 있다. Q&A 코너의 내용을 더 풍부하게 만들기 위해, 우리는 이용자들이 올린 질문에 응답을 할 계획이다.

이 책을 통해, 우리는 여러분이 더 깊은 차원에서 소명에 대해 생각해볼 수 있기를 기대한다. 자신의 일과 인생에 대해 성찰해보고, 소명이라는 것이 여러분의 길을 어떻게 변화시켰는지에 대해 생각해보는 기회를 가졌으면 좋겠다. 우리는 지속적으로 여러분이 잠깐씩

쉬어가면서 성찰을 해볼 수 있도록 질문을 하면서 도울 것이다. 소명으로 가는 길은 여러분이 상상하는 것보다 놀라울 만큼 더 접근이 쉬울 수도 있다. 어떤 사람들에게 소명을 추구하는 것은 새로운 진로경로를 찾고 삶을 통해 구현하는 것일 수 있고, 또 다른 사람들에게 소명추구는 현재의 진로경로(직업)에 새롭고 다른 시각으로 접근해서, 지금 하고 있는 일을 소명으로 만드는 작업일 수도 있다. 어떤 경우에든지, 우리는 이 책이 여러분이 가는 길에 환한 빛을 비춰줄 수 있기를 기대한다.

일의 의미,
의미가 만드는 차이

What Work Means, and the Difference It Makes

일의 의미,
의미가 만드는 차이

1시가 되어 간다. 드디어 점심시간이다. 오늘 당신은 최근 급부상한 여행사의 한 지점에 첫 출근하여 긴 오전시간을 보냈다. 여행사의 신입 사원으로서 해야 할 일을 충분히 파악하고 있다고 생각하지만, 여전히 배워야 할 것이 많아 보인다. 당신은 전화를 받는다. 잠재 고객들과의 라포를 형성한다. 항공, 선박, 숙박 정보를 수집하면서 적당한 거래 조건을 찾는다. 여행 일정을 준비하고, 고객의 흥미를 끌고, 영업을 한다. 하지만 당신은 아직 회사에 대한 감을 잡으려고 애쓰고 있는 중이며 동료들에 대해 알고 싶은 마음이 크다.

당신은 사무실 뒤쪽의 휴게실로 들어가, 냉장고를 열고 어젯밤에 만들었던 치킨 파머산 도시락을 꺼낸다. 전자레인지의 순서를 기다리면서, 한 자리 남은 구석 작은 테이블에 앉아 그날 아침 처음 본 세

명의 동료에게 말을 건넨다. "세 분은 여기 온지 꽤 되신 것 같은데 말씀 좀 해주세요. 제가 이 일에서 어떤 것을 기대할 수 있을까요?"

첫 번째 반응은 눈가의 다크 서클 때문에 피곤해보이고 나이에 비해 열 살은 더 들어 보이는 쇼나(Shawna)에게서 온다. "솔직하게 말할까요? 당신은 이 일을 견뎌내는 방법을 찾아야 해요. 내 말은 이건 직업이라는 거죠. 세금을 내게 해주고, 괜찮은 달은 약간의 저축도 할 수 있게 해줘요. 요즘 같은 시절에는 무시할 수 없는 액수죠. 어떤 때는 느긋하고 어떤 때는 아주 바빠요. 시간이 빨리 가기 때문에 바쁜 때가 좋아요. 책상에 갇혀있다는 것을 알아챌 시간도 없을 거예요. 놀러나가기 보다 집에서 쉬고 싶어질지 모르죠. 나는 여기 온지 6개월 정도 됐는데, 이제까지는 그럭저럭 잘 지내왔어요. 하지만, 모르겠어요. 은행에서 일하는 친구가 자기 있는 데로 오라고 하네요. 여기보다 돈을 더 준다면, 갈 거 같아요. 직업은 직업이니까요. 나는 모니크처럼 대대적으로 개혁을 할 생각은 없어요."

모니크(Monique)가 테이블 건너편에서 쿡쿡 웃는다. 그녀는 스마트폰으로 맹렬하게 이메일을 보내고 있었지만, 자기 이름을 듣자 그것을 내려놓았다. 깔끔하게 다림질된 정장, 진하지만 과하지 않은 화장, 너무 완벽해서 아침에 얼마나 일찍 일어나 준비해야 할까 궁금해질 정도로 잘 정돈된 헤어스타일의, 전문직 분위기를 풍기는 사람이다. "쇼나 말은 내가 많은 목표를 가지고 있다는 의미예요. 나는 여기서 영업 실적을 쌓고 있어요. 앞으로 2주 정도 계속 밀어붙이면 다시 이달의 직원이 될 수 있을 거예요. 하지만 너무 오랫동안 사원으로 머무르고 싶지는 않아요. 우리 부장님께는 말하지 마세요. 하지만 나는 그분보다 이곳을 더 잘 운영할 수 있어요. 내 계획은 이곳에서 관리자가 되고, 그 다음의 더 높은 직급으로 승진해 가는 거예요. 계속 승진할 수 있다면 나는 어디든 회사에서 가라는 곳으로 갈 거예요."

낸(Nan)은 웃으면서 이야기를 듣고 있다. 세 명 중 가장 오래 근무한 사람이다. 첫날 출근하자마자, 나는 어떤 문제가 생겼을 때 찾아가야 할 사람이 바로 그녀라는 것을 알아보았다. 낸의 얼굴은 침착하고, 만족스럽고, 안정적으로 보인다. "이 일에서 내가 가장 사랑하는 것은 이런 거예요. 저 밖에 있는 사람들을 보세요. 다들 너무 바빠졌어요. 사람들은 서로를 위한 시간을 많이 갖지 못해요. 같은 집에 살고 있는 가족들끼리도 거의 볼 수가 없죠. 우리는 사람들의 여행일정을 세심하게 관리해주죠, 맞아요. 하지만 휴가 계획을 세워 줄 때는 사람들이 쉬고, 약간 긴장을 풀고, 다시 서로서로 가까워지도록 도와줍니다. 가족들은 나중에 함께 공유할 수 있는 기억들을 만들죠. 자라면서 당신의 가족과 함께 보냈던 가장 소중했던 시간을 생각해보세요. 가족 휴가 중에 많은 일이 일어나지 않았나요? 바로 그걸 만들 수 있도록 우리가 도와주는 거예요. 우리는 사람들에게 기쁨을 주고, 건강하게 함께 지내도록 도와주는 일을 하고 있어요."

쇼나, 모니크, 낸은 미국의 일에 대한 세 가지 대비되는 접근, 즉 직업(job), 진로(career), 소명(calling)을 대표한다. 이 세 가지 지향(orientation)은 1985년 버클리의 사회학자인 로버트 벨라(Robert Bellah)와 동료들이 그들의 획기적인 책 「마음의 습관(Habits of the Heart)」[1]에서 정의한 것이다. 사람들이 일을 하는 이유는 다양하지만, 이 유형론에 따르면 대부분은 주로 이 세 가지 중 한 가지 때문에 일을 한다는 것이다.

일에 대한 세 가지 지향은 무엇을 나타내는가? 일을 직업으로 생각하는 쇼나와 같은 사람들에게 중요한 것은 생계를 유지하는 것(making a living)이다. 일이 주는 것 - 급여, 복지, 안정성 - 은 대단히 중요한데, 그 일이 견딜만하다고 가정한다면 일 자체의 본질보다도 훨씬 더 중요한 것이다. 이 사람들에게 일은 필요악이다. 이들은 하고 있는 일을 좋아하지 않거나 잘해야 무관심한 경향이 있다. 일할 때 시간이 좀 더 빨리 가기를 바라고, 주말이 오기만을 기다리며, 빨리 은퇴하고 싶어 한다. 일을 하면서 때를 기다리다가, 더 나은 임금과 혜택을 제공하는 다른 일이 나오면 바로 그 일로 옮겨간다. 자신의 일에 대해 불평하고, 토드 룬드그런(Todd Rundgren)의 노래 "종일 드럼을 치자(Bang the Drum All Day)" - "나는 일하고 싶지 않아/ 하루 종일 드럼을 치고 싶어" - 를 소리 높여 들으며, 다시 할 수 있다면 같은 진로를 택하지는 않을 것이다. 스터즈 터켈(Studs Terkel)은 그의 고전적인 책 「일하기(Working)」, 사람들과 자기 직업에서의 삶을 논한 매우 흥미로운 인터뷰 모음집에 대해 "본질적으로, 폭력에 대한 - 육체와 영혼에게"[2]라고 소개했다. 이 책의 인터뷰 중 많은 부분이 "그저 지루함을 깨려고" 동료를 괴롭히며 "지루한 시간을 끝내고 싶어"하는 자동차 제조 노동자, 또는 하루를 잘 보내기 위해 "뭔가 굉장한 것을 공상해야만 하는" 트럭 기사처럼 직업지향을 가진 근로자들과의 인터뷰였기 때문이다.[3]

진로지향을 갖고 있는 모니크 같은 사람들은 일에서 성취하는 것을 통해 자기 가치감을 느낀다. 일에는 지켜야 할 분명한 성취 규칙과 올라갈 수 있는 승진 단계가 있다. 진로지향의 사람들은 자기 직업을 좋아하지만, 다음 성공 단계로 돌진하다보면 일 자체에서 얻는 즐거움은 희미해진다. 이런 경우에 "성공"의 정의는 승진, 출세, 권력과 명예가 커지는 것이다. 이들은 성공적으로 보이는 것이 매우 중요하기 때문에, 고등학교 동창회에 갈 때 BMW를 렌트하는 유형이다.

벨라와 동료들은 진로지향의 사례로 승진을 쫓아 부지런히 일하며

이삼십 대를 보낸 기업 매니저, 브라이언 파머(Brian Palmer)의 사례를
보여주었다. 그의 일은 몇 년에 한 번씩 여러 도시를 옮겨 다니는 것
이어서, 새 친구를 사귀어도 승진이 되면 다른 주의 다른 도시로 옮겨
가야 했다. 브라이언은 "나는 나의 발전, 승진과 경제적 성공에 완전
히 빠져있었다"[4]고 하지만, 미래를 위한 그의 목표는 바로 다음 단계
의 승진에 집중되어 있었다. 우리는 학문의 세계에서도 진로지향이 매
우 흔하다는 것을 발견했다. 우리는 모두 연구 전문 대학에서 근무하
는데, 그곳에서의 성공은 발표된 논문의 수, 논문을 발표한 학술지의
수준("피인용 지수(impact factor)"로 판단), 그리고 큰 연구 프로젝트를
유치하여 대학에 들어오는 돈의 액수로 수량화된다. 이런 환경은 진로
지향을 가진 교수들에게는 매력적일 것 같다. 그들은 학생을 가르치는
일을 (연구할 시간을 뺏기 때문에) 귀찮아하고, 주당 60시간 이상 일한
다. 대학원에 다닐 때, 밤늦게 심리학과 건물에 갔다가 연구실에 숨어
부지런히 논문을 쓰는 교수들을 보았던 경험이 여러 번 있다.

　내처럼 소명지향을 가진 사람들은 자신의 일을 1장에서 설명한
방식으로, 즉 9시부터 5시까지 의미를 만들고, 사람들을 위해 세상을
좀 더 나은 곳으로 만드는 것이라고 생각한다. 벨라와 동료들은 소명
의 원천이 내적인지 아니면 외적인지에 대해서는 말하지 않는다. 대
신에 그들은 규율(discipline)과 현명한 판단을 장려하고, 일 자체를
의미 있고, 고유한 가치를 지닌, "도덕적으로 [자신의] 삶과 분리될 수
없는" 것으로 간주하는 지향으로서의 소명에 초점을 맞춘다. 또한 소
명은 "개인을 더 큰 공동체, 각자의 소명이 모두의 선(good)에 기여
하는 전체(a whole)에 연결시켜준다."[5] 소명은 개인을 세상과 연결시
킨다. 오직 자기만을 위해 존재하는 사적인 소명 같은 건 없는 것이
다. 학생들을 더 잘 가르치기 위해 좀 더 많은 장비를 갖추는 데 자

신의 돈을 쓰는 교사라면, 소명지향을 가지고 있는 것이다. 급여가 낮은 자리를 계속 지키고 있는 사회복지사라면, 그 일이 서비스를 받는 사람들에게 너무나 중요하기 때문에 그렇게 하는 것이다. 자신의 일이 환자의 회복을 돕는 병원의 사명에 필수적인 것이라고 보는 경비원도 소명지향을 가지고 있는 것이다.

직업/진로/소명으로 분류하는 것은 비현실적일 정도로 단순해 보인다. 하지만 사람들은 복잡하기 때문에, 일에 접근하는 이유와 방식은 무수히 많을 수 있다. 정말 단 세 가지 유형만 있는 것일까? 더 많은 유형을 제안한 학자들도 있다. 예를 들면, 보스턴 대학 경영학 교수인 마이크 프랫(Mike Pratt)과 동료들은 소명을 솜씨(craftsmanship), 섬김(serving), 연대감(kinship) 같은 기본적인 지향들이 섞여있는 개념이라고 생각한다.[6] 벨라와 동료들조차 곧바로 대부분은 이 유형들을 섞어서 일에 접근하는 것 같다는 결론을 내렸다.[7] 애매하긴 하지만, 이 세 가지 유형은, 1980년대 중반에 소개된 이후, 일에 대한 다양한 태도에 대해 생각해볼 수 있는 유용한 방식이 되었다. 30년이 지난 지금도 이 유형들은 모두 적절하게 적용되고 있다. 지금부터 탐색해볼 내용 또한 전혀 새로운 것은 아니다.

일의 의미에 대한 짧은 역사 이야기

철학자 리 하디(Lee Hardy)는 「직물과 같은 세상(The Fabric of This World)」이라는 훌륭한 책에서 서양 역사를 통해 사람들이 일에 대해 어떻게 생각해왔는지를 추적하고 있다. 여기에서는 그 중에서 중요한 역사들만 추려서 훑어보기로 하겠다. 일에 대한 생각은 저주와 필요악이라는 것과 성스럽다는 것 사이를 왔다 갔다 했다. 이 두 가지 입장은, 많이 인용되고 있는 "과거는 절대로 죽지 않는다. 심지어 지나가지도 않는다."[8]는 포크너(Faulkner)의 문장처럼, 오늘날 사람들이 자신의 일을 보는 관점에서도 분명하게 볼 수 있다. 다음 글을 읽으면서, 일에 대한 당신의 관점이 이전의 문화에서 유행했던 관점과 얼마나 일치하는지를 살펴보자. 당신의 일에 대한 관점이 어떤 기반에서 구축된 것인지 더 잘 이해하게 될 것이다. 그리고 당신이 어디에서 직업, 진로, 소명지향을 볼 수 있는지 관심을 가져보자. 이 지향들은 아주 오랫동안, 여러 가지 모습으로 우리 옆에 있었다.

노역에 쓰이는 동물에게 지워진 짐

고대 그리스에서 일에 대해 가지고 있던 관점은 아주 분명했다. 일은 끔찍한 저주였다. 그리스의 지성인에게 있어서 깨어있는 시간을 다른 어떤 것보다 더 많이 차지하고 있는 일은 – 현재 정규직으로 일하고 있는 대부분의 사람들처럼 – 아주 우울한 것이었다. 그리스인들은 일에서 실존적으로(by our embodied existence) 인간에게 강요된, 끝이 없이 반복되는 활동을 연상하였다. 일하는 데 인생을 낭비한다는 것은 땀 흘리고 고생하면서 마감에 맞추려고 늦게까지 깨어있음을 의미한다. 도대체 무엇을 위해서? 동물처럼 우리도 결국 죽는다. 세상에 어떤 족적을 남기거나 변화를 만들지도 못한 채 잊혀질 것이다. 물론 일은 잠시 동안 살아가는 데 기본적으로 필요한 것들을 준다. 하지만 결과적으로 무엇이 달라지는가?

이런 생각이 그리스인들의 마음 중심에 있었다. 이는 육체와 정신을 구분하여, 신성하고, 고차원적이고, 훌륭한 것과 세속적이고, 저차원적이고, 평범한 것으로 나누는 이원론(dualism)에 기초한 것이었다. 약 이천삼백여 년 전 플라톤(Plato)에 의해 알려진 이런 세계관에 따라, 영원하고 좋은 참실재(true reality)가 있는 곳, 즉 이데아(ideas)의 영역에 커다란 가치가 부여되었다. 정신의 삶(the life of mind)이 이데아와 연결되면, 우리는 일상의 육체적 실재를 초월하여 참실재에 참여할 수 있다는 것이다. 물론 이 말은 이데아의 영역에서 우리를 떼어놓는 것들 - 육체, 세상에서의 책임, 일 - 은 우리를 동굴에 가두어 세상을 실재 그대로 볼 수 없게 만드는 사슬과 같다는 의미이다. 따라서 육체적인 일은 모두 우리를 아무 희망 없는 동물 같은 존재로 고착시키는 것이다. 일은 노역에 쓰이는 동물에게 지워진 짐(the burden of the beast)이었다.

이런 상황에서, 그리스인들은 어떤 대가를 치르고서라도 일에서 벗어나려고 했다. 그들의 목표는 생존에 필요한 일을 해야 하는 의무를 지지 않고, 신들의 불멸성에 참여하여 "가치 있는" 활동을 추구하며 사는 것이었다. 정치를 하거나 군대에서 용감한 행동을 하는 것은 가치 있는 활동이었다. 다음 세대가 기억해주기 때문에 그런 행동은 어느 정도 불멸성을 가질 수 있었다. 그러나 가장 바람직한 것은 정신의 삶, 사색하는 삶을 추구하는 것이었다. 깊이 숙고함으로써 참실재에 근접할 수 있고, 따라서 인간 행복의 최고의 경지를 경험할 수 있게 된다. 이러한 사상은 사회적 위계의 강력한 기초가 되었다. 등골 휘는 노예들의 노동으로 당시의 전문직 종사자들의 일이 가능할 수 있었고, 이들은 철학자들이 자유롭게 정신적 삶에 몰두할 수 있게 해주었다. 하디는 "인간 사회는 소수의 몇 사람이", 다른 사람들의 업적을 토대로, "인간의 잠재력을 최고로 실현할 수 있도록 조직되었다(is to be organized)"[9]고 했다.

토가를 걸친 철학자들은 아주 좋았겠지만, 일반적인 그리스 사람들에게는 이러한 가치관이 장애가 되었다. 첫째, 아리스토텔레스 같은 사람들은 일에 대한 이러한 이해 방식을 노예제도를 정당화하는 데 사용했다. 어떤 사람들은 노예가 되기 위해 태어난 것이고, 그것이 자연의 질서라고 생각했다. 노예가 없었다면, 일 때문에 계속 방해를 받아 철학자들의 사색적인 삶은 절대 불가능했을 것이다. 둘째, 육체적인 일은 어떤 일이든 전혀 품위가 없다고 생각했다. 당신이 고대 그리스의 솜씨 좋은 석공으로서, 조만간 상징적인, 가령 판테온이 될 수도 있는 건물의 코린트식 기둥에 섬세한 소용돌이 무늬를 새기기 위해 신중하며 즐겁게 자기 재능을 사용하고 있다고 상상해보자. 당신은 영감을 주는(그리고 기능적인!) 대작을 창조하고 있다. 하지만 당신은 플루타르크(Plutarch) 같은 사람들을 상대해야 한다. 플루타르크는 당신의 작품은 좋아했을지 모르지만 당신은 좋아하지 않았다. 그는 "작품이 우아해서 좋다 한들, 그렇다고 그걸 만든 사람이 반드시 우리의 존경을 받을만하다는 것은 아니다"라는 주장이 중요하다고 생각했다. 그는 자신의 이야기의 요점을 이해시키기 위해 염색업자와 향수 제조업자를 선택했다. "향수 제조업자와 자색 염색업자들의 물건을 가져오긴 하지만, 그들은 신분이 낮고 지저분한 사람들일 뿐이다."[10] 당신의 작품은 숨이 멎을 만큼 아름답고 완전한 경외심을 불러일으키지만, 손으로 일하고 이데아의 영역을 직접 다루지 않기 때문에, 당신은 여전히 멍청이일 뿐이다.

　　그리스 제국은 몰락했지만 세상을 이원론적으로 보는 방식은 사라지지 않았다. 초기 기독교 교회는 수도사의 생활방식을 수립하였다. 초기의 수도사들은 은둔자였으며, 세속적인 것(다른 사람들을 포함하여)은 모두 거부하고, 광야나 사막에서 신의 일을 추구하는 데 집중하였다. 그러나 시간이 지남에 따라 수도사들은 곧바로 금욕주의를 약간 완화하여, 힘을 합쳐 수도원 공동체를 형성하고, 묵상기도를 통한 신과의 연합이라는 신비로운 목표를 추구하게 되었다. 이런 맥락에서 교황 에우세비오스(Eusebius)는 일의 두 가지 유형에 대해 이렇게 기록했던 것이다. 첫 번째는 "본성(nature)보다 위에, 보통 사람의 삶 너머에 있는 것이다... 그 자체가 신에 대한 예배이다... 기독교인의 삶의 완벽한 형태이다." 두 번째는 "더 작고(humble), 더 인간적인 것이다. [그것은] 사람들에게 신앙생활만이 아니고 농업, 상업, 그 밖의 좀 더 세속적인 일들을 하고 싶어지게 해준다." 그 다음 말이 결정적이다. "그리고 거기에는 2등급 정도의 경건함이 있다."[11] 에우세비오스는 플루타르크보다 그저 조금 관대했을 뿐이다. 4세기에 농사를 짓고 싶어 했다면, 그는 2등급의 기독교인이 되고 싶었던 것이다! 이 관점은 영성에는 두 개의 바퀴가 있는데, 두 번째 바퀴가 아주 나쁜 것은 아니지만, 첫 번째 바퀴가 훨씬 더 낫다고 보는 것이다. 근본적으로 거의 변한 것이 없었다. 엘리트 집단은 귀한 소명인 가치 있는 일을 하고 있고, 나머지 사람들의 힘든 일은, 영적으로 말하면, 본래 열등한 것이었다. 이러한 이원론적 관점과 두 바퀴 영성은 5세기 아우구스티누스(Augustine)부터 13세기의 토마스 아퀴나스(Thomas Aquinas)까지, 많은 신봉자들에 의해 유지되었다.

추의 방향이 바뀌다: 일은 우리를 신성하게 만든다

일을 중요하지 않게 보는 서양의 관점은 15세기 소수의 르네상스 철학자들 덕분에 완전히 뒤집어졌다.[12] 그렇게 된 것은 신의 본질을 다르게 이해하게 되었기 때문이다. 신을 수동적이고, 영원히 변치 않고 순수하지만 멀리 있는 정신이라고 보는 관점에서, "최고의 창조자" 또는 "위대한 건축가"와 같은 타이틀을 가진 우주의 장인이며 창조자로 신의 배역을 바꾼 것이다.[13] 기존의 관점은 다음과 같이 변화되었

다. 인간이라는 존재는 생각함으로써가 아니라 행동함으로써, 즉 생산
적이고 창조적인 활동에 참여함으로써 신과 같이 될 수 있다. 하디는
르네상스 시대에 "이상적인 인간은 미(beauty)라는 개념을 숙고하는
생각하는 사람이 아니고, 그 개념을 숙고하고 그에 따라 세상을 만드
는 예술가다"라고 했다.[14] 조르지오 바사리(Georgio Vasari)는 1550년
에 출판된 유명한 책, 「이탈리아 르네상스 미술가전(The Lives of the
Most Famous Painters, Sculptors, and Artists)」에서 미켈란젤로의 작품
을 스무 번 이상이나 "신성하다(divine)"고 묘사했는데, 1568년 개정
판에서는 그 횟수가 40회까지 늘어났다. 더 놀라운 것은, 바사리가
미켈란젤로를 "신과 같다(divino)"고 기술한 부분이다.[15] 아테네의 석
공은 존경받을만한 가치가 없다고 묵살되었지만, 르네상스 시대의 장
인은 신격화되었던 것이다.

　창조적인 일에 참여함으로써 인간은 신과 같이 될 수 있다. 그뿐
만이 아니라, 그리스인들에게는 일을 해야만 하는 상황이 인간을 동
물*처럼* 만드는 조건이었던 반면에, 르네상스 시대의 철학자들은 일이
*인간을 동물과 구분해준다*고 주장하였다. 동물은 본능에 따를 수밖에
없지만, 인간에게는 그러한 제약이 없다. 우리는 거의 무제한적인 자
원을 가지고 자연을 바로잡고 개선할 수 있다. 하디는 이러한 창조적
인 활동에서, "우리는 자연의 장인인 신을 모방하여, 동물과 자연의
요소들, 그리고 물질 자체까지도 신처럼 지배할 수 있다"고 주장하였
다.[16] 르네상스 시대 말에 이르러, 일은 인류의 "필수적인 활동"[17]으로
생각되었고, 그 속에서 인간의 잠재력이 방해 받지 않고 완벽하게 개
발될 수 있었다. 그리스인들은 일을 품위가 없는 것으로 생각하였지
만, 르네상스 시대의 철학자들에게 일은 오히려 사람들에게 품격을
주는 것이었다.

또 다른 시대의 철학자는 일에 대한 르네상스 시대의 주제를 확장시킨 것으로 잘 알려진, 모두가 좋아하는 노동 철학자, 카를 마르크스(Karl Marx)이다.[18] 마르크스는 동물과 달리 사람은 물러서서, 노동의 열매를 취하면서, "우리가 구성한 세상에 비친 자신의 모습을 볼 수 있다"고 주장했다. 그의 관점에서는, 이러한 능력 때문에 사람들이 진정한 성취를 할 수 있는 것이다. 마르크스가 살았던 시대를 떠올려 보자. 당시는 산업 자본주의의 전성기였다. 수천 명의 노동자들이 도시로 몰려들었고, 우표딱지만한 아파트에 살면서 요란스러운 소리 때문에 정신이 멍해질 것 같은 목욕탕 같은 공장에서 매일 14시간씩 일했다. 교육과 의료, 지역사회의 자원을 이용할 수 없었고, 도시는 범죄와 부패, 황폐와 절망으로 가득했다. 마르크스는 이러한 상황을 역겨워하며, 문제는 사적 소유로 인한 것이라고 주장하였다. 그는 사적 이익 때문에, 힘을 가진 자들이 열심히 일하는 노동자들을 착취하고 그들의 일에서 자기표현 수단으로서의 일의 목적을 떼어버려, 가진 자와 못 가진 자 간의 분열의 원인을 만들었다고 생각했다. 그는 결국 노동자들이 부자들의 사적 이익에 맞서 들고 일어나서, 생산수단을 공공재(public property)화 하고 공평한 경쟁의 장을 만들면, 착취가 중단되고 사람들은 다시 한 번 일을 통해 자기 자신을 찾을 수 있을 것이라고 예견했다. 그렇게 사람들은 자연을 통제하고 문화를 익혀, 신과 같은 위치에 도달할 수 있을 것이다. 지나친 단순화라는 위험이 있긴 하지만, 우리는 이러한 비전이 어떻게 되었는지를 알고 있다. 사회의 양극화가 증가하는 대신, 거대한 중산층이 발달하고, 노동법과 노동조합들이 노동 조건을 개선시키고 대기업의 착취적인 경향을 둔화시켰다. 결국, 자본주의의 붕괴가 필연적인 것은 아니었다. 시스템이 붕괴하는 대신, 노동자에게 혜택을 주는 방식으로 자기-수정을 한 것이다. 이 시스템이 완벽한 것은 아니지만, 자유를 보장하기보다 오히려 박탈하는 억압적인 공산주의 국가로 가는 길을 터주었던 마르크스의 비전보다는 훨씬 결함이 적은 것 같다.

중도: 소명으로서의 일

이제까지 우리는 일에 대한 양 극단적 관점에 대해 이야기하였다. 한 쪽에서는 일은 잘해야 필요악이고 최악의 경우 저주이다. 다른 쪽에서는 일은 진정한 성취, 문명세상을 다스리는 수단을 찾는 곳이다. 일은 우리를 신처럼 만들어준다. 그렇다면 중도(middle path)는 무엇인가?

마르틴 루터(Martin Luther)에게 소명은 무엇을 의미하는지 그의 이야기를 따라가며 생각해보자. 루터의 이야기는 매혹적인 변형의 이야기이다. 그는 처음에 수도사로 시작했는데, 자신의 영적 적절성에 대해 회의하며, 문자 그대로 매일 한 번에 6시간씩, 기억해낼 수 있는 죄를 철저하게 파헤쳐 자백하며 영적 멘토를 괴롭히곤 했다. 루터는 당시에 지배적이었던, 영원한 구원은 고된 영적인 일 – 죄의 자백, 기도, 묵상, 금식 – 을 통해 얻는 것이라는, '일의 의로움(work right-eousness)' 관점을 가지고 있었다. 이러한 기준에 따라 사는 데는, 농장을 운영하거나, 양육하거나, 가정을 돌보거나 그 밖의 "영적이 아닌(nonspiritual)" 일들로 산만한 사람들에 비해 수도사들이 확실히 유리했다. 선하고 영적인 일과 그 외에 안 좋은 일이 존재한 것이다. 이것은 앞에서 우리가 살펴보았던 이원론적 관점과 똑같은 것으로서, 루터가 이를 경험했던 것이다. 이것을 알게 된 루터의 다음 단계는 더욱더 개혁적이 되었다.

비텐베르크 대학의 교수였던 루터는 많은 교인들이 성경에 기록된 구원받는 길을 잘못 해석하고 있다는 결론을 내리게 되었다. 인간은 스스로를 구원할 수 없다. 구원은 예수 그리스도의 희생을 통해 신의 은혜로 인간에게 주어진 것이다. 사람들은 그저 이것을 믿고 개인적으로 인정하면 되는 것이다. 선한 일이 중요하긴 하지만, 이는 구원을 받는 수단으로서가 아니라 감사의 표현으로서 중요한 것이었다. 이러한 생각은 루터의 세계관을 완전히 바꿔놓았다. 로마가톨릭의 지도자들이 구원받는 것이 절실한 교구민들에게 ("면죄부"를 사서) 교회에 헌금을 하면 선한 일에서 오는 혜택을 받을 수 있다고 가르치던 때에, 그의 관점은 그다지 환영 받을만한 것은 아니었다. 루터가 비텐베르크 교회 문에 "95개조 반박문(Ninety-five Theses)"을 못으로 박으면서, (그 중에서도) 면죄부 판매에 대한 반감을 공개적으로 드러냈을 때, 종교 개혁이 촉발되었다.[19] 종교 개혁은 루터 자신과 교회, 세상의 역사, 그리고 일을 이해하는 방식을 바꿔놓았다.

다로우 밀러(Darrow Miller)는 루터의 세계관을 이렇게 기술하고 있다. "루터의 추론대로, 만약 믿음으로 의로움을 얻는 것이라면, 수도사와 사제들의 묵상하는 삶은 독실한 농부나 가구 제작자, 주부의 활동적인 삶보다 더 높거나 낮은 것이 아니다... 갑자기 모든 일이, (악하지 않고) 도덕적으로 정당하기만 하면, 신성한 것이 되었다. 사제와 농부, 수녀와 주부, 신학자와 노동자 모두가, 믿음으로, 신 앞에 서 있는 것이다."[20] 이러한 조망은 16세기 유럽의 일(work)에 대한 관점을 "결정적으로 되돌릴 수 없게" 바꿔 놓았다. 신학자 알리스터 맥그래스(Alister McGrath)는 종교 개혁의 영향으로 유럽의 모든 언어에서 "일"에 대한 단어까지 바뀌었다고 했다.[21] 루터 역시 일을, 현재 있는 위치에서 하고 있는 역할을 통해 - 근로자, 배우자, 부모, 시민 등 - 이웃을 사랑하는 소명이라고 생각했다.

당신의 소명은 무엇인가? 루터 이전의 답은 세속적인 직업을 떠나 수도원에 들어가는 것이었지만, 루터는 수도원으로 물러서는 것이 아니라, 신이 당신을 있게 한 그 위치에서 이웃을 섬기라는 소명을 받은 것이라고 주장했다. 다시 말하면, 당신의 소명을 알고 싶다면, 주위를 둘러보고, 그곳에서 충실하게 섬기라는 것이다.

일에 대한 이런 관점이, 곧바로 중요한 한 가지가 수정되긴 했지만, 서구를 장악하기 시작했다. 루터는 매우 온건한 경제 환경에서 살았다. 노동의 분배도 당연히 신의 설계 중 한 부분이었다. 그러나 루터 이후에 기술의 진보, 급속한 도시화, 정치의 재조직화 및 시장 경제의 확장으로 탐욕과 권력이 지배하는 환경이 되었다.

이에 대해, 루터의 관점을 상기시키는 제네바의 유명한 종교개혁가 장 칼뱅(John Calvin)은 어떤 "신분(stations)"은 창조 질서에 맞게 제대로 돌아가지 않고 있다는 관점을 제기하였다. 칼뱅은 특히 중세기의 노예제도를 공격했고, 칼뱅주의자의 다음 세대들이 (주로 청교도들) 이를 더 깊이 밀어붙였다. 개인은 죄에 속한 불완전한 존재이며, 신분 체계(the order of stations in life)와 같은 사회제도들도 죄에 종속되어 있어 훼손되기 쉽다는 것이었다. 강력한 사고의 전환이었다. 첫째, 우리는 소명을 찾기 위해서 자신의 신분을 바라보는 대신에, 신에게 경배하고 공동의 선에 헌신할 수 있는 방법을 알기 위해 자신의 재능(gifts and talents)을 바라보아야 한다. (3장과 6장에서 탐색하겠지만 오늘날에도 진로상담자들은 이 전략을 실천하고 있다.) 또한, 소명을 가지고 산다는 것은 훼손의 징후가 있는지 신분들을 평가하고, 문제가 발견되는 곳에서 이를 개선하기 위해 일하는 것을 의미한다.

1장에서 소명에 대한 고전적인 관점을 언급했었는데, 이는 개신교에서 인정한 것이다. 지금은 로마가톨릭의 입장도, 교황 요한 바오로

2세가 「노동하는 인간(Laborum Exercens)」에서 기술하였듯이 아주 비슷해서, 이에 대해 하디는 "일이라는 실천 신학에서 주목할 만한 전 기독교적인 의견 수렴"[22]이라고 기술하였다. 이러한 관점은 소명에 대한 현재의 신고전주의적 이해를 대표하는 것이기도 하다. 이는 기본적으로 고전주의적 관점을 선택하여 확장시킨 것으로서, 특별히 종교적이 아니더라도, 삶의 더 큰 목적의식과 크건 작건 사회를 개선하고자 하는 목표에 적합한 방식으로 자신의 일을 하는 사람들을 포함시킨 것이다. 소명이 있는 사람들에게, 일은 생존하고 시간을 보내는 방식 또는 승진 사다리를 올라가는 것보다 훨씬 더 큰 의미가 있다. 일은 공동선을 위해, 목적을 가지고 자신의 재능을 사용하는 무대가 되어준다.

일의 왜곡, 과거와 현재

종교개혁으로 영적인 위계가 무너지기 전까지는, 그리스에서 발생한 이원론적 세계관이 계속 버티고 있었고 오늘날까지도 남아있다. 기독교 학자들은 교회 안에 두 바퀴 영성이 여전히 널리 퍼져있고,[23] 더 큰 문화 수준에도 이러한 위계적 세계관이 견고하게 자리 잡고 있다고 주장했다. 어떤 사람들은 소명의 가치가 있는 신나고, 존경할만하고, 이목을 끄는 직업을 가지고 있다. 이 사람들은 자존감이 높지만, 다른 사람들은 존경을 덜 받는 재미없는 일에 매여 있다. "그냥 정비 일을 하고 있어요"라거나 "별 거 안 해요. 경비원입니다"라고 위축되어 말하는 사람들과 "외과의사예요" 또는 "회사를 경영합니다"라고 자부심을 전혀 감추려 하지 않는 사람들에게서 이러한 양면을 볼 수 있다. 미국의 문화적 가치를 고려하면 이해가 될 것이다. 출세에 대한 이야기들은 가난한 사람들이 가난에서 벗어나 부자가 될 수도 있기 때문에 매력이 있다. 이러한 서열적 세계관은 직업지향과 진로지향을 강화한다. 육체노동자들은 손으로 일하고, 물건을 고치고, 청소하고, 음식을 차려준다. 모두 따분하고, 노역을 하는 동물의 짐과 같으며, 밑바닥에 있는, 피하고 싶은 일이다. 승진 사다리를 올라가서, 열심히 일해서 크게 성공하는 꿈을 이루는 것이 훨씬 좋은 일이다(이는 크게 성공하지 못한 사람들은 그만큼 열심히 일하지 않았다는 의미이다). 더 많은 돈과 더 많은 권력과 더 많은 명성을 가지면, 더 많은 존경과 더 높은 지위가 따라온다. 인생의 여러 역할 중에서 일은, 아마도 다른 어떤 것보다, 성공에 대한 분명한 규칙과 매력적인 보상이 있는 것이다.

더 많은 것 ─ 더 많은 급여, 더 많은 명성, 더 많은 권력, 더 많은 인정, 더 많은 존경 ─ 에 대한 억제할 수 없는 욕망은 이원론적 관점에 기인한 것일 수 있지만, 어떤 면에서는 이 역시 일이 자기를 실현하는 방법이라고 강조한 르네상스 시대와 마르크스주의자들의 관점을 반영하는 것이기도 하다. 어떤 사람들은 일 자체가 신성하기 때문에 창조하려고 애쓰기도 하지만, 누가 뭐래도 이 시대의 주된 자기실현 방법은 지칠 줄 모르는 출세제일주의인 것 같다. 젊은 수석 변호사는 무엇을 위해, 승진을 못하면 바로 퇴출되고 마는 뉴욕의 로펌에 들어가려고 무자비할 정도로 전력투구하는 것일까? 계속 새로운 회사를 설립하는 기업가는 무엇을 위해, 등골 빠지게 일을 해 좋은 아이디어를 수익성이 좋은 발전기로 변환시키는 것일까? 어떤 면에서 진로지향이란, 잠재된 욕망이 동기가 되어, 신과 같은 지위에 올라 우리가 만든 세상을 통제하는 것이라 할 수 있다. 이 문장이 논란을 불러올 수도 있다면, 조금 다르게 표현해보자. 현대 사회에서는 자기실현이 무엇보다도 최우선이라는 것이다. 바우마이스터는 이렇게 말했다. "당신은 일이 자부심과 자존감을 느끼게 해주고, 다른 사람들의 존경과 감탄, 환호를 유발할 만큼 명성이 있는 위치에 당신을 올려놓을 것이라고 가정한다. 많은 사람들이 진로에서의 성공이 개인의 실현을 약속한다는 신화적인 견해를 가지고 있다. 그들은 일정 목표에 도달하면 그 다음에는 자동적으로 행복해질 것이라고 생각한다."[24] 하지만, 앞으로 나아가기 위해서는 특히 가족과 여가, 삶에서 다른 역할에 쏟을 시간과 에너지를 희생해야 한다면, 과연 그럴 수 있을까? 결국 이는 실증의 문제로서, 연구를 통해 확인해 보아야 할 문제이다. 일에 대한 어떤 지향이 – 직업, 진로, 소명 – 가장 건강한 결과로 인도하는 것일까? 이 질문에 대한 초기의 답들을 다음에 제시하였다.

일의 의미가 만드는 차이

왜 일을 하는가?

이 질문에 대해 잠시 동안 생각하고 대답해보자. (현재 일하고 있지 않다면, 다음 질문 중에서 자신에게 맞는 질문에 대답해보자. 당신은 왜 일하고 싶어 하는가? 당신은 왜 일에 대한 훈련을 하고 있나? 왜 일을 찾고 있나? 왜 일을 피하는가? 왜 일을 했는가?) 조금만 생각하면 금방 대답할 수 있는 질문들이다. 마치 왜 학교에 갔느냐 라거나 왜 지금 운전을 하느냐 라는 것처럼 말이다. 하지만 당신이 대부분의 사람들과 같다면, 일에 관한 질문에 대해서는 분명히 답하지 못했을 것이다. 아마 몇 분 전에 질문을 받았음에도 불구하고 지금까지 대답하지 못했을지도 모른다. 다시 물어보자. 당신은 왜 일을 하는가?

당신의 대답은 일이 당신에게 어떤 의미인지를 알려준다. 마음속으로 현재의 직업에 대해 대답했을지도 모른다. 아니면 좀 추상적으로 당신의 진로 전반에 대해 대답했을지도 모른다. 충분히 생각하고 정리해보았다면, 일을 하는 이유에는 생각보다 다양한 동기가 있다는 것을 알고 놀랐을 것이다. 우리는 대부분 해야 하기 때문에 - 생계를 위해, 가족을 부양하기 위해, 집세와 융자금을 내기 위해, 그리고 생필품을 사기 위해 일을 한다. 어떤 이들은 일을 해야 한다고 생각하기 때문에, 일을 안 하면 출세하지 못한 것 같이 느껴져서, 또는 일을 안 하면 무엇을 해야 할지 모르기 때문에 일을 한다. 다른 이들은 성취하고 싶어서, 잘 하고 싶어서, 유능감을 느끼고 싶어서, 어떤 것을 숙달하고 싶어서 일을 한다. 또 어떤 이들은 표현하고 함양하고 싶은 재능이 있기 때문에 일을 한다. 어떤 이들은 세상에 기여하고, 다른 사람들의 삶을 더 낫게 만들어줄 수 있기 때문에 일을 한다. 어떤 사람들은 일을 하도록 강요받고, 끌려오고, 부름을 받았다고 느끼기 때문에 일을 한다. 나열하면 끝이 없지만, 이 목록은 일을 하는 동기가 얼마나 다양한지를 알려주는 좋은 사례일 것이다.

당신은 아마도 여러 가지 이유 때문에 일을 하거나 일하고 싶어 할 것이다. 하지만 이 장에서 검토한 바와 같이, 몇 가지 분명한 추세를 보면, 일에 대한 특정 사고방식이 역사적인 시대와, 세대와, 개인을 어떻게 지배하는지를 알 수 있다. 사람들은 일에 대해 다양한 시각을 가지고 있다. 그래서 어떻다는 것인가? 그것이 어떤 차이를 만드는가?

앞에서 언급하였듯이, 이 질문에 답하는 좋은 방법은 과학적 심리학의 도움을 받는 것이다. 고전적인 한 연구에서, 에이미 브제스니에프스키(Amy Wrzesniewski)와 동료들은 일에 대해 직업, 진로 또는 소명으로 접근하는 정도를 평가하는 방법을 개발하였다.[25] 그들은 의

사와 간호사부터 컴퓨터 프로그래머와 행정직원까지 다양한 직군의
대학교 직원들에게 다음 세 문단을 읽게 했다. 그 다음 각 문단이
일에 대한 자신의 생각을 얼마나 잘 반영하였는지를 평가하게 했다.
한 번 해보자. 다음 세 문단을 읽고 각 문단을 1-4점 척도로 평가해
보자. 1점은 '나와 전혀 같지 않다', 2점은 '나와 약간 비슷하다', 3점
은 '나와 상당히 비슷하다', 4점은 '나와 아주 많이 비슷하다'이다.

A는 직업 외의 개인적인 삶을 누리는 데 필요한 돈을 벌기 위
해 일한다. 언젠가 재정적으로 안정이 된다면, 현재 하고 있는 일
은 그만 두고 다른 일을 할 것이다. A의 직업은 기본적으로 삶의
필수요소인 호흡이나 수면과 비슷하다. A는 종종 일터에서의 시간
이 좀 더 빨리 지나가기를 바란다. A는 주말과 휴가를 간절히 기
다린다. A는 인생을 다시 살 수 있다면, 같은 일을 또 하지는 않
을 것이다. A는 친구나 자녀에게 자기가 하고 있는 일을 해볼 것
을 권유하지 않을 것이다. A는 빨리 은퇴할 수 있기를 간절히 바
라고 있다.

당신은 A와 어느 정도 비슷한가? _____

B는 기본적으로 일을 즐기지만, 현재의 일을 앞으로 5년 더
하겠다는 생각은 하지 않는다. B는 더 나은, 조건이 더 좋은 직장
으로 옮길 계획을 갖고 있다. B는 궁극적으로 가고 싶은 직급과
관련된 미래를 위한 목표를 갖고 있다. B의 일은 가끔 시간 낭비
같이 보일 때도 있지만, 승진을 위해서는 현재 위치에서 잘 해야
한다는 것을 알고 있다. B는 승진을 손꼽아 기다린다. B에게 승진

은 일을 잘 했다는 인정을 의미하며 동료들과의 경쟁에서 성공했다는 신호이다.

당신은 B와 어느 정도 비슷한가? _____

　C의 일은 그의 삶에서 가장 중요한 부분이다. C는 이 일을 하는 것이 너무 좋다. C가 생계를 위해 하는 일은 자신의 정체성에서 중요한 부분이기 때문에, C는 자기에 대해 이야기할 때 자신의 일을 제일 먼저 말한다. C는 일을 집에 가져가곤 하는데 휴가 기간 중에도 그러는 경향이 있다. C의 친구 중 다수는 일터에서 만나는 친구들이고, C는 일과 관련된 몇 개의 조직과 클럽에 참여하고 있다. C는 일을 사랑하고 그 일이 세상을 좀 더 나은 곳으로 만든다고 생각하기 때문에, 일을 좋아한다. C는 친구나 자녀에게 자기와 같은 일을 하라고 격려할 것이다. C는 일하지 말라고 하면 매우 화를 낼 것이다. C는 은퇴를 기다리지 않는다.

당신은 C와 어느 정도 비슷한가? _____[26]

　그 다음에, 연구자들은 참여자들이 가장 높게 평정한 문단과 관련이 있는 범주에 그들을 배정하였다. 아마도 첫 번째는 "직업", 두 번째는 "진로", 세 번째는 "소명" 범주라는 것을 바로 짐작했을 것이다. 어떤 범주가 당신을 가장 잘 대표하고 있는가?

　연구자들은 세 범주의 사람들을 비교해 보았는데, 뚜렷한 차이가 있었다. 소명 집단의 사람들은 직업이나 진로 집단의 사람들보다, 자신의 직업에 더 만족하였고, 전반적으로 삶에 대한 만족도가 더 높았다. 그들은 "나는 내 일에서 보상을 받는다", "내 일은 세상을 더 나은 곳으로 만든다", "재정적으로 안정이 된다면, 나는 돈을 못 받더라도 현재 하고 있는 일을 계속할 것이다"와 같은 질문에 "그렇다"라는 대답이 더 많았고, "나는 오늘이 무슨 요일인지를 신경 쓰며 주말을 매우 기다리고 있다" 같은 질문에는 "아니다"라는 대답이 더 많았다. 직업 집단 및 진로 집단과 비교할 때, 소명 집단도 일을 못한 적이 자주 있었다고 대답하였다. 최근에, 미시간 대학교의 사회심리학자 크리스 피터슨(Chris Peterson)과 동료들이[27] 이와 똑같은 세 문단을 가지고, 전 세계의 근로자 7,500여 명을 대상으로 연구를 진행하였다. 모든 일에서, 소명지향을 가진 사람들이 자신의 일과 전반적인 삶에 더 만족했으며, "자신의 삶에 대해 기대와 에너지, 흥분을 가지고 접근하는 습관"[28]으로 정의된 열정 척도(measure of zest)의 점수가 가장 높았다.

당신은 아침마다 활기차게 일어나 "기대와 에너지, 흥분"이 있는 하루를 맞이하는가? 당신의 직업과 삶 전반에 대해 아주 만족하는가? 이제 정리를 해보자. 일을 소명으로 접근하는 것이 모든 고통을 치유하는 만병통치약은 아니다. 하지만 당신이 하고 있는 일이 너무 즐거워서, 깊이 몰입한 나머지 시간의 흐름도 놓쳐버린다고 상상해보자. 당신의 직업이 당신이 인생에서 가장 가치를 두는 것과 일치해서, 당신에게 목적 있는 삶을 살게 해준다는 그림을 그려보는 거다. 당신의 재능이 잘 사용되어, 다른 사람들이 당신의 노력으로부터 유익을 얻고, 근무시간 동안 정말로 세상을 더 나은 곳으로 만드는 일을 하고 있다고 생각해보자. 당신이 돈을 받지 않고도 하고 싶은 일, 은퇴를 생각만 해도 움찔해지는 그런 일을 하고 있다고 상상해보자.

당신의 일에서 이런 경험을 하고 싶은가? 그렇다면, 이 책을 계속해서 읽어나가기 바란다.

Part Two

소명의 차원

Dimensions of Calling

Chapter Three

귀를 기울이기

Listening

귀를 기울이기

Listening

로저 비스커(Roger Visker)는 어렸을 때부터 경찰관이 되는 것이 꿈이었다. 경찰관에 관련된 것이라면 어떤 것이든 좋았다 - 유니폼, 경찰차, 전문용어, 평화수호자로서의 자긍심까지. 다른 일을 할 수 있다는 생각은 해본 적이 없었다. 8학년 졸업식 프로그램 팜플렛에는, 로저의 이름 옆에 "장래 희망 : 나는 경찰관이 되고 싶습니다"라고 쓰여져 있을 정도였다. 절대 변하지 않는 단 하나의 꿈과 함께 고등학교를 다녔고, 경찰대학을 졸업해서 칼라마주(Kalamazoo) 타운쉽 경찰서에서 일하게 되었다. 로저는 자신에게 꼭 맞는, 꿈꾸어오던 직업을 가지고, 정말 열심히 일했다. 그는 능력이 뛰어난 경찰로서 잘 알려졌으며, 주민들에게도 존경을 받았다. 똑똑하고, 머리회전이 빠르며, 결단력이 있고, 어려운 상황에서도 침착하며, 언제나 공정한 태도를 보였다. 절박한 상황 때문에 극단적인 행동을 하는 사람의 분노와 고통에 대해 잘 이해해주고, 효과적으로 이야기를 해서 긴장된 상황을 해결하는 묘한 능력도 가지고 있었다. 로저는 빠른 승진을 했고, 나중에는 경찰서 내에서 두 번째로 높은 직급인 패트롤 경감이 되어 치프(chief)가 되는 길로 순조롭게 가는 중이었다. 그는 정말 훌륭한 경찰관이었다. 로저의 인생은 매우 멋졌다. 그런데 어느 날, 모든 것을 영원히 바꾸어놓은 한 사건이 일어났다.

로저는 그 날을 정확히 기억한다. 1990년 9월 18일, 화요일. 경찰관이 된 지 14년이 된 해였다. 그날 아침, 그는 이전부터 해오던 성경공부모임에 나가기 위해 일찍 일어났다.

모임에 가기 위해 준비를 하고 있다가, 로저는 갑자기 기도를 하고 싶어졌다. "그래서 저는 기도를 하기 시작했어요. 그런데, 그 순간에 하나님이 저에게 말씀을 하셨습니다. 실제로 목소리가 들렸는지는 잘 모르겠어요. 어쨌든 뭔가 소리가 들린 쪽을 보려고, 테이블 건너편을 쳐다봤지만 당연히 아무도 없었죠. 하지만, 저는 분명히 들었어요. 누군가 내 귀에 대고 말을 한 것 같았거든요. 그냥 보통 목소리였어요. 특별히 깊게 울리거나 하늘에서 들려오는 소리 같지 않았어요. 차분한 느낌이었죠. 메시지는 정말 분명했어요. 하나님은 이렇게 말씀하셨어요. '로저, 나는 네가 경찰을 그만두고 목사가 되었으면 좋겠다. 우선은 이 사람들하고 이야기를 좀 해보길 바란다.' 그러시더니, 일곱 명의 이름을 대셨어요. '또, 너의 패트롤 경감직을 대신할 수 있는 후보들도 알려주마.' 그리고 또 몇 명의 이름들도 주셨습니다. 저는 너무나 놀라서 주저앉았고, 경외심이 들었어요. '알겠습니다'라고 대답했구요. 그리고 나서는 하나님이 말씀하신 것을 적어야겠다는 생각에 서둘렀습니다."

이제 출근을 해야 할 시간이었기 때문에, 로저는 밖으로 나가서 차를 타고 운전을 하기 시작했다. 4마일 정도 떨어져 있는 직장으로 가면서, 중간쯤 왔을 때 아침에 일어났던 일을 다시 생각해보니 눈물이 흐르기 시작했다. "무슨 감정이 생겨서 우는 것이 아니었어요." 그는 회상했다. "그냥 눈물이 흐르는 거에요. 눈물관이 스스로 움직이는 것 같이 말이죠. 정말 제 곁에 하나님이 계신다는 생각이 들었어요. 그리고 저는 말했습니다. '알겠습니다. 하나님 말씀대로 하겠습니다. 하지만, 저를 도와주셔야 해요.' 하나님도 대답해주셨어요. '알겠다.' 그러더니 눈물이 멈췄습니다." 로저는 그날 오전을 멍한 상태로 보냈다. 경찰서 주위를 걸어다니면서, 다른 사람과 대화를 하지 않으려 했다. 오늘 아침에 일어났던 일 이외에는 생각할 수도 없었고 집중할 수도 없었기 때문이었다. "점심시간이 되었을 때, 저는 아내에게 너무나 이야기를 하고 싶어졌어요. 운전을 해서 집으로 가자, 그녀는 조금 속상해하고 있더라구요. 제가 아침에 집을 나올 때, 평소에 늘 하던 작별 키스를 하지 않았었거든요. "오늘 좀 이상하다"라고 말하는 아내에게, 저는 오늘 아침에 일어난 일에 대해 이야기를 했습니다. 저보고 미쳤다고 하거나, 스트레스가 너무 많다고 하거나, 꿈을 꾼게 아니냐 라고 할 줄 알았죠." 로저는 쿡쿡 웃었다. "제 생각과는 다르게, 아내는 이렇게 말했어요. '하나님이 우리에게 원하시는 것이 그거라면, 한번 해봅시다.'"

다음주 주말에, 로저와 그의 아내, 수(Sue)는 원래 시카고로 가서, 예전에도 몇 번 해본 적이 있는 메리지 엔카운터(Marriage Encounter, 역주 : 행복한 부부운동)에 참가할 계획이었다. 날씨는 좋았지만, 일요일이 되자 로저는 몸이 안 좋아지는 것을 느꼈다. 2시간 정도 운전을 해야 하는 길을 떠날 시간이 가까워졌을 때는 일어나 앉기도 힘들었다.

수는 비틀거리는 로저를 부축해서 자동차로 데리고 가서 뒷좌석에 눕히고, 구토봉지까지 챙겨주었다. 차가 움직이자마자, 로저는 다시 기도하고 싶은 마음이 들었다. 그는 기도를 시작했고, 수에게도 함께 기도하자고 이야기했다. 곧, 로저는 몸이 따끔거리기 시작하는 것을 느꼈다. 손가락 끝에서 반응이 오기 시작하더니, 손, 팔, 어깨, 머리까지 저렸다. 그리고는 다시 발끝까지 따끔거림이 퍼져가서 온몸이 흔들릴 정도였다. 로저는 계속해서 기도를 했다. "뭔가 영적인 전투가 일어났다는 것을 알 수 있었어요. 저는 제가 사랑했던 직업을 버리고 성직자가 될지를 결정해야 했으니까요. 제 영적인 웰빙이 위험에 처한 거였죠. 기도를 하면서 저는 제 상황을 하나님께 말씀드렸어요 – 아이들, 내 직업, 우리 집, 강아지, 제가 생각할 수 있는 모든 것들요. 하지만 저는 하나님 앞에 무릎을 꿇고, 모든 것이 하나님의 것이니 가져가시라고 말씀드렸어요. 무엇보다도 저는 하나님이 필요하다는 말씀도 드렸죠. 이상하게 들리실 것 같지만, 악마의 유혹을 중간중간 느끼기도 해서, 그럴 때마다 스스로를 꾸짖었습니다. '악마! 내 주위에서 꺼져!'라고 말이에요. 결국 제가 모든 것을 하나님께 맡겼을 때, 제 고통은 끝났습니다. 몸이 저린 증상은 시작된 것과 반대 방향부터 없어지기 시작했어요. 발가락부터 올라오면서 머리까지, 그리고 다시 팔, 손, 손가락으로 가면서 따끔거림이 멈췄죠. 바로 그때 저는 구토를 했어요." 그 순간, 로저는 하려고 했던 일이 무엇이든 간에, 멈춰야 한다는 것을 깨달았다. 그래서 신이 이야기를 해보라고 제안했던 일곱 명의 이름이 적힌 명단을 꺼내보았다. 메리지 엔카운터를 통해 만났던 한 커플, 동료 세 명, 두 명의 교회 친구가 있었다. "뭐라고 말을 해야 할지 알 수가 없었어요. 그래서 저는 제가 경험했던 일에 대해 그냥 이야기를 하고, 물어봤습니다. '어떻게 생각하세요?'"

한 사람은 로저에게 고전적인 경력 자기개발서, 리차드 볼스(Richard Bolles)가 쓴 「당신의 파라슈트는 어떤 색깔입니까?(What Color Is Your Parachute?)」를 읽어보라고 이야기를 해주었다. 어떤 사람은 목사님에게 찾아가보라는 말을 하였다. 다른 사람들은 용기를 북돋아주었고, 긍정적인 지지를 해주었다. 좋은 목사가 될 수 있을거라 생각하게 된 로저의 강점에 대해 이야기를 들려주기도 했다. 희한하게도, 그들은 모두 로저의 상황과 관련이 되어 있었다.

"그 일곱명의 사람들은 경력 전환에 대한 경험을 했었거나, 지금 하고 있다는 공통점을 가지고 있더군요. 이후 몇 달 동안, 저는 그분들이 권했던 모든 일들을 다 해보았습니다. 책을 읽었죠. 목사님과도 이야기를 해봤습니다. 상담예약을 해서 진로검사 몇 가지도 받았어요. 재미있는 경험이었어요. 저에게 잘 맞는 직업들 중에는 경찰관도 물론 있었지만, 목사도 있더군요." 그 해 12월이 되었을 때에야 로저는 가족들에게 이야기를 했다. 그분들은 매우 놀랐지만, 큰 지원을 해주셨다. 장모님은 물어보셨다. "이번의 메시지가 악마가 아니라 하나님으로부터 온 것이라는 걸 어떻게 알 수 있는 건가?" 장모님의 말씀을 떠올리면서 로저는 미소를 짓고 말했다. "당연히 그런 말씀을 하실 줄 알았어요."

9월의 일과 마찬가지로, 그 이후에 로저가 스스로를 돌아보기 위해 시도했던 일들도 매우 드라마틱했고 중요한 의미를 가졌다. 의논을 해본 사람들은 로저가 목사로서 잘 해나갈 수 있는 흥미, 성격, 능력과 가치를 가지고 있다는 근거자료들을 제공해주었다. 검사결과 또한 마찬가지였고, 신뢰할 수 있는 친구들의 솔직한 피드백도 동일했다. "저는 한참 동안 이 문제에 대해 고민해야 했습니다. 네 명의 아이들을 키워야 하는 상황에서, 새로운 도시로 옮겨가서 목사직을 수행해야 하고, 게다가 수입을 거의 기대하지 못하게 된다는 것은 너무나 어려운 결정이었으니까요. 마지막으로 로저는 한 시간 정도의 거리에 있는 칼빈신학대학교의 교무과장을 만나보았다. 그는 자신의 이야기를 했고 준비된 서류를 제출하였다. 교무과장은 신중한 태도로 귀를 기울인 후에, 의견을 이야기해주었다. 로저가 학부 때에 심리학과 사회학 강의를 들었고, 교수와 친하게 지내면서 1대1로 문학에 대해서도 공부를 했기 때문에, 필수과목 중에서는 철학개론과 고전 그리스어 과목만 더 들으면 된다고 말이다. ("정말 대단한 일이잖아요? 대학에서는 그냥 우연히 그 강의들을 들었을 뿐인데. 그때 내가 지금과 같은 상황을 어떻게 알 수 있었겠어요.") 로저가 생각을 해볼 수 있는 시간을 잠시 준 후에, 교무과장은 질문을 하였다. "그럼, 언제부터 시작하기를 원하십니까?"

그때부터 로저는 자신의 진로를 180도 전환하였다.

4년 후에 신학석사 학위를 받았고, 그 이후로부터 세 개의 주에 있는 세 곳의 교회에서 목회를 맡았다. 그리고 현재는 일리노이주 뉴레녹스에 있는 큰 규모의 새생명교회(New Life Church)에서 일하고 있다. 로저는 자신이 오랫동안 꿈꿔왔고, 실제로 매우 잘해왔었던 경찰관이라는 직업을 포기한 것을 후회하지 않는 걸까? "네, 후회하지 않습니다. 그때 저는 하나님께 말씀드렸어요. '하나님, 제가 목사로서 살아가기를 원하신다면, 제가 더 이상 경찰관 일을 사랑하지 않도록 해주십시오.' 하나님은 그렇게 해주셨어요. 1992년에 하던 일을 그만두었고, 그 이후에 일하던 곳에는 한번밖에 가보지 못했어요. 물론, 경찰관으로서 살았던 삶은 멋진 경험이었습니다. 하지만 과거는 과거고, 현재는 현재죠. 지금 제가 하고 있는 일에 대해 깊은 애정을 가지고 있습니다."

직접 받아 적었던 로저의 이야기는 우리가 지금까지 들어본 소명에 대한 이야기 중에서 가장 드라마틱한 것이었다. 어떤 각도에서 보아도, 그저 놀라울 뿐이다. 이 이야기를 사람들에게 들려주면, 정말 다양한 유형의 반응이 나온다. 어떤 사람들은 너무나 믿을 수 없는 이야기라 사실일 수가 없다고 하며, 곧바로 회의적인 반응을 보인다. 로저가 9월의 그날 아침에 LSD같은 마약을 한 게 아니겠어요? 라고도 말할 정도다. 또 다른 사람들은 그저 깜짝 놀라는 모습만 보인다. 어떤 사람들은 의외로 시기어린 마음을 표현하기도 한다. 이 사람들은 자신의 일을 하는 데 있어서 소명을 가지고 싶다는 마음이 강한 사람들이다. 어떤 것을 선택해야 할지 알 수가 없는 모호함 속에서 살면서, 로저와 같이 하나님이 보내주신 극단적으로 분명하고 명확한 소명을 가진다는 것은 굉장한 일이라는 것이다. 불타는 가시덤불이 떠오르면서, 로저는 현대의 모세같이 보이기도 한다. 실제 하나님의 음성을 들으면서, 명료한 지시를 받았으니 말이다. 이것이 바로 초월적인 부름이 아닌가 싶기도 하다. 그런 것이 존재한다면 말이다.

모세의 예를 들었듯이, 소명의 세 가지 요소들 중에서 '초월적 부름'은 가장 논란이 심한 부분이다. 어떤 비평가들은 '부름(summons)'이라는 것은 기독교 전통에만 연결되어 있다고 주장한다. 지나치게 독특하고, 지나치게 한정적이라는 것이다. (이 문제에 대해서는 Q&A 2를 참고하자.) 또 다른 비평들은 소명이라는 것이 외적인 원천으로부터 온다는 생각을 거부한다.

소명이라는 것은 사람의 내면에서 생긴다는 것이다. 하지만, 아직 많은 사람들이 소명이 외적 원천에서 온다는 생각이 결정을 내리는 데 있어서 수동적인 태도를 취하게 한다는 점을 걱정하면서도, 적극적으로 자신을 탐색하고, 주도적으로 의사결정을 하는 행동을 하기보다는, 자신에게 꼭 맞는 소명이 어디에선가 찾아지기를 기다리고 기대하는 데에 시간을 보내고 있는 상황이다.

비평가들의 주장을 모두 이해하고 그 타당성에 대해 동의한다. 하지만, 초월적 부름이라는 것은 소명을 가지는 것이 어떤 의미인지를 이해하는 데 있어서 매우 중요하다고 우리는 생각하고 있다. 첫째, '소명'이라는 단어의 역사적, 언어적 의미는 소명의 제시자(issuer), 즉 부름의 외부적 원천이 있다는 것을 내포한다. 사실 소명이란 그 어떤 종교적 전통에도 적용 가능한 개념이지만, 신고전주의적 시각에서 소명을 볼 때에는 그 개념의 근본적인 의미를 중요시여기고 있다. 둘째, 초월적 부름이라는 개념은 적어도 우리가 만났던 사람들에게는, 핵심적인 내면세계에 있어서 매우 중요한 것이었다. 예를 들어, 우리가 설문조사에 자주 포함시켰던 한 문항은 이런 것이었다. "나는 뭔가 초월적인 부름에 끌려 현재의 일을 하게 되었다." 1장에서 언급했던 대학 직원들 중에서 60%는 이 문항이 어느 정도는 맞다고 대답했고, 17%는 정말 그렇다는 응답을 하였다. 확실히, 일을 하는 데 있어서 초월적인 부름을 경험하는 것이 모든 사람에게 다 일어나는 일은 아닐지라도, 이 수치를 가지고 추론을 해본다면 꽤 많은 사람들이 소명에 관련된 경험을 하고 있다고 생각된다.

마지막으로, 현대사회를 살고 있는 사람들이 생각하는 소명의 정의가 존재하지만, 그것을 넘어서는 초월적인 부름은 큰 영향력을 가지고 있다. 외부 원천으로부터의 부름을 경험한 사람들은, 자신의 업무행동과 삶에서 더 광범위한 의미와 목적을 연결짓는다. 일의 과제와 다음 장에서 다룰 '더 폭넓은 목적'과의 관계를 파악하게 되면서 자신의 일이 얼마나 중요한지에 대한 인식이 강화된다. 신으로부터의 부름에 응답을 한다는 것은, 신을 존경하고 그의 뜻에 따른다는 것을 의미한다. 사회적인 요청에 대해 응답을 한다는 것도, 그 사회적 니즈를 충족시키는 방향으로 자신의 일을 구성한다는 것을 의미하는 것이다.

마찬가지로, 가족의 전통이라는 부름에 응답한다는 것은, 그 전통을 존중하고 가족의 유산을 이어가려고 한다는 것을 의미한다. 이러한 모든 행동은 자신의 일이 크거나 작거나 상관없이, 그러한 부름이 없었을 때보다 스스로의 일을 더 중요하고 의미있게 느끼게 해준다. 왜냐하면, 초월적 부름의 경험을 한 사람들은 더 깊은, 자기를 넘어서는 목적과 책임감에 연결되기 때문이다.

거의 모세와 비교될 만한 로저의 경험으로 돌아가서, 사람들이 그 이야기를 들었을 때 느꼈던 질투에 대해 이야기를 해보자. 직업을 선택한다는 것은 대부분의 사람들에게 매우 어려운 일이다. 당연히 직업을 선택하거나, 직업을 바꾸는 일은 인생에 있어서 매우 큰 일이고, 어떤 사람이든지 비슷하게 느낄 것이다. 직업선택이나 직업 전환은 그 이후 몇 년 동안의 인생을, 또는 더 오랜 기간 동안의 인생을 결정해 주기 때문이다. 만약 소명이라는 것이 초월적인 부름을 의미하는 것이라면, 그 부름을 어떻게 들을 수 있는 것일까?

귀를 기울이기 위한 공간을 만들기

우리가 2장에서 살펴보았듯이, 예전이나 지금이나 사람들이 일에 대해 가지는 태도와 동기에는 정말 다양한 종류가 있다. 그런데 이들 중의 꽤 많은 부분이 소명을 명확하게 파악하는 것이 아니라, 오히려 소명을 제대로 찾지 못하게 기여하고 있는 상황이다. 금전적인 보상과 편안함에 초점을 맞추고 일이라는 것에 대해 생각을 하게 되면(2장에서 언급되었던 직업지향과 같이), 아주 명확한 압박을 받게 된다. 연봉이 세고 전망이 좋은 직업을 가져야 한다는 이야기를 들은 적이 있는가? 어떤 세대이든지, 그 시대에서 인기를 끈 직업 분야가 존재해왔다. 우리가 대학에 입학할 때에 들었던 메시지는 "컴퓨터"와 온라인 쇼핑이 유망하다는 것이다. 당연히 2000년에서 2002년 사이에는 닷컴(dot-com) 열풍이 불어닥쳤다. 영화 "졸업"(The Graduate)에서 더스틴 호프만이 맡았던 주인공에게는 그 유망한 직업이 플라스틱에 관련된 것이었다. 요즘은 환경 관련 직업이 뜨고 있는 듯하다. 이와 같은 메시지들을 보면, 유망한 직업을 가지기만 하면 바로 돈을 많이 벌 수 있다는 생각을 반영하고 있을 뿐, 중요한 사회적 니즈를 충족시키기 위해 스킬을 개발하는 과정으로서 직업을 생각하지는 않는다는 것을 알 수 있다. 얼마나 쉽게 돈을 벌 수 있는지, 그리고 얼마나 돈을 많이 벌 수 있는지만을 기준으로 삼아서 직업을 평가한다면, 소명을 경험하기란 더욱 더 어려워지게 된다.

다시 한 번 명확하게 설명해보면 이렇다. 현재 매우 어려운 상황에 처해 있다면, 월세는 낼 수 없고 그저 근근히 식비는 충당할 정도의 수입을 얻을 수 있는 직업은 절대 선택하면 안 된다고 말하는 것이 아니다. 물론, 극도로 스트레스 수준이 높은 상황이라고 해도 '해봤자 소용 없고 의미 없는 경험'이란 존재하지 않고, 매슬로우의 욕구위계이론에 따르면 어려운 상황에서는 우선 기본 욕구가 충족되어야만 소명을 찾는 것에 대한 생각이 들 수 있다는 것을 우리도 잘 알고 있다.[1] 하지만, 장기적으로 앞을 내다보았을 때 중요한 문제는 이것이다. 생존욕구가 충족되고 몇 가지 선택가능한 진로 대안들이 생겼을 때, 당신은 어떤 기준을 가지고 이 대안들을 평가할 것인가?

마찬가지로, 성취욕구나 인정욕구, 권력욕구(진로지향의 특성들) 또한 소명을 찾는 과정에서 자주 나타나는 장애물들이다. 여기에서 또 한가지 명료화 작업이 필요한 이슈가 나온다. 높은 성취도에 대한 보상이 따르고, 사회적 인정을 받을 수 있으며, 권력(예 : 정치, 행정, 관리)을 얻을 수 있는 직업을 찾는다고 해서 소명추구에 반하는 행동을 하고 있는 것은 아니다. 이와 같은 진로경로(career path) 또한 보다 큰 선을 위해 자신의 재능을 활용하는 데 있어서 매우 효과적인 도구로 활용될 수 있다. 문제는 그 직업을 통해 자신의 권력을 강화하고, 인정을 받고 높은 성취욕구를 만족시키는 일만 하게 되는 경우인 것이다. 우리가 수년간 상담을 통해 만났던 내담자들은 바로 그런 모습을 하고 있는 경우가 많았다. 그들은 법조계나 기업분야로 일찍 진입해서, 평생동안 승진과 높은 보상에 대한 목표를 가지고 자신의 삶을 꾸려왔다. 그 중의 많은 경우는 객관적으로 말해서 성공을 거두었지만, 나중에는 그와 같은 금전적 성공이 모든 것을 채워주지 못하며 공허함을 느끼게 된다는 것을 깨닫곤 했다. 근본적으로 자신이 매우 싫어하는 일을 하고 있는 스스로의 모습을 발견하기도 했지만, 그렇다고 해서 지금까지 기반을 잘 다져왔고 좋은 보상을 받고 있는 일을 떠나는 것은 쉽게 결정할 수 없어 망설이는 태도를 나타냈다. "회사의 좋은 우대조건(golden handcuffs)"들은 그들이 소명을 찾지 못한 일에 매여 떠나지 못하게 만드는 요인 중 하나이기도 했다.

특정 직업에서는 성공의 조건에 사회적 인정과 경제적 안정이 반드시 들어간다. 이와 같은 요소들은 결코 무시할 수 없는 것들이다. 하지만, 동시에 더 큰 선을 위해 당신이 가지고 있는 재능을 어떻게 사용할 것인지에 대해서는 반드시 깊은 성찰이 필요하다는 것도 분명한 사실인 것이다.

나에게 있어서 초월적 부름이 어떤 것인가를 찾아내기 위한 중요한 열쇠는 장애물들을 걷어내고 소명의 소리에 집중해서 귀를 기울이는 것이다. 하지만 우리가 로저처럼 실제 목소리를 듣기란 쉬운 일이 아니다. 따라서 그와 같은 기적을 기대하기를 권하고 싶지는 않다. 우리에게 있어서 소명의 목소리란 은유적으로 말한다면 속삭임에 가깝지 않을까 싶다. 아주 집중해서 들어야만 알아챌 수 있는 소리 말이다. 귀를 기울인다는 것은 수동적으로 기다리는 것 이상의 무언가를 요구한다. 귀를 기울이는 것은 우리가 다음 내용에서 이야기하듯이, 적극적인 행동을 의미하는 것이다.

최고의 경청은 적극적 경청이다

어느 9월의 아침에 놀랍고 영적으로 충만했던 경험을 했던 로저의 이야기를 생각해보면, 당신이 어떤 식으로 소명을 발견하기를 원한다고 해서 그렇게 되지 않는다는 것을 알 수 있을 것이다. "저에게 일어났던 일은 하나님이 내게 특정한 과정을 경험시켜주고자 하셨던 일이었어요. 하지만, 다른 분들께는 하나님이 조금 더 다른 방법으로 경험하도록 해주셨으면 좋겠네요." 그때 로저는 삶의 방향을 잃어버려 헤매고 있는 상태가 아니었다. 자신의 진로경로에 대해 만족하고 있었기 때문이다. 따라서 보다 명확한 삶의 방향을 찾고 싶은 사람들은 로저의 경우를 부러워할 필요가 없는 것이다. 우리는 "기도하고 기다리기(pray and wait)" 방법이라고 명명한 경험을 통해 소명을 마주한 사례들을 많이 만났었다. 대부분의 경우에는 매우 독실한 신자들이었지만, 모두가 그렇지는 않았다. 기도하고 기다리기 방법은 이런 느낌이었다. 명확한 방향을 찾게 해달라고 정말 열심히 기도하고, 명확한 응답을 기대하며 기다리는 것 말이다. 만약 응답이 오지 않는 경우에는 대부분 더 열심히 기도를 했고, 더 오랫동안 기다리는 것 같았다.

다시 말해서, 기도라는 것은 많은 연구들에서 증명되었듯이 매우 도움이 되는 행동이다.[2] 자신이 평소에 기도를 한다고 말하는 사람들이 매우 많으며,[3] 종교를 가지고 있는 사람들에게 기도란 매우 중요한 행동이다. 삶의 방향과 지혜, 인내심과 지지를 얻기를 바라며 기도하는 사람들을 가치비하할 생각은 추호도 없다.

문제는 기도 자체가 아니라, 기다리는 태도에서 불거진다. 대부분의 경우, 사람들은 매우 수동적으로 기다리기만 한다. 모세와 같이 불타는 숲으로부터 직접 말씀을 듣고 싶고, 너무나 명확한 메시지를 받고 싶다는 희망이나 기대를 가지고 있는 경우, 신속하게 응답을 받지 못하면 그 좌절감은 매우 크다. 기다리는 기간이 길어질수록, 아주 명확한 메시지를 듣고 싶은 욕구는 더욱 커지기 마련이다. 이와 같은 초월적 부름을 기대하는 사람들을 대상으로 한 연구는 많지 않지만, 그 결과를 보면, 이런 수동적인 기다림은 반드시 문제를 불러일으킨다고 한다. 초월적 부름에 대한 기대는 사람들의 결정력, 자신이 성공적으로 진로 결정 여행을 할 수 있을 거라고 믿는 자신감, 삶의 의미에 대한 폭넓은 시각과 모두 부적 상관이 있는 것으로 나타났다.[4] 더 나아가서, 초월적인 부름에 대한 기대는 긍정적인 진로 성과에 대한 기대와도 상관관계가 나타나지 않았다.[5] 사실, 진로선택 및 개발의 주요 이론들은 사람들이 결정권자의 입장에서 주도적인 역할을 한다는 가설을 세우고 있고, 주요 진로상담전략에서도 내담자들의 능동적인 활동을 권장하며, 연구에서도 사람들이 자신의 진로개발과제에 적극적으로 참여하는 것이 삶의 성장에 있어 도움이 된다는 근거를 내놓고 있다.[6]

물론, 로저는 실제 신의 목소리를 들었던 것이 분명하다. 하지만 성경과 같은 드라마틱한 경험은 매우 흔한 것이 아니라는 것도 분명하지 않은가. 그와 같은 사례도 가끔씩 나타나지만, 항상 모든 경우에 동일하다는 의미는 아닌 것이다. 따라서 강력한 메시지를 전달하며, 대지를 뒤흔들만한 존재감을 가진 소명 경험을 기대하는 것은 잘못 계획된 전략이 되기 쉽다. 신학자들 또한 이 의견에 동의하고 있다. 성 올라프 대학의 종교학과 교수인 더글라스 슈어만(Douglas Schuurman)은 자신의 책에서 이렇게 말했다. "예외적인 경우가 있기는 하지만, 대부분의 경우 신은 사람에게 특정한 소명을 제시할 때 매개체를 이용한다."[7]

매개체(mediator)란 어떤 것을 말하는 것일까? 슈어만은 신약성경에서 다음과 같은 매개체들을 찾아냈다 - 재능(gifts), 요구(needs), 의무(obligation), 논의(discussion), 그리고 기도(prayer).[8] 로저의 이야기는 경찰관 일을 그만두고 성직자의 길을 걸으라고 했던 목소리를 들었던 경험으로 끝나는 것이 아니다. 중요한 부분은 로저가 자신의 소명을 찾기 위해 적극적으로 노력했던 과정인 것이다. 로저는 사람들과 이야기를 했고, 그 사람들은 의사결정과 진로전환을 하는 데 있어서 도움이 될 수 있는 매우 실용적인 단계들을 추천해주었다. 자기개발서 읽기, 상담전문가 만나기, 심리검사 받기, 현명하고 신뢰할만한 멘토와 의논하기 등.

그들이 추천해준 단계들은 직업심리학에서 추천하는 최적의 대안들과 과학적으로 일치하는 것들이었다.[9] 우리가 내담자들에게 "기도하고 기다리십시오"보다는 "기도하고 적극적으로 노력하십시오"라는 조언을 하고, 최고의 경청은 적극적 경청이라고 주장할 때, "적극적"이라는 의미가 무엇인가가 중요하다. 6장과 7장에서 이 내용에 대해 더 깊이 다루겠지만, 잠깐 이 단계들 중에서 몇 가지를 살펴보고 가도록 하자.

1) 재능(gifts)

진로개발에서의 "재능"이란 매우 광범위하게 사용되는 단어이다. 당신이 가지고 있는 재능 모음은 "당신"을 독특한 존재로 만들어줄 특성들로 구성되어 있다. 절대 음감, 글쓰기 감각, 숫자에 대한 친숙함, 엔진의 구조를 이해하는 열정, 옷장정리능력, 잽싸게 멋진 애피타이저를 만들어내는 능력 등을 예로 들어볼 수 있을 것이다. 하지만, 재능이란 기술(skill)보다는 더 넓은 개념을 의미한다. 재능은 특정한 흥미패턴, 기질(temperament)과 대인관계 경향성, 특정한 업무환경 유형에 대한 선호도와 같은 요소들도 포함한다. 당신의 재능은 당신을 다른 사람들과 차별화할 수 있게 만들어준다. 어떤 유형의 일에 있어서는 매우 잘 맞지만, 다른 유형의 일에서는 잘 안 맞을 수도 있다. 나만의 독특한 재능을 명확하게 파악하려면 어떻게 하면 될까? 이 책의 후반에서 이 질문에 대해 논의해보도록 하겠다. 홈페이지 www.makeyourjobacalling.com에서도 스스로를 평가해볼 수 있는 전략들을 추천하고 있으니 참고하기 바란다.

2) 논의(discussion)

당신을 잘 알고 있고, 당신이 가장 흥미를 많이 가지고 있는 것이 무엇인지를 파악하고 있는 사람, 특히 당신이 그들의 현명함을 인정하고 그들의 의견을 신뢰하는 사람을 세 명 정도 떠올려보자. 이 사람들은 매우 중요하다. 왜냐하면 당신을 위한 핵심적인 자원이 되어줄 수 있기 때문이다.

이것은 오랜 기간 동안 우리가 진로상담 내담자들에게 추천했던 행동 전략으로서, 자세한 내용은 다음과 같다. 이 사람들과 1대1로 커피(또는 맥주, 평소 그들과의 관계에서 더 자연스러운 것을 선택하면 된다)를 마실 약속을 잡자. 그들의 현명한 조언을 잘 들어보는 거다. 이런 질문을 해보자. "제가 가지고 있는 가장 중요한 강점은 무엇이라고 보십니까? 조금 더 성장해야 할 부분은 어떤 것일까요? 제가 잘 해낼 수 있는 역할들은 어떤 것이라고 생각하십니까? 그 이유는 무엇입니까? 제가 피해야 할 일은 어떤 것이라고 생각하세요? 그 이유는요? 제가 가지고 있는 잠재력을 가장 잘 펼칠 수 있는 분야를 생각하실 때, 어떤 것이 떠오르시는지요? 제가 스스로 깨닫지 못하고 있는 맹점은 무엇일까요? 제가 고려하지 못하고 있는 중요한 요인들이 있다면 말씀해주십시오." 이 멘토들과 정기적으로 만나서, 그들로부터 지지도 얻고 솔직한 의견을 들어보자. 이러한 행동을 하려면 많은 노력을 해야 하는 것은 사실이다. 하지만, 연구결과에 따르면 진로의사결정을 하는 데 있어서 이와 같은 지지체계를 구축하는 것이 차별점을 만들어준다고 한다.[10] 나중에 다시 살펴보겠지만 또 다른 연구결과에서는 숙련된 진로상담자도 매우 효과적인 자원으로 기능할 수 있다고 한다. 자기탐색을 조력할 수 있는 지적이고 안전한 환경이 되어주는 동시에, 현명하고 충분한 정보를 기반으로 한 진로결정을 내릴 수 있도록 잘 구조화된 체계를 잡아주기 때문이다.

3) 의무(obligations)

직업심리학자 도날드 수퍼(Donald Super)는 사람들이 특정 삶의 시기에 복잡한 삶의 역할들 중에서 자신에게 맞는 것을 어떻게 찾는지에 대해 설명하였다.[11] 어떤 역할들은 항상 중심에 있으려고 한다. 시간과 에너지를 많이 써야 하고, 책임감도 많이 가져야 하는 역할들이다. 다른 역할들은 조금 더 지엽적이다. 바쁘면 조금 미뤄두어도 되는 역할들 말이다. 핵심 역할과 지엽적 역할은 시간이 감에 따라 중요성이 변화한다. 예를 들어보자. 대부분의 독신 성인들은 가까운 친구들과의 관계를 유지하고 있고, 일도 하지만 여가시간도 충분히 가진다. 하지만 결혼을 해서 아이가 생기게 되면, 친구들이 우선순위에서 다소 밀려나게 되는 경우가 많으며, 여가를 즐겼던 시간들도 배우자와 함께 보내는 시간 그리고 부모 역할을 하는 시간들로 채워지게 된다. 마찬가지로 삶의 초반에는 자녀와 학생의 역할이 핵심적이지만, 나이가 들면서 일을 하게 되면, 재교육이 필요해질 때까지(이때가 되면 학생의 역할이 다시 핵심 역할이 된다), 그리고 나이드신 부모님을 돌봐드려야 할 때까지(이때가 되면 자녀의 역할이 다시 한 번 핵심 역할이 된다) 두 가지 역할의 중요성은 줄어들게 된다.

기억해야 할 것은 이것이다. 상황은 시간이 감에 따라 변화하지만, 지금 이 책을 읽고 있는 현재, 당신은 삶에서 책임을 지고 있는 특정한 역할을 맡고 있다는 사실이다.

진로결정이란 아무 것도 없는 진공상태에서 툭 튀어나오는 것이 아니라, 삶의 맥락 속에서 만들어지는 것이다. 그리고 소명을 찾아내는 작업은 반드시 자신이 삶에서 맡고 있는 다른 역할들을 고려하면서 이루어져야 한다. 바우마이스터는 윌리엄 서머셋 몸(William Somerset Maugham)의 소설 「달과 6펜스」를 예로 들어 설명한다. 이 소설의 주인공인 중산층 영국인은 자신의 가족과 주식중개인이라는 직업, 편안한 삶을 버리고 불륜의 관계에 빠져들어서, 파리의 한 싸구려 아파트에서 발견된다.[12] 그 아파트에는 이젤 한 개와 캔버스 하나, 그리고 물감 몇 개가 놓여 있었다. 그림에 대한 어떤 교육을 받거나 관련된 경험이 있는 것이 아니었는데도, 주인공은 그림을 그리고 싶다는 내적인 열망에 휩싸여서 가족에 대한 책임감과 자신에게 꼭 맞는 것처럼 보였던 직장을 버리는 모습을 보였다. 이것이 이 소설에서 택한 관점 이었다. 여기에서 우리는 다소 과장된 형태로 표현된 소명에 대한 모 더니즘적 시각을 찾아볼 수 있다. 내면에서 찾은 소명과, 자기실현을 향해 주인공이 달려나가는 모습을 보면 말이다. 반대로, 소명의 신고 전주의적 시각을 가지고 의무와 친사회적 가치를 중요시하는 태도를 보인다면, 또다른 일에서 소명을 찾기보다는 지금 하고 있는 일에서 소명을 찾기를 바랄 것이다. 따라서, 자신의 일에서 소명을 찾는 작업 을 한다는 것은 또다른 일에서 맡고 있는 역할 및 책임과도 잘 조화 되는가를 점검하는 작업이기도 하다.[13] 이와 같이 다양한 가치들을 탐 색하는 일과 병행하여, 많은 연구들은 삶(life)과 일(work)에서의 건강 과 만족도를 높일 수 있도록, 일에서의 역할과 그 외의 생활에서의 역 할이 잘 조화되어 균형을 잡을 수 있어야 한다고 제안하고 있다.[14]

4) 요구(needs)

또 다른 표현으로 하자면 의무(obligation)라고 할 수도 있을 것이 다. 루터의 주장에 따르면, 한 사람의 사회적 지위(station)가 그 사람 의 소명을 결정한다고 한다.

칼뱅(Calvin)과 청교도들은 소명에 대한 핵심적인 매개체란 처음 에는 사회적 지위(station)라고 생각했다가, 시간이 지나면서 그보다는 개인적인 재능(gifts)이라고 초점을 바꾸게 되었다. 이와 같은 시각은 현재에도 지속되고 있어서, 대부분의 진로상담자들이 사용하는 핵심 적인 전략의 기반을 형성하고 있다. 하지만 이들의 초점이 변화되었 다고 해서 의무의 적절성을 부인한 것은 아니었고, 재구성 작업을 약 간 했을 뿐이었다. 즉, 재능이 있다고 해서 본인이 원하는 직업을 반드시 갖게 되고, 그 직업을 통해 자기실현을 하게 되는 것은 아니다. 그 대신에 재능은 우리에게, 공동의 선(common good)에 기여할 수 있는 일을 할 수 있도록 준비시켜준다. 즉, 어떤 사람이 자기 자신의 재능과 경험을 발휘할 수 있도록 많은 준비를 한 분야에서 사회적 요구가 존재하고 있다는 것을 알게 된다면, 그 요구를 충족시킬 수 있도록 일의 방향성을 잡아야 한다는 의무를 느끼게 될 것이라는 의미이다.[15] 따라서, 초월적 부름을 잘 듣기 위해서는 당신이 속해 있는 사회와 당신을 둘러싸고 있는 사회의 요구와, 당신 자신의 재능이 어느 점에서 교차되는지를 평가해보아야 한다.

당신의 소명은 얼마나 거대한가?

우리는 다음 학기에 학부생들을 대상으로 하여, 소명에 대해 어떤 태도를 가지고 있는지에 따라 어떤 과목을 신청하는지를 알아보려고 한다. 선거에 나가는 것을 준비하려면 성격심리학 과목을 듣는 것이 좋을까, 아니면 학습심리학을 들어야 할까? 소명이라는 것은 그만큼 세부적인 것인가? 그런 것 같기도 하다. 물론 소명에 대한 로저의 경험을 보면 매우 세부적인 방향성을 얻은 것은 분명하다. 하지만 역시 대부분의 사람들에게, 소명은 '어떤 사람이 되기(to be)'인지 '어떤 행동을 하기(to do)'인지가 명확하게 나눠져 있지 않다. 종교적인 전통에서는 일반적인 소명(원칙준수, 경건함, 올바른 삶)과 특정한 역할을 담당하는 것에 대한 세부적인 소명을 구분하는 경우가 대부분이다. 하지만 세부적인 소명(particular call)이라고 해도, 어떤 특정한 직업을 가질 것인가의 문제가 아니라, 이 세상에서 당신이 담당하는 사명(mission)의 구성요소는 무엇이고, 그 사명을 추구하기 위해 당신의 재능을 활용하려면 어떤 종류의 직업들을 갖는 것이 좋을까에 대한 문제일 것이다. 예를 들어, 이 책의 저자들은 예술적, 사회적, 탐구적 흥미들을 다양하게 가지고 있다. 우리는 연구하기도 좋아하고, 학생을 가르치는 것이나 저술을 하는 것도 즐긴다.

우리는 사람들을 이해하고 그들을 돕는 일에 가치를 두고 있다. 사업가적인 흥미를 어느 정도 가지고 있기도 하다. 우리는 심리학과 교수를 하다가 퇴직했다. 그렇다고 해서, 우리는 심리학과 교수로 일하라는 소명을 갖고 있다고 말할 수 있을까? 아니면 사람들이 자기 자신을 파악하고 다른 사람들을 더 잘 이해할 수 있도록 돕기 위해, 그리고 공동의 선을 강화하는 방향으로 주위 사람들을 만족시키며 의미를 추구하기 위하여, 저술, 교육, 상담, 연구에 우리의 능력을 활용하라는 소명을 가지고 있는 것일까? 이 실례는 솔직히 상황을 지나치게 단순화하긴 했지만, 우리는 후자가 더 진실에 가깝다고 생각하고 있고, 대부분의 사람들에게 있어서 소명은 비슷한 형태를 취하고 있을 거라 생각된다.

이 이야기는 매우 중요한 시사점을 주는 것 같다. 첫째, 우리는 심리학과 교수와 같은 특정한 직업을 추구한다는 소명을 가져야 하는 것은 아니라는 것을 의미한다. 예를 들어, 브라이언(Bryan)은 젊었을 때 사회학, 사회복지학, 경영학, 종교학 등 다양한 길을 고려해봤었다. 라이언(Ryan)은 한때 건축에 관련된 일을 하고 싶기도 했고 (지금도 약간 그런데) 스탠드업 코미디언이 되고 싶기도 했다. 우리는 이 다양한 대안들 중의 하나를 추구해서 소명을 "찾은" 것일까? 더 깊은 우리의 삶의 목적, 다른 사람들을 돕는 것과 일치하는 방향으로 스스로의 재능을 활용할 수 있는 한, 당연하다. 당신의 소명은 얼마나 거대한가? 대부분의 경우, 당신의 소명은 지금 하고 있는 직업 안에만 제한되어 있는 것은 아닐 것이다.

그리고 소명 개념이라는 것은 세부적인 직업명보다는 조금 더 범위가 넓다는 이야기를 확신을 가지고 덧붙이고 싶다. 소명이 재능에 의해 매개되는 상황에서는, 업무에 관련된 개인특성에서의 차이점에 대한 연구가 매우 적절하다. 사람들의 흥미, 능력, 욕구, 가치관, 성격에 기반하여 성공적인 진로선택을 예측하는 것에 대한 연구에서는 어느 정도의 세부적인 결과가 나올 수 있을까? 이 분야의 연구는 매우 다양한 복잡성뿐 아니라 한계점도 많이 가지고 있지만, 일단 간단하게 대답을 해보자. 어떤 독특한 특성들은 특정한 직업이나 큰 범위의 직업군에서 성공을 거두는 데 있어서 조금 더 도움이 되는 것 같다.

예를 들어, 실용적 활동과 지적 활동에 강한 흥미를 가지고, 수치를 다루는 일과 공간적 활동을 하는 데 있어서 높은 능력을 지니고 있으며, 성취와 권력에 대해 가치를 부여하는 한 사람을 상상해보자. 이 사람은 자신의 재능을 기반으로 하여, 응용수학과 엔지니어링에 관련된 진로경로 내에서 의미있는 일을 경험하고 잘 해내고 싶어한다. 하지만 지금까지의 경험과 훈련을 고려하지 않는 경우, 이 사람은 어떤 직업에 더 잘 맞을까? 자동차 연료 소비를 모니터링하는 컴퓨터 칩을 개선하는 전기 엔지니어일까? 아니면 더 오래가는 휴대폰 배터리를 만드는 화학 엔지니어일까? 특정한 특성을 기반으로 하여 세부적인 직업에서의 성공을 예측하는 데 있어서 명확한 결과를 얻어낸 연구는 많지 않다. 왜냐하면, 대부분의 사람들은 유사한 직업군에 속해 있는 다양한 직업들에서 모두 성공을 거둘 수 있는 재능을 가지고 있기 때문이다. 우리의 능력이 가지고 있는 유연성 수준은 상상한 것보다 더 높은 듯하다.

우리가 바라는 것이 명확하고 매우 세부적인 응답이라면, 이렇게 모호한 상황은 정말 좌절스러울 수 있다. 하지만, 대부분의 경우 우리에게 "어떤 직업이 내 소명이지?"라고 물어본다면 단 하나의 대답이 나오는 때는 거의 없기 때문에, 매우 자유롭게 생각할 수 있다고 볼 수도 있다. 그 대신에 이와 같은 질문은 매우 다양한 종류의 정답을 가지고 있기 때문에, 당신은 소명을 중요시하면서도 그와 관련된 여러 가지 가능한 진로경로들 중에서 어떤 것이든지 골라도 된다. 조급하게 A라는 직업으로 선택을 한 다음에 다시 한 번 자기 자신에 대해 생각해보고, 혹시 B나 C, D로 선택했어야 하는 것이 아닐까 걱정하고, 소명과 관련없는 일을 하고 있다고 좌절하지 않아도 되는 것이다. 뒷부분에서 다시 한 번 살펴보겠지만,[16] 당신이 현재 직업에 대해 불만을 가지고 있다 하더라도, 환경이 허락하는 한, 동일한 직업 안에서도 자신의 소명을 추구할 수 있도록 하는 일을 변화시킬 수 있는 능력이 있다는 것을 기억하자.

1997년의 봄, 레드강(Red River, 역주 : 미국의 텍사스와 오클라호마 두 주(州)의 경계를 흘러서 미시시피강으로 합류되는 강)은 기상청의 예측을 빗나가서, 수위가 5피트(역주 : 1.5m) 이상까지 높아졌다.

갑자기 일어난 일이라 미네소타 주의 그랜드 포크스(Grand Forks) 지역에서는 앞으로 일어날 일에 대해 준비할 시간도 없었다. 얼음같이 차가운 물이 제방을 넘어서 넘쳐 흘렀고, 강한 물살은 모래주머니로 쌓아놓은 벽도 간단히 넘어 도시 내부로 밀려들어 왔다. 미국에서 남북전쟁 이후로 가장 큰 주민 대피가 일어나게 된 순간이었다. 몇천 가구가 침수되었고, 피해규모는 3,500만 달러에 육박했다. 미네아폴리스에 있는 자신의 집 소파에서, 로힛(Rohit)은 완전히 긴장한 상태로 몰입해서 텔레비전에서 일어나는 상황을 보고 있었다. 그는 며칠 동안의 강물 범람사태를 지켜보았고, 제방이 붕괴되자마자 자신이 어떤 일을 해야 할지에 대해 깨닫게 되었다. 로힛은 일어나서 자신이 관리하는 일곱 개의 창고중 하나로 차를 몰고 갔다. 그리고 상사에게 휴가를 청했지만 거절당했다. "휴가를 주시지 않으면 그만두겠습니다"라고 최후통첩을 날려보았더니, 상사의 대답은 "잘 가게나"였다. 로힛은 홍수 구조 작업을 돕기 위해 곧바로 그랜드 포크스의 동쪽 지방으로 차를 몰았다. 그 해 6월에 브라이언이 로힛을 만났을 때, 그는 구세군의 음식배급센터에서 지게차를 운전하고 있었다. 그때 당시에는 호텔에 머무르고 있었지만, 초반 4주 동안은 자신의 혼다 어코드(Honda Accord)의 뒷자리에서 잠을 잤다고 했다. 로힛은 남아있는 4백달러를 다 쓸 때까지 한달 정도는 더 버틸 수 있을 거라 생각하고 있었고, 그때가 되면 미네아폴리스나 세인트폴 지역으로 돌아가서 다른 직업을 찾으려는 계획을 가지고 있었다.

로힛의 이야기는 또 다른 초월적 부름의 드라마틱한 실례라고 할 수 있겠다. 로저와 다른 점으로는, 직접 자신에게 '이제 집을 떠나서 그랜드 포크스 동쪽 지역으로 가 봉사를 하여라'라고 이야기하는 목소리를 듣지는 못했다는 것 정도이다. 하지만, 그는 소명을 찾았다고 했다. 물에 잠겨버린 집들과, 몇 만 명의 사람들이 집을 잃어버린 모습을 보여준 TV 영상이 그를 부른 것이다. 로힛 자신의 문제는 아니었지만, 매우 강력하고 급박하며 절박한 사회적 요청이 그의 마음을 흔들었다. 그래서 그는 기꺼이 미네아폴리스의 직장과 집을 떠나서, 그랜드 포크스 동쪽 지역에 있는 음식창고로 오게 된 것이다. 우리는 대부분의 경우, 로힛의 방법보다는 더 정교한 계획을 세우고 충동적이지 않은 방법을 택하기를 권하지만, 로힛도 자신의 선택에 대해 후회는 없다고 말했다.

로저의 이야기와 마찬가지로, 로힛의 사례도 매우 독특하다.

로저가 경험했던 목소리를 들을 수 있기를 기대해서도 안되고, 우리가 맡고 있는 일의 상황상 부름을 받았다고 해서, 로힛이 그랬듯이 바로 직장을 그만두고 다른 지역으로 가서 갖고 있는 돈이 떨어질 때까지 일을 할 수 있는 경우도 매우 드물다. 하지만 이와 같이 드라마틱하고 인상깊은 이야기를 통해 우리는 초월적 부름을 찾아내는 방법에 대해 뭔가를 배울 수 있다. 어떤 방향으로 가라는 목소리를 또렷하게 들은 후에도, 로저는 충분한 기간 동안 탐색(exploration)과 통찰(discernment)의 작업에 몰두하였다. 이와 같이 신중한 탐색과 통찰을 하게 되면, 소명의 조용한 목소리를 들을 수 있게 된다. 그 목소리는 우리가 가지고 있는 재능, 신뢰할 수 있는 멘토나 상담전문가와의 대화, 우리의 의무, 세상에서 볼 수 있는 다양한 요구들을 통해 들릴 것이다. 로힛의 이야기는 우리가 세상의 요구에 관심을 가지게 될 경우, 마음속 깊은 곳에 있는 무엇인가가 자극되어 소명의 다른 원천을 찾을 수도 있다는 것을 보여준다. 사실 우리는 로힛의 경우보다는 제약조건들을 더 많이 가지고 있지만, 프레드릭 부케너(Frederick Buechner)가 이야기했던 소명의 정의, "당신의 마음 깊은 곳에 있는 기쁨과 세상의 절박한 굶주림이 만나는 곳"[17]이라는 말은 우리에게도 적용될 수 있는 것이다.

로저와 로힛의 경험은 너무 드라마틱하고, 초월적 부름을 찾는 데 있어서 지나치게 희귀한 사례라고 해두자. 그렇다면, 더 전형적인 사례는 어떤 형태를 가지고 있을까? 우리가 만났었던 내담자들 중에서, 레스토랑에서 몇 년간 일하다가, 최근에는 제과점의 케이크 데코레이터(decorator)로 일하고 있는 마리아의 이야기를 한번 살펴보자.[18] 그녀는 자신의 삶에 대한 만족도가 매우 낮았고, 오랫동안 변화를 꿈꾸고 있었다. 하지만, 자신이 원하는 변화가 어떤 것인지 명확히 알기까지는 꽤 많은 시간이 정신없이 흘렀었다. "저는 제 소명이 어떤 것인지를 꼭 찾고 싶었어요. 음식에 관련된 일을 하는 것은 제가 원하는 것이 아니었거든요. 뭔가 다른 일을 해볼 필요가 있었어요." 창의적인 일을 하고 싶다는 것이 마리아가 가지고 있는 핵심적인 가치였다. 또한 사람들을 감동시키는 예술작품을 만들어내는 일이 가치있다는 생각도 하고 있었다. 마리아와 함께 작업을 하면서 우리는 이해할 수 있었다. 소명을 찾기 위해서는, 마리아가 가지고 있는 재능들을 살펴보고, 그녀 주위에 있는 세상에서 볼 수 있는 요구들에 관심을 가지도록 도와야 한다는 것을 말이다. 마리아는 야외활동을 좋아해서 등산이나 캠핑도 즐겨하곤 했다. 아름다운 자연을 접하게 되면 "영혼이 풍요로워져요"라는 말을 자주 하는 편이었다.

우리가 마리아에 대해 알아보면서 알게 된 것은, 그녀가 예술적이고 실용적인 것을 좋아하고, 야외활동도 즐기며, 자율적으로 뭔가를 성취하는 것에 가치를 두고 있고, 공간지각력과 수학에 능하다는 사실들이었다. 그녀를 짜증나게 만드는 것은 무엇일까? "정말 쓰레기 같은 정원을 가지고 있는 사람들이 있어요. 참을 수가 없다니까요. 지저분한 것들(지나치게 키가 커버린 잡초들이 빽빽이 들어차 있는)로 둘러싸여 있는 집에 산다고 생각해보세요. 정말 우울할거에요." 따라서, 그녀가 한 농장에서 주최한 건식조경(xeriscaping : 미국 서부의 건조한 지역에서 유명한 조경과 원예의 한 형태로서, 물을 적게 주어도 되는 식물재배에 초점을 맞춤)에 대한 주말 워크샵에 다녀왔다는 이야기를 했을때, 진로경로로서 조경분야를 탐색해보는것이 어떻겠느냐는 질문이 바로 나왔다. 조사를 좀 해본 후에, 마리아는 이 분야가 자신에게 매우 딱 맞다고 확신했다. "정말 완벽해요. 바깥에서 시간을 더 많이 보낼 수 있는데다가, 뭔가를 만들고 싶은 욕구를 채울 수도 있구요. 제가 하는 일을 통해 사람들이 행복해지고, 환경에도 좋은 영향을 끼칠 수 있다는 실용적인 효과가 있다는 것이 더 멋져요. 제가 살고 있는 지구에 좋은 일을 할 수 있는 방법 중의 하나가 될 수 있으니까요." 귓가에 들려오는 목소리나, 가슴을 흔들어대는 드라마틱한 사건이 있지는 않았지만, 마리아는 자신의 재능과 주위 세상의 요구를 탐색해보면서 깨달을 수 있었다. 조경분야에서 일을 한다는 것은, 지구라는 환경과 교외의 단독주택에 살고 있는 사람들의 웰빙수준을 상승시킬 수 있는 실용적인 예술작품을 만들어낸다는 소명을 충족시킬 수 있는 방법이라는 것을 깨닫게 된 것이다.

당신 자신의 모습에 대해 한번 생각해보자. 당신이 가지고 있는 독특한 흥미, 능력, 성격특징, 일과 관련된 가치는 어떤 것인가? 세상의 "절박한 굶주림"이 보여주는 어떤 요구가 당신의 마음을 울리는가? 그리고 그 요구는 당신의 "마음 깊은 곳의 기쁨"과 어떻게 상호작용하는가? 지금, 또는 미래에, 당신의 일을 통해 소명을 실천하려면 어떤 가능한 대안들이 있을까? 이와 같이 적극적으로 몰입해서 생각해보도록 하는 질문들은, 당신을 부르고 있는 소명의 조용한 목소리를 들을 수 있는 창구를 열어줄 것이다.

의미 만들기

Making Meaning

의미 만들기

Making Meaning

사람들은 대부분 긍정적인 의미감(a positive sense of meaning) - "자기 존재와 현존의 본질이라고 생각되는 느낌, 그리고 그에 관해 느끼는 의의"[1]로 정의되는 - 을 경험하는 것이 "좋은 삶"을 사는 토대가 된다는 것에 동의할 것이다. 하지만 얼마나 많은 사람들이 일에서 의미 있게 살기 위해 진지하게 고민하며 행동을 하고 있을까? 이 주제를 깊이 있게 다루기 전에, 먼저 당신이 생각해보아야 할 질문들로 시작해보도록 하자. 우선, 당신의 삶에 대해 전반적으로 생각해보자. 궁극적으로 당신에게 가장 중요한 것은 무엇인가? 당신은 인생의 목적을 어떻게 기술하겠는가? 이 질문들을 생각하면서, 최근에 추구하고 있는 *인생 목표(life goals)*를 최소한 다섯 가지 나열해보자.

1.＿＿＿＿＿＿＿＿＿＿＿＿＿＿＿＿＿＿＿＿＿＿＿＿
2.＿＿＿＿＿＿＿＿＿＿＿＿＿＿＿＿＿＿＿＿＿＿＿＿
3.＿＿＿＿＿＿＿＿＿＿＿＿＿＿＿＿＿＿＿＿＿＿＿＿
4.＿＿＿＿＿＿＿＿＿＿＿＿＿＿＿＿＿＿＿＿＿＿＿＿
5.＿＿＿＿＿＿＿＿＿＿＿＿＿＿＿＿＿＿＿＿＿＿＿＿

다음은, 잠시 동안 당신의 진로에 대해 생각해보자 - 현재의 직업 상황, 당신이 가장 하고 싶은 일, 이 두 가지 간의 간격을 줄이기 위해 해야 할 행동들. 당신이 존재하고 싶은 곳으로부터 얼마나 가까이 또는 멀리 있는가? 더 큰 삶의 맥락 안에서 당신의 진로가 어떤 역할을 하기를 원하는가? 이 질문들에 대해 생각하면서, 현재 추구하고 있는 *진로 목표(career goals)*를 최소한 다섯 가지 정도 나열해보자.

1.＿＿＿＿＿＿＿＿＿＿＿＿＿＿＿＿＿＿＿＿＿＿＿＿
2.＿＿＿＿＿＿＿＿＿＿＿＿＿＿＿＿＿＿＿＿＿＿＿＿
3.＿＿＿＿＿＿＿＿＿＿＿＿＿＿＿＿＿＿＿＿＿＿＿＿
4.＿＿＿＿＿＿＿＿＿＿＿＿＿＿＿＿＿＿＿＿＿＿＿＿
5.＿＿＿＿＿＿＿＿＿＿＿＿＿＿＿＿＿＿＿＿＿＿＿＿

이제 당신의 인생과 진로 목표들을 면밀히 검토해보라. 당신의 진로 목표와 인생 목표는 어느 정도 일치하는가?

이 질문에 대한 답에 만족하는가? 아니라면, 무엇을 바꾸고 싶은가?

숨막힐 정도로 계속 질문을 쏟아 부을 생각은 없다. 천천히 생각해 보자. 소명의 두 번째 차원은 개인이 일에서 의미를 끌어낼 때, 또는 개인의 직업 활동이 인생 전반의 더 큰 목적이나 의미와 일치할 때 존재한다. 이 장에서는 연구를 통해 일에서 긍정적인 의미감을 함

양하는 것으로 확인된 경로들을 탐색할 것이다. 일을 통해 당신 자신
의 삶의 의미와 목적의식을 키워가도록 도와줄 실제적인 전략들도 제
안하도록 하겠다.

점검하기

지금까지 우리는 당신이 소명을 갖는다는 것이 무슨 의미인지, 바
로 지금 당신의 일은 당신에게 무슨 의미인지, 그리고 당신의 독특한
재능이 어떤 특정한 일에 얼마나 잘 맞는지에 근거해 당신이 부름을
받은 곳에 대해 생각해보게 했다. 또 앞에서 우리는 당신에게 인생에
서 가장 중요한 것, 목적, 도달하려고 애쓰는 목표들, 그리고 당신의
일과 진로 목표가 더 큰 그림에 얼마나 잘 맞는지를 고려해보라고 했
었다. 이렇게 정기적으로 뒤로 돌아가 바로 지금 당신의 삶의 상황이
어떠한지, 어디로 가고 있는지를 점검해보는 것은 아주 중요하다. 그
래서 당신의 인생 목표와 진로 목표를 적어놓고 자세히 살펴보라고
제안하는 것이다. 인생 목표와 진로 목표가 가까울수록 일을 더 의미
있게 경험하고, 더 큰 삶의 목적을 달성하게 될 것이다. 우리는 이런
연습이 평가를 하는 데 도움이 된다고 생각한다. 당신의 인생 목표와
진로 목표가 서로를 버텨준다면, 당신은 의미를 촉진시키는 일종의
조화(congruence)를 경험할 것이다. 이런 조화가 부족하면, 당신은 불
행하거나, 아니면 적어도 통합적이거나 전체적이 아니고 분리되어 있
거나 부분적이라는 느낌을 받을 수 있다. 그런 경우 변화가 필요한데,
당신도 이미 알고 있을 것이다.

이런 질문들은 일의 의미에서 중요한 두 가지 요소인 이해력
(comprehension)과 목적의식(purpose)을 당신이 어떻게 경험하는지를

평가하는 데에도 도움이 될 것이다.[2] *이해력*은 당신의 경험을 의미 있게 만들고, 주변 세상에 당신이 얼마나 잘 맞는지를 이해하는 능력이다. 이해력이 높은 사람들은 매일 하는 직무(job tasks)를 자기보다 훨씬 더 큰 것에 어떻게 연결시킬지를 알고 있다. 예를 들어 조직에서 일한다면, 그들은 자기의 직무가 조직의 목표를 어떻게 발전시키는지, 조직의 목표를 추구함으로써 조직은 지역사회와 세상에서 무엇을 성취하고자 하는지를 이해한다. 당신이 만약 더 건강한 삶에 도움이 되는 상품을 만드는 건강 식품 회사의 재무부서에서 근무한다면, 그리고 당신이 예산서를 작성하고 스프레드시트를 꼼꼼하게 살펴보는 데 들이는 시간이, 회사가 미션을 잘 달성하는 데 얼마나 도움이 되는지를 알 수 있다면, 당신은 자신의 일에 대해 깊이 이해하고 있는 것이다. 현재의 직업에 대해, 직업이 없다면 가장 최근의 직업에 대해 생각해보자. 당신의 직무는 더 큰 목표, 즉 당신이 가치를 두는 것, 차이를 만드는 것과 어떻게 연결 되는가(또는 되었는가)?

*목적의식*은, 스탠포드 대학 교수인 빌 데이먼(Bill Damon)과 동료들에 의하면, "자기에게 의미 있고, 자기를 넘어선 세상에도 매우 중요한 어떤 것을 성취하려는 안정적이고 일반화된 의도"[3]이다. 이해력이 이해하기에 초점을 맞추는 반면, 목적의식은 행동에 초점을 맞춘다. 예를 들어, 다른 사람들에게 항상 긍정적인 영향을 미치는 것이 목적이 될 수 있다. 이런 목적을 추구하는 사람은 사랑스럽고 지지적인 배우자와 부모가 되는 것, 경청하고 격려하는 말과 행동을 하고, 감사의 마음으로 자신의 재능을 지역사회를 위해 사용하는 사람이 되는 것 등의 인생 목적을 갖고 있을 것이다. 예를 들어, 영업부장이라는 일에서 이런 목적을 추구하는 사람이라면, 자신의 훈련받은 전문성과 기술을 활용하여 사람들의 삶을 더 낫게 만드는 유익한 상품을

홍보하고, 종업원들이 자기 강점을 개발하도록 아이디어와 정보를 공유하는 것 등의 진로 목표를 갖고 있을 것이다. 목적의식은 좀 더 구체적이고 단기적인 목표를 추구하게 해주고, 개인이 관여하는 활동에 주제 구조와 일관성을 제공해준다. 당신의 인생 목표와 진로 목표를 다시 한 번 보자. 그것들은 어떤 목적을 반영하고 있는가?

일을 어떻게 의미 있게 만들 수 있을까?

앞에서 이해력과 목적의식에 대해 생각해본 것이 유용하였다면, 이제 일에서, 나아가 당신의 인생에서 의미감을 느끼는 데 도움이 되는 것을 실제로 해보아야 한다. 이제 실용적인 문제로 가보자. 당신은 일에서 의미를 증진시키기 위해 구체적으로 무엇을 할 수 있는가? 심리학 및 경영 분야 연구에서는 몇 가지 전략을 제안하고 있다. 한 가지 분명한 전략은 의미 있는 직업, 특히 의미를 유발하는 직업 환경을 찾는 것이다. 물론 당신이 특별히 이상적인 환경에 있다고 해도, 그런 직업을 찾는 일이 말처럼 쉽지는 않다. 다행스러운 것은 대부분의 직업 안에서 당신의 일을 좀 더 의미 있게 만들 수 있는 조치들을 취할 수 있다는 것이다. 즉, 영성을 통합하기, 강점 활용하기, 그날그날의 활동을 개인적으로 의미 있는 미래의 성과에 연결시키기, 그리고 당신의 일에서 더 큰 선을 얻는 것에 초점을 맞추기이다. 하나씩 차례로 살펴보자.

의미 있는 직업 찾기

코카콜라사의 고위 간부이며 30년 경력의 보니 부르쯔바허(Bonnie Wurzbacher)는 "의미 있는 일 같은 건 없다. 당신은 일에 의미를 부여하는 방법을 배워야 한다."[4]고 주장한다. 앞에서 소명이 개인의 실제 직업과는 관련이 없고, 개인이 그 직업에 어떻게 접근하는가와 관련이 있다고 한 적이 있기 때문에, 아마 이 말은 익숙할 것이다. 그렇지만 모든 직업이 그 일을 의미 있게 경험할 수 있는 장을 제공해주는 것은 아니다. 의미 있는 일에 관한 최근의 연구에서, 다른 직업보다 더 쉽게 의미 있는 경험을 하게 해주는 직업의 특별한 측면은 직무의 성격, 조직의 미션, 일터에서의 관계의 질 같은 것들로 나타났다.[5]

다양한 직업들이 사람들에게 다양한 요구를 하고 다양한 기회를 제공한다. 많은 자율성을 허용하는, 즉 사람들에게 그 일을 행하는 방법에 대한 자유와 통제권을 많이 주는 직업들은 다른 일들보다 더 큰 의미와 관련이 있다. 그런 직업들은 다양한 기술을 사용할 수 있는 기회를 준다. 또한 사람들의 노력이 얼마나 가시적인 성과에 기여하는지를 알 수 있는 직업들은, 특히 그 성과가 다른 사람들에게 확실하게 긍정적인 영향을 미칠 때, 더 의미 있는 것으로 경험하기 쉽다.[6]

이런 요인들이 일에서 의미를 경험하는 데 얼마나 중요한지를 느껴보려면, 이런 것들이 *결여*된 직업 – 당신에게 자율성, 기술을 사용할 기회, 당신의 노력이 가시적인 성과에 기여한다는 느낌, 그리고 그 일의 영향력에 대한 느낌을 전혀 주지 않는 직업 – 에서 일한다고 상상해보자. 예를 들어, 기계 부품이 놓여있고, 계속 움직이고 있는 라인에 서 있는 공장 일을 생각해보라. 당신의 과업은 장갑 낀 두 손으로 커다란 금속 덩어리를 집어 올려, 돌리고, 프레스에 넣고 버튼을 누르는 것이다. 당신은 이 과업을 하는 방법은 오직 한 가지밖에 없으니 다르게 하지 말라는 말을 들었다. 정확히 당신은 무엇을 만들고 있는가? 커다란 건설 기계의 부품이라는 말을 들었지만, 잘은 모른다. 그 말이 당신에게 의미 있게 들리는가? 자율성이 낮고 단조로운 이런 일은 육체노동자의 제조업에 한정된 것이 아니다. *'딜버트'(Dilbert), '더 오피스'(The Office)*와 같은 맥락의 고전적 컬트영화인 *'뛰는 백수, 나는 건달'(Office Space)*에서는 황량한 칸막이 방, 끊임없이 TPS 보고서(그게 무엇이든)를 요구하는 짜증나는 상사, 자꾸만 고장 나는 프린터, 그리고 자기 일을 통제하지 못하고 노동의 결과로부터도 완전히 소외된 직원들이 있는 사무실에서 근무하는 소프트웨어 엔지니어들의 생활을 통렬하게(그리고 매우 유머러스하게) 묘사하고 있다. 론 리빙스턴(Ron Livingston)이 연기한 피터 기본스(Peter Gibbons)는 자기 경험을 성찰하며 이런 결론을 내린다. "일을 시작한 이후, 매일 그 전날보다 더 나빠졌어요. 이 말은 당신이 저를 만나는 오늘이 제 삶의 최악의 날이라는 뜻이지요." 피터의 최면치료사 스완슨 박사(Dr. Swanson)가 "오늘은 어때요? 오늘이 당신의 인생에서 최악의 날인가요?"라고 묻자, 피터는 곧바로 "네"라고 대답했다. 스완슨 박사의 전문가적인 견해에 적극 동의하여, "정말 엉망진창이에요"라는 말을 하였다.

이와는 대조적으로, 철학자이며 오토바이 정비공인 매튜 크로포드(Matthew Crawford)는 그의 책 「모터사이클 필로소피 : 손으로 생각하기(Shop Class as Soulcraft)」에서 자율성(autonomy), 기술의 다양성(skill variety), 중요성(significance), 영향력(impact)의 중요성을 주장하였다. 크로포드는 산업혁명과 기술의 진보로 사고와 행동이 분리되자 의미 있는 일은 심각한 타격을 입었다고 생각했다. 그는 사고와 행동을 다시 연결하고, 적당한 기술을 요구하고, 진짜 유용한 성과를 내고, 근로자들과 그들의 노력으로 혜택을 보는 사람들을 연결해주는 일을 설명하기 위해, 오토바이 정비 같은 육체노동의 예를 들어주었다. 크로포드는 이렇게 기술하고 있다.

오토바이가 트럭에 얹혀 들어왔다가 며칠 후에 자기 힘으로 가게를 떠나는 걸 볼 때, 나는 하루 종일 콘크리트 바닥에 서 있었지만, 그 순간만큼은 피곤하지 않았다. 얼마 동안 오토바이를 타지 못했던 남자가 헬멧 속에서 웃고 있는 것이 보였다. 나는 그에게 손을 흔든다. 한 손은 조절판에, 다른 손은 클러치에 놓은 그가 손을 흔들 수 없다는 것은 알고 있다. 하지만 나는 과하게 속도를 높인 산뜻한 조절판에서 나는 "바아아앙! 부릉부릉" 소리에서 그의 인사를 듣는다. 그 소리가 나를 즐겁게 해주고, 그도 즐거울 것이다. 그것은 기계음으로 하는 대화로서, "예에!"라는 의미이다.[7]

이런 일은 이해와 목적의식을 증진하고, 고객들을 행복하게 만드는 가시적인 성과를 달성하는 기술을 강화해준다. 크로포드는 분명히 그것이 의미 있다는 것을 안다.

개인의 직무 특성은 중요하지만, 그 직무들은 대개 조직이라는 맥락 안에서 일어나기 때문에, 조직의 미션도 중요한 차이를 만든다. 신 벨기에 맥주회사(New Belgium Brewing Company)는 미국에서 세 번째로 큰 수제 맥주 회사로 다음과 같은 미션을 추구하는 조직이다. 신 벨기에 맥주회사는 "소비자들의 기대를 뛰어넘을 때, 사람들의 삶의 질을 높이는 훌륭한 것을 만들 수 있다는 것을 명심하는 것"이 중요하다고 한다. 그들의 미션은 최고의 질의 수제 맥주 생산, 환경에의 책무를 지는 본이 되는 것, 직원들의 잠재력 개발과 건강 증진, 그리고 재미있게 지내는 것이다.[8] 이 회사에서는 이런 말들이 그냥 진부한 이야기가 아니다. 이 회사의 맥주는 꾸준히 상을 받았고, 전기는 100% 재생 자원으로 얻는다. 직원들은 체육관 회원권, 요가 교실, 암벽 타기, 입사 후 1년 되면 받는 자전거, 경력 발달 훈련이라는 혜택을 받는다. 또한 펀(fun) 감독이 고용되어 일하고 있어서, 맥주공장에 꾸불꾸불한 미끄럼틀이 설치되었다. 우리는 신 벨기에의 직원을 몇 명 인터뷰했고, 많은 사람들과 비공식적인 대화를 나눴다. 공통 주제 는 일에 대한 그들의 열정이었고, 자기 일에 대한 이해력과 목적의식 이었다. 우리와 대화를 나누었던 신 벨기에의 거의 모든 직원들은 이 직장이 자신의 마지막 직장이 될 것이라는 확신을 가지고 있었고, 이 회사의 연간 고용유지율은 97% 수준에서 안정되어 있었다. 아주 일 부일지라도, 이러한 결과는 개인의 가치와 그 회사가 촉진하는 가치 가 일치하는 데서 오는 것으로, 이는 이념의 일관성이 직원들에게 긍 정적인 의미를 준다는 연구결과와 일치하는 것이다.[9] 당신은 일하고 있는 조직의 미션을 알고 있는가? 모른다면, 그것은 굉장히 중요한 문제이다. 미션을 알고 있다면, 그것은 당신의 개인적인 가치와 얼마 나 잘 맞는가?

직업에서의 관계도 중요하다. 우리는 어떻게 생각하고 행동하는지 에 대한 단서를 주는 사람들을 통해서 세상을 이해한다. 우리는 세상 을 이해하는 방식에 대한 정보,[10] 특히 일의 의미와 가치에 관한 정보 를 주는 단서를 활용한다.[11] 당신은 자기 일을 정말로 즐기는 동료 – 자기가 수행하고 있는 일에 참여하고 열정적으로 활동하며 흥분하는 –와 일한 적이 있는가? 그런 태도는 전염이 된다. 불행하게도, 이탈, 무관심, 두려움이 전달되는 태도도 그렇다.

우리는 개인적으로 양 극단의 사회적 환경들을 경험해보았다. 한 쪽 극단은 스포츠용품 할인매장에서 비정규직으로 일한 것인데, 그곳 에서는 횡령으로 매니저가 구속되고, 같은 달에 사냥 및 낚시부에서 두 명의 계산원이 전직 해병대원을 놓고 경쟁하는 일이 있었다. 그 일은 아침 드라마처럼 전혀 지루하지 않았지만, 목적의식을 고무하기

는 어려운 일이었다. 다른 쪽 극단에는 대학상담센터가 있었다. 그곳
에서는 구성원들이 자기 일의 중요성에 대한 심오한 가치를 따르고
있어, 자기들이 성취하고자 하는 것의 중요한 부분이라고 느끼지 않
을 수가 없었다. 물론 사람마다 동료와의 관계에 가치를 두는 정도는
다르지만,[12] 우리가 이 사람들과 보낸 시간의 양을 고려해보니, 그들
의 공통적인 태도가 분위기를 만들고 있었다.

　리더들도 분위기를 만든다. 최고의 리더는 직원들이 조직의 미션
과 그 미션을 수행하기 위해 해야 하는 역할을 이해하도록 도와준다.
어떤 리더십 유형은 특히 직원들이 자기 일에서 의미를 도출하도록
돕는 데 효과적이다. 예를 들어, 변혁적(transformational) 리더십에는
효과적으로 분명한 비전을 전달하는 것(그리고 그 비전과 일치되게 행동
함으로써 말한 것을 실행하는 것), 직원들에 대한 순수한 개인적인 관심
을 표현하는 것, 그리고 직원들이 예측된 위험을 감수하고 창조적으
로 문제를 해결하도록 격려하는 것이 포함된다. 변혁적 리더들은 직
원들의 목표와 포부를 확장시키고, 그들이 기대 이상으로 수행할 필
요가 있다는 확신을 불어넣는 재주가 있다.[13] 학자들은 변혁적 리더의
사례로 간디부터 스티브 잡스까지 많은 사람을 언급하였다. 당신은
어떻게 생각하는가? 이런 리더를 따르는 것이 당신의 일을 좀 더 의
미 있게 만들어줄 것 같은가? 캐나다에서 건강-관리직과 서비스직
에 대한 연구를 했을 때, 변혁적 리더와 함께 일하는 직원들이 역시
자기 일을 의미 있게 보는 경향이 있었고, 의미감이 증가하는 만큼
그들의 심리적 건강도 증진되었다.[14]

　간단하게 요약하면서 내용을 정리해보자. 다음과 같은 조건을 갖
춘 직업을 얻으면, 일을 의미 있게 경험할 가능성이 높아질 수 있다.

- 자율성 – 당신 자신의 아이디어를 시도해볼 수 있는 자유
- 당신의 기술을 사용할 수 있는 기회 – 단 한 가지가 아니라 다양한 기술들
- 당신의 일이 가시적으로 확인할 수 있는 상품이나 서비스에 어떻게 기여하는지에 대한 의식
- 그 가시적인 상품이나 서비스가 사회에 얼마나 중요한지에 대한 인식
- 자기 일을 즐기고 가치 있게 여기는 동료들, 그리고 그들과 잘 지내는 것
- 당신이 가치 있게 여기는 분명한 비전을 전달할 수 있고, 삶에서 그 비전을 실행하는 리더, 당신에 대한 순수한 관심을 표현해주고, 당신이 위험을 감수하며 창조적으로 문제를 해결하도록 격려하는 리더, 당신에게 확신을 주며 당신의 목표와 포부를 확장시켜주는 리더
- 당신의 가치 및 더 큰 목적의식과 일치하는 조직의 미션

이 목록을 보면서, 우리는 많은 독자들이 보일 것 같은 반응을 하지 않을 수가 없다. '굉장하군, 하지만 한 군데서 모두 찾기는 어려울 것 같아.' 물론 이것을 모두 제공해주는 직업이 있을지도 모르지만, 우리가 그린 것은 이상세계의 시나리오이다. 현실 세계에서 진로를 선택하거나 직업을 찾는 독자들에게는, 이 중 어림잡아 한 가지라도 비슷한 것이 있는 곳에 고용되기가 말처럼 쉬운 것이 아니다. 물론 이 중 일부라도 제공해주는 직업은 큰 차이를 만들 수 있을 것이다. 현재 당신이 싫어하는 직업에서 고통을 겪으면서도, 감수해야 할 위험 때문에 떠나기를 주저한다면 어떨까? 이직은 고위험에 고보상인 경향

이 있지만, 고위험을 쉽게 무시하거나 묵살하기는 어렵다. 다행스럽게
도, 일의 맥락과 관계 같은 특징들이 중요한 만큼, 사람들은 자기 환
경을 수동적으로 받아들이지 않고, 일의 의미를 만들기 위해 일터에서
자기의 업무와 관계들에 적극적으로 영향을 미칠 수 있으며, 또 그렇
게 한다.[15] 요약하면, 당신은 제약이 주는 한도 내에서, 현재 하고 있
는 일을 좀 더 의미 있게 만들 수 있다. 어떻게 그렇게 할 수 있을
까? 이제 이 연구에서 제안하는 네 가지 전략을 살펴보도록 하자.

일에 신앙을 가져오기

소명은 원래 "일을 자신의 깊은 신념과의 관계에서 보도록 도전하
는" 영적인 개념이었다.[16] 따라서 소명을 영성과 연결시키는 것은 놀
랍지 않을 것이다. 2장에서 살펴보았듯이, 소명은 역사상 종교적인 세
계관과 아주 밀접하게 연결된 것이었고, 3장에서는 어떻게 초월적인
부름이라는 개념을 영적인 렌즈를 통해 볼 수 있었는지를 탐색하였다.
일에 관한 연구에서, 영성은 "학자와 실천가에 의해 새로운 조사와 연
구가 빠르게 증가하고 있는 영역 중 하나"[17]로서, 많은 사람들이 영적
인 개념으로 자신의 일을 보고 있음을 확실히 보여주는 지표이다. 이
연구는 영적인 관여를 하는 근로자들은 일을 자기 너머의 더 높은 목
적, 특히 돌봄, 섬김, 초월이라는 것에 기여하며, 결과적으로 의미를
느끼게 해주는 것으로 생각하는 경향이 있음을 보여주었다.[18] 이 점은
3장에서 살펴본 성직자가 된 전직 경찰 로저 비스커가 입증해 주었다.
사회학자인 수잔 크로포드 설리번(Susan Crawford Sullivan)의 저소득
층 어머니들의 일과 신앙에 관한 연구 참여자인 페기(Peggy)도[19] 집
안 청소를 하는 자신의 일에 대해 "신 앞에 순수한 마음을 갖고... 그
를 기쁘게 하고" 싶다고 말했다. "저는 청소하는 집에 갈 때마다, 이

것이 제가 받은 선물을 누군가에게 돌려주는 방법이라는 마음으로... 그곳에 들어가고... 사랑하는 마음으로 청소를 합니다."

코네티컷 대학의 사회심리학자 크리스탈 파크(Crystal Park)는 사람들은 자신의 신념, 목표, 의미감이라는 큰 그림을 통합하고, 그 전체적인 의미체계를 매일매일의 의미 경험으로 바꿈으로써, 의미를 만드는 것이라고 주장한다.[20] 종교적이거나 영적 세계관을 가진 사람들은 특히 일상의 경험을 그들의 더 큰 의미체계와 연결시키는 경향이 있고, 소명의식은 일의 영역에서 이렇게 하는 길을 열어준다.[21] 예를 들어, 신이 자연세계를 창조하고, 유지하며, 사람들을 불러 책임감 있는 관리인으로서 그것을 돌보게 했다고 믿는 삼림감독관이 있다고 하자. 이 사람에게 딱정벌레에 훼손된 로지폴 소나무들을 베어내는 데 드는 노력은, 단순한 직무 수행이 아니라 신의 창조물을 돌보는 자로서의 헌신이 될 것이다. 또는 일을 "이 세상에서 신의 의도에 참여하는 방법"이라고 설명한 코카콜라의 중역 보니 부르쯔바허(Bonnie Wurzbacher)를 생각해보자. 그녀의 관점에서 보면, 코카콜라에서의 일은 이익을 추구하는 주주들의 채울 수 없는 갈증을 충족시키는 것 보다는 공동체의 경제적 웰빙을 발전시키는 것이 된다. 이러한 소명에 이끌리어 그녀는 코카콜라 북미 고객 경영팀은 물론, 2020년까지 5백만 여성 기업가에게 영감을 주고 격려하는 글로벌 프로그램 5 BY 20를 이끌고 있다.[22] 최근에 그녀는 "여성이 경제적으로, 사회적으로, 지적으로, 그리고 영적으로 고양될 때, 그들의 공동체도 그렇게 된다"고 말했다.

미국의 주류 문화에서는 일에 개인의 신앙을 통합하는 것이 매우 개인적이고 개별화된 탐색일 수 있지만, 어떤 종교는 전통적으로 지지, 지도 및 멘토링을 통해 사람들이 소명을 실천하도록 도울 수 있는 자원들을 매우 적극적으로 제공해왔다는 것에 주목해야 한다. 신앙-

일의 통합에 관해서는, 적어도 주해가 달린 참고문헌 한 권은 나올 수 있을 정도로 많은 책들이 출판되었고,[23] 캐나다의 카르두스(Cardus)[24]와 뉴욕시의 신앙과 일 센터(Center for Faith and Work)[25] 같이 신앙과 일을 통합하기 위해 노력하는 사람들을 지원하는 네트워크들도 있다. 프린스턴 대학도 이에 가담하여, 프린스턴 신앙과 일 계획(Princeton Faith & Work Initiative)을 수립하고 "다양한 종교적 전통 및 영적 정체성 자원들이, 윤리와 가치, 천직, 의미, 목적, 다양하고 다원적인 세상에서 신앙을 실천하는 법과 같은 일터의 이슈들을 만들고 영향을 주는 방식을 연구"하고 있다.[26]

영성과 신앙이 중요하다고 해서 매일 출근할 때마다 이 부분을 점검하라는 것은 아니다. 그러다 보면 자신의 핵심이 되는 부분을 부정하게 되어, 전체성을 잃고 파편화될 것이기 때문이다. 일은 통합을 추구할 때 더 의미가 있다.

강점 사용하기

앞에서 우리는 다양한 기술을 사용할 수 있는 기회가 어떻게 의미 있는 일터의 특징이 되는지를 논의했다. 다양한 기술을 사용하면 일을 지루하지 않게, 좀 더 역동적이고 매력적으로 만들 수 있지만, 기술과 의미의 관계에서라면 다양성은 전체의 일부일 뿐이다. 의미를 이끌어내는 좋은 전략은 당신의 강점을 사용하는 방법을 찾아내거나 만들어내는 것이다. 강점을 확인해서 사용하는 것의 이익에 대한 책들이 많이 있지만, 능력과 성격 강점 및 강점 평가에 대한 공식적인 접근의 장단점에 대해 이 책의 자매 웹사이트에서 좀 더 상세히 요약해놓았다.[27] 자신의 강점이 무엇인지도 모르고 그것을 사용하기는 어렵다. 그리고 공식적인 평가가 유용하다 하더라도 강점을 확인하는 비공식적인 전략들도 좋은 출발점이 될 수 있다.

강점을 평가하는 비공식적인 전략 하나는 최근에 당신이 최상의 상태였던 상황에 대해 자세히 생각해보는 것이다. 한 번 해보자. 먼저 지난 몇 주 동안에 당신이 최상의 상태였던 구체적인 사건, 상황을 찾아보자. 찾았다면 이제 마음속으로 그 순간의 세부사항들에 초점을 맞추어 여러 번 떠올려보자. 일기나 또는 종이에(공간이 필요할 것이다), 다음 질문들의 답을 써보자.

그 상황의 사건들이 어떻게 전개되었는지 하나씩 기술해보라.

- 당신은 무엇을 잘 했는가?

_____

- 어떤 성과가 있었는가?

_____

- 돌이켜 생각해볼 때, 당신이 그 상황에서 보여준 구체적인 강점은 무엇이었는가? 가능한 한 많이 나열해보자.

_____

_____

_____

- 상위 5개의 강점에 동그라미를 쳐보자. 또 어떤 상황에서 이런 강점을 보았는가?

_____

_____

상위 5개의 강점을 가지고 이런 실험을 해보자. 다음 한 주 동안 매일, 이 강점들을 일에서(현재 직업이 없다면 삶의 다른 영역에서), 좀 더 자주 그리고 새로운 방식으로 사용해보라. 한 주 동안 이 작업을 해보면서 무엇을 알게 되거나 경험하였는가? 강점 사용이 일에 대한 생각을 어떻게 변화시켰는가?

마틴 셀리그만(Martin Seligman)과 동료들은 "최상의 상태일 때의 나"에 대한 경험을 써보고, 이 이야기에서 드러난 자신의 개인적인 강점에 대해 숙고한 후, 그 다음 한 주 동안 하루에 한 번 그 이야기를 검토하며 자신의 강점에 대해 더 생각해보라는 지시를 받은 사람들이, 그 주가 끝났을 때 통제 집단에 비해 유의미하게 더 행복하고 덜 우울했다는 것을 보여주었다.[28] 하지만 이 효과는 그 이후 몇 주 또는 몇 달 동안 지속되지는 않았다. 왜 그랬을까? 한 가지 가능한 설명은, 단순히 강점을 숙고해보는 것만으로는 충분치 않고 그것들을 *사용해야* 한다는 것이다. 같은 연구에서 나온 다른 결과가 이 해석을 지지해주었다. 자신의 상위 강점들에 대해 피드백을 받은 다음, 한 주 동안 매일 새롭게 다른 방식으로 자신의 상위 강점 중의 하나를 사용해보라는 지시를 받은 사람들은, 그 주가 끝날 때뿐만 아니라 이후 6개월까지도 유의미하게 더 행복하고 덜 우울했던 것이다! 물론 이 참여자들은 자신의 강점들을 일 뿐만 아니라 전반적으로 사용하도록 지시를 받았고, 행복과 우울은 의미와 동일한 변인은 아니다. 하지만 최근의 또 다른 연구에서, 사람들은 일에서 자신의 강점을 사용할 때 그 일을 좀 더 의미 있게 경험한다는 것이 입증되었다.[29]

2장에서 역사적으로 소명의 주요소는 공동의 선을 위해 자신의 재능을 사용하는 것이었다고 한 것을 기억할 것이다. 어떤 학자들은 다른 사람들의 웰빙을 증진시키기 위해 자신의 재능을 사용하는 전략을 삶에서 의미를 찾는 주요한 통로라고 제안하였다.[30] 또 다른 연구에서는 자신의 강점과 일치하는 행동을 하는 사람들은 결과적으로 긍정적인 정서와 웰빙을 경험한다고 제안하였고,[31] 어떤 학자들은 참된 또는 진정한 자기의식을 실천하는 방법으로 자신의 상위 강점들을 사용하는 것에 대해 언급하였으며,[32] 결과적으로 이것이 삶의 의미의 원천인 것으로 주장하였다.[33] 분명한 결론은 이것이다. 자신의 강점을 확인하여 사용하자!

일을 중요한 성과와 연결시키기

일에 관한 다양한 관점을 다룬 고전적인 이야기[34]가 있다. 세 명의 노동자가 큰 암석들을 작은 돌멩이로 부수는 힘든 일에 배당되었다. 세 사람에게 무엇을 하고 있는지 물어보았다. 첫 번째 사람은 잠깐 멈추었다가 말했다. "큰 것을 작은 것들로 만들고 있어요." 두 번째 사람은 "생활비를 벌고 있어요."라고 했고, 세 번째 사람은 "성당을 짓고 있어요."라고 했다. 기술적으로는 세 가지 말이 모두 맞지만, 세 노동자가 자기 일에 대해 느끼는 방식은 다를 것이라고 생각할 수 있다. 이 일화에서 세 명 각자의 초점 차이 - 표면 수준의 목적(큰 것들에서 작은 것들을 만드는 것), 외적 보상(생활비를 버는 것), 또는 성취라는 더 큰 시각(성당을 짓고 있다) - 는 2장에서 설명한 일 지향으로 돌아가 귀를 기울이게 한다. 동일한 일에 다른 방식으로 접근할 수 있으며, 관점이 아주 중요하다는 것이다.

당신이 추측하는 바와 같이, 우리는 "성당을 짓고 있는" 노동자가 자신의 일에서 의미를 가장 많이 도출해낼 것이라고 예측한다. 그 이유는 그가 중요해보이지 않는 매일의 단조로운 일이 더 큰 무엇, 그에게 중요한 무엇, 다른 사람들에게 유익한 무엇인가에 기여하고 있

다는 것을 알기 때문이었다. 이러한 전략은 일을 의미 있게 만드는
데 매우 효과적이다. 당신의 현재 직업이나 과거 직업에 대해 생각해
보자. 당신은 어떤 "성당"을 건축하는 데 도움을 주거나 주었었나?
어떤 직업이 더 중요한 어떤 것과 어떻게 연결되는지에 대한 사례가
필요하다면, 여기 청소년기까지 거슬러 올라가는 우리 저자들의 일에
대한 역사를 몇 가지 소개하고 싶다.

- 옥수수의 수꽃이삭을 제거하는 사람(경험이 없는 사람들을 위
해 부연설명 하자면, 이 직업은 옥수수 밭에서 하는 일로서, 다른 유형
의 옥수수 꽃가루와 적절하게 수분이 될 수 있도록 옥수수의 수꽃이삭
을 제거해주는 일이다): 노동자들이 좀 더 효과적으로 옥수수 농사
를 지을 수 있는 조건을 만들도록 도와주어, 결과적으로 농장 주
인과 옥수수 소비자들에게 도움이 되게 하는 일.
- 작은 장난감 가게 판매원: 고객이 (대개는) 자녀에게 기쁨을
줄 수 있는 독특한 선물을 찾도록 도와주고, 쇼핑을 즐겁게 해주
는 가게 분위기를 만들기 위해 동료와 일하는 것. 어떤 곳에서는
부활절 토끼로 분장하기도 함(다행히도 사진은 없음).
- 파이어 스톤 타이어 가게 판매원: 고객이 자동차의 문제에
대해 가장 효과적인 정비를 받을 수 있도록 돕고, 이 문제에 대해
가장 효율적인 비용의 해결책을 찾아주는 것. 특정 모델의 타이어
가 도로에서 예기치 않게 터졌을 때, 고객이 새 타이어로 교체하
고 가능한 한 안전하게 여행할 수 있도록 일하는 것.
- 스포츠 상품점 판매원: 사람들이 건강하고 활동적인 생활을
하며, 자기 외모에 확신을 갖고, 운동 경기에서의 수행 능력을 최
대화하는 데 필요한 옷과 장비를 갖추도록 돕는 일.

- 식당 설거지 담당: 대학생에게 학업에 필요한 영양을 공급한다는 더 큰 목적을 달성하기 위해 필요한 청결과 위생시설의 기준을 유지하도록 팀으로 일함.
- 페인트공: 가족이 살고 있는 집의 외양을 유지하고 개선하는 것을 도와 가족의 건강을 증진시키도록 팀으로 일함.
- 개인 돌보미: 운전사고로 휠체어에 갇힌 친구를 위해 학업을 마치거나, 취업을 하거나, 활동적인 삶을 살도록 다양한 일상 활동을 도와줌.
- 조경 관리원: 가족의 건강과 회사의 성과 향상을 위해, 그들의 집과 직장 구내를 미학과 기능성을 고려하여 설치하고, 개선하고, 유지하는 팀에서 일함.
- 대학 강사: 학생들의 심리학에 대한 지식을 심화하고, 추가 학습을 위한 기초를 확립하며, 학생들의 비판적 분석, 창조적 사고, 효과적으로 말하고 쓰기, 기타 지적인 기술들에 유용한 전략 개발을 도와주는 학습 경험을 고안하고 수행함.
- 심리치료사: 고통을 겪고 있는 내담자들이 문제의 본질을 확인하고 더 잘 이해하며, 어려움에 대처하고 삶에 더 만족하게 접근할 수 있도록 기술을 훈련하고, 그들의 관계와 책임을 좀 더 건강하고 활기 있게 이끌어가도록 도와주는 일대일 및 집단적 심리 개입 진행.

사회는 상호의존적이기 때문에, 각 직업들이 상호 서비스를 통해 공동의 요구를 지원하는 것이 사실이라면, 합법적인 직무는 모두 더 큰 목적에 연결될 수 있다. 우리의 전제는 더 큰 목적이 일에 의미를 채워준다는 것에 초점을 맞추는 것이다.

물론 상황을 지나치게 단순화하고 싶지는 않다. 이 목록을 검토해 보니 몇 가지 분명한 것이 있었다. 첫째, 돌아보니 예를 든 직업들에서 파생된 더 크고, 의미 있는, 장래의 성과가 그 직업들에 존엄과 의미를 부여해주었지만, 그 당시에는 그런 것을 생각하지 못했다. 심리치료사, 대학 강사, 개인 도우미는 의미 있다고 생각하기가 쉽지만, 옥수수 수꽃이삭을 제거하는 일을 했을 당시, 브라이언에게 그 일은 단테의 지옥계 중 하나에 있는 것과 같이 느껴졌었다. 좀 나은 순간에는, 친구들과 시간을 보내며 돈도 버는 일이라고 생각했지만, 후덥지근한 미시간의 여름 공기와 폭염이 내려쬐는 대부분의 시간에는 언제 일이 끝날지만 생각하고 있었다. 땀에 흠뻑 젖어, 진흙에 양말이 빠지고 손가락 사이에 물집이 잡힐 때, 의도적으로 초점을 맞추지 않고서는 그렇게 멀리 있는 성과를 알아채기가 어렵다. 둘째, 어떤 직업의 더 큰 목적을 재구성하는 과정은, 이따금 그 직업이 궁극적으로 가치 있는 어떤 것과 연결된 것인지를 질문하게 한다. 옥수수 제품을 더 효율적으로 만드는 것은, 그것이 가족 농장에 도움이 될 때, 또는 사탕옥수수가 가난한 가족의 식탁까지 갈 때는 훌륭하지만, 그 일이 결국 농장 기업가의 지갑 안감을 대거나 미국인들을 뚱뚱하게 만드는 액상과당 제품을 만드는 것이라면 어떨 것 같은가?

이러한 도전들은 현실적인 문제이다. 그리고 분명 어떤 상황에서는 직업의 더 큰 목적을 확인하려고 애쓰지만, 그 노력이 당신이 가치를 두는 더 큰 목적과 일치하지 않음을 확인하는 것으로 끝나버리기도 한다. 그런 경우라면, 그리고 더 적합한 직업이 당신에게 가능하다면, 당신은 이직을 계획하게 될 것이다. 하지만, 대부분은 그 직업 내에서 인생의 더 큰 목적과 업무활동을 연결시킴으로써 일을 좀 더 의미 있게 만들 수 있다.[35] 옥수수 수꽃이삭 제거 같은 궂은 일은 다른 직업에 비해 더 큰 목적에 연결시키기가 어려울 수도 있지만, 문제는, 브라이언이 그런 연결고리를 만들고 한결같이 집중할 수 있으면 그 직업에 대한 태도가 개선되고 그 일이 좀 더 중요하다고 느끼게 될 것인가 하는 것이다. 답은 당연히 "그렇다"이다. 1장에서 지적하고 이후 더 깊이 탐색했던 바와 같이 지위가 낮은 직업에 종사하는 사람들도 (예 : 병원 미화원, 미용인, 경마장 백스트레치 노동자) 더 큰 목적에 연결시켜, 자기 일의 책임을 재구조화(reframing), 재조정(recalibrating), 재초점화(refocusing) 함으로써 도움을 받는 것 같다.

더 큰 선에 초점 맞추기

지금까지 지적한 바와 같이, 일을 좀 더 의미 있게 만드는 방법을 논할 때, 우리는 대개 의미를 다른 사람의 복지, 사회적인 영향, 그리고 친사회적인 동기와 같은 것과 연결 짓는다. 의미 있는 일을 더 큰 선(Greater good)과 연결된 것으로 보는 개념은 일을 의미 있게 만드는 것에 대한 가장 오래된 개념으로 돌아가게 한다. 더 큰 선에 대한 강조는 의미 있는 일이라는 구조 안으로 들어가, 그것의 일부가 되는 것이다. 이 점은 개념적으로, 그리고 경험적으로도 맞다. 의미 있는 일에 대한 문항들을 통계 분석한 결과 더 큰 선은 사람들에게 일을 중요하게 만드는 핵심 주제로 확인되었다.[36] 이 주제의 뿌리를 더 깊이 파고들어보자. 진화론적 이론가들조차 초기 인류는 다른 구성원들의 생존을 증진시키는 행동을 할 때 더 잘 생존하였으며, 이는 후손에게도 다른 사람을 도우려는 의지를 물려주었다는 의미라고 가정하였다.[37] 이런 가능성은 돕는 행동이 우리 생물학의 일부라는 것, 간단히 말하면 우리는 누군가를 돕도록 만들어졌다는 것을 시사한다. 심리학자들은 다른 사람을 돕는 것이 다른 사람의 정서를 이해하고 확인하는 능력,[38] 다른 사람들을 우리가 스스로를 보는 방식에 포함시키는 경향,[39] 그리고 다른 사람들이 우리를 위해 해준 것들에 대해 감사하는 마음[40]과 같은 다양한 요인들의 자극을 받는다고 가정하였다. 일을 통해 더 큰 선에 기여하는 것은 당면한 관심을 더 큰 목적의식에 연결시키는 유용한 방법인 것 같다. 더 큰 선과 타인 지향적인 동기에 초점을 맞추는 것도 소명을 정의하는 특징이며, 이것이 다음 장의 주제이다.

의미 있는 일은 무엇이 좋은가?

최근의 연구들에서[41] 우리는 다음과 같은 질문에 대한 답을 찾고자 하였다. 당신이 삶에서 의미를 경험하고 싶다면, 일에서 의미를 찾는 것이 도움이 됩니까? 우리는 학생 집단에게 그들의 진로 태도와 전반적인 웰빙을 평가하는 질문지를 작성하게 했다. 삶에서 의미를 추구하고 자신의 진로를 소명으로 접근한다고 보고하는 사람들이, 당연히 의미를 더 많이 경험하는 것 같았다. 우리는 또 다른 학생들을 2회기의 단기 진로의사결정 워크숍 집단과 워크숍이 없는 통제집단에 무선 배정하고, 이를 추적하였다. 각 집단에 대해 사전, 사후 평가를 실시하였다. 이 결과 역시 삶에서 의미를 추구하고, 워크숍에 참가하여 진로-관련 의미를 확립할 수 있었던 사람들이, 통제집단보다 전반적인 의미를 좀 더 잘 경험하고, 좀 덜 우울한 것으로 나타났다.[42] 따라서 앞의 질문에 대한 답은 "그렇다"인 것 같다. 즉 일을 소명으로 접근하는 것이 삶에서 더 크고 전반적인 의미감을 갖게 하는 좋은 전략인 것으로 보인다.

축적된 연구들은 전반적인 삶에서의 의미감이, 많은 다른 것들 중에서도, 의미 있는 일과 함께 나타나는 매우 바람직한 특징임을 시사한다.[43] 의미 있는 일은 진정성; 자기효능감 또는 확신; 개인적 통제감, 책임감 및 주도성; 장애물을 뚫고 성공적으로 나아가기; 자존감과 밀접한 관계가 있다. 그것은 상호유대감, 소속감, 공동체 및 다른 사람들과의 동일시와도 연결된다. 자신의 일을 의미 있다고 기술하는 직원들은 전반적인 웰빙, 자기 일에 대한 만족감, 자기 일이 중요하다는 느낌도 더 많이 보고하였다. 물론 이러한 결과 패턴은 모두 자신의 일을 소명으로 경험하는 사람들에 대한 연구결과와 일치한다. 의미 있는 직업을 찾거나, 자신의 영성을 일과 통합하거나, 강점을 사용하거나, 가치를 두는 장래의 성과에 일을 연결시키거나, 일을 더 큰 선과 연결시키거나 또는 이런 전략들을 결합시키는 훈련을 받은 것에 상관없이, 자신의 일이 의미 있다는 것을 입증하거나 의미감을 이끌어내는 사람들은 이렇게 말할 것이다: 의미 있는 일이 중요하다.

다른 사람을 도와주기

Serving Others

다른 사람을 도와주기

Serving Others

잠깐만 상상해보자. 당신이 몇 천년 전의 수렵-채집인(hunter-gatherer) 중심의 사회에 살고 있다고 말이다. 아무리 좋게 보려고 해도, 솔직히 그때의 삶은 쉬운 것이 아니었을 것이다. 어느 날이건 간에, 당신은 언제 다음번 식사를 할 수 있을지, 어떤 것을 먹을 수 있을지, 또는 어떤 괴물이 당신을 먹어치울지 알 수가 없을테니 말이다. 이와 같이 척박한 상황에서는 최대한 생존 가능성을 증가시키기를 원하는 당신과 비슷한 다른 사람들과의 연합이 필수적이다. 그래서 아마 당신은 "네가 내 등을 긁어준다면, 나도 네 등을 긁어주지" 철학이 지배하는 공동체나 실용적(원시적인 수준이더라도) 시스템을 만들려고 할 것이다. 예를 들어, 당신이 선사시대 들소를 사냥하러 밖에 나가있는 동안, 당신이 속한 공동체 구성원들은 당신의 아이들을 돌보아 줄 것이고, 땔나무를 모아올 것이며, 모든 종류의 털북숭이 침입자들과 맞서 싸울 것이다. 구성원들이 매우 필요로 하는 단백질을 구하기 위해 숲으로 탐험을 떠나서 사냥에 성공한다 해도, 당신은 완전히 지치고, 목이 마르고, 너무나 배가 고프게 된다. 온 몸이 햇빛에 까맣게 타고, 지저분함은 또 이루 말할 수 없게 된다. 따라서 성공적으로 사냥을 마쳤을 때에도 당신의 스트레스 수준은 매우 높을 수밖에 없다. 그도 그럴 것이, 그때부터는 2,000파운드(역주:약 900kg)나 되는 동물의 사체를 집까지 짊어지고 가야 하기 때문이다.

하지만 집에 도착하게 되면, 뭔가 멋진 일이 일어나기 시작한다. 어떤 사람은 당신에게 소금에 절인 페미컨(역주:말린 고기로 만든 일종의 비상 식품으로 원래 북미 인디언들이 만들었던 것)과 신선한 물이 가득 찬 조롱박을 내밀면서, 어서 먹고 마시라고 말해준다. 당신의 종족 구성원들은 무거운 동물 사체를 짊어지고 와서, 길고 긴 고기 해체 작업을 시작한다. 목욕을 하기 위해 찾은 강에는 차갑지만 깨끗한 물이 흐르고 있고, 긴 여행을 마친 당신이 휴식할 수 있도록 밀짚 침대가 준비되어 있다. 당신은 당신이 해야 할 일을 완수했고, 이제는 다른 사람들이 그들의 일을 할 차례이다.

이렇게 사람들이 일을 나누어 하게 되면, 각 개인구성원들과 전체 사회에 큰 영향을 줄 수 있게 된다. 이와 같은 과정을 경험하면서 사회를 유지하기 위한 수준 높은 실용적, 친사회적 태도가 길러지게 된다. 사람들은 함께 일하고, 서로를 도와주는 것이 사회의 생존에 도움이 되고, 결국 각 구성원의 생존 가능성도 높이게 된다는 것을 알게 된다. 초기 인류의 사회를 연구한 인류학자들은 일관적으로 이와 같은 주제를 찾아냈다. 서로를 도울 수 있는 각 구성원의 능력을 극대화시킨 고대 사회는 역사가 살아남아 번성하는 경향이 있었고, 그

렇게 하지 않은 사회는 결국 멸망하는 모습을 보였다.[1]

자, 이제 몇 천년을 뛰어 넘어서 다시 현재로 돌아와보자. 비교적 새롭게 떠오른 심리학 분야에서는 우리 조상들의 행동이 현재 우리의 행동에 어떻게 영향을 미치고 있는지를 더 잘 이해해보려는 목표를 가지고 있다. 이 분야(대개 진화심리학(evolutionary psychology)이라고 불린다)의 학자들이 주장하는 것은, 현재 우리가 행동하는 방법이 과거의 우리 조상들이 성공적으로 생존하고 후손을 남겼던 행동과 연관이 있다는 것이다. (물론 이 견해에 대해서는 핵심적인 사항을 지적하며 비판하는 의견이 있지만, 여기에서는 그 논쟁에 대해 설명하지 않도록 하겠다.) 세대를 걸쳐 생존해온 조상들의 행동은 자연스럽게(물론 생물학적으로) 우리가 현재 존재할 수 있게 도와주는 행동들로 연결될 가능성이 있는 것이다.[2] 예를 들어, 현대의 남성들은 더 이상 날카로운 이빨을 들이대는 호랑이와 씨름을 해야 하거나, 어떤 경우에도 싸움을 할 작정으로 덤벼드는 이웃 부족과 전쟁을 할 필요는 없지만, 아직도 강해지기를 바라고 근육질의 몸매를 가지고 싶어한다(물론, 문화에 의해 강화된 부분도 있을 것이다). 이제 우리는 자기 자신에게만 집중하면 되고, 살아남는 것이 그리 어렵지 않은 세상에 살고 있기는 하지만(인디 에어(Up in the air)라는 영화에서 조지 클루니(George Cloony)가 맡았던 라이언 빙햄(Ryan Bingham)의 대사), 우리는 계속해서 다른 사람들을 도와주고 싶어하는 종족의 행동을 하고 있다. 주위 사람들의 행복을 위한 행동을 한 사람들의 이야기는 종종 신문 표지를 장식하고(나머지 우울한 기사들과의 균형을 맞추기 위해), 영화나 텔레비전 쇼의 중심 테마가 되기도 한다(예 : 익스트림 메이크오버 홈에디션(Extreme Makeover : Home Edition) : 역주 – 도움이 절실한 가정을 선정해 그들의 집을 완전히 새롭게 지어주는 프로그램). 그리고 이것은 어떤 사람이 좋은 사람인가를 이야기할 때에도 언급되는 행동특징이다.

　누군가 당신에 대해 매우 존경스러워하는 말투로, "저분은 항상 자신보다 다른 사람을 먼저 생각하시죠"라고 말하거나, 어떤 사람의 장점에 대해 친절함과 상냥함이라는 특성을 언급하거나 "저 사람은 정말 좋은 사람이다"라고 말하는 것을 들어본 적이 있는가? 만약 사람들이 당신에 대해 이와 같은 이야기를 해준다면, 아마도 당신이 친절한 행동을 하는 것을 경험했거나, 자신의 이익을 위해 당신이 개인적인 희생을 하는 것을 보았기 때문일 것이다.

　2009년 미국 노동통계국에서 실시한 미국인의 시간사용 설문조사 (American Time Use Survey)에 따르면, 자녀가 있는 25세 ~ 44세의 미국 사람들은 평일에 평균적으로 8.7시간을 일하는 데 쓴다고 한다.[3] (믿기 힘든 분을 위해 자세한 수치를 공개해보면 다음과 같다. 24시간 동안, 미국 사람들은 평균 7.7시간 동안 잠을 자고, 1.3시간 동안 다른 사람을 돌보며, 1.1시간 동안 음식을 먹고, 1.1시간 동안 집안 일을 하며, 2.6시간 동안 여가활동이나 운동을 하고, 1.5시간 동안은 "기타"활동을 한다.) 대부분의 사람들이 일을 하는 시간을 고려해보면, 직장은 개인적 이득을 넘어서서 무언가를 할 수 있고, 친절하고 상냥하며 공감적인 행동(자신의 소명을 수행해내는데 있어서 핵심적인 행동)을 지속적으로 할 수 있는 최고의 장소인 것이다. 이 장에서 우리는 모든 분야의 직업들이 공동의 선 (common good)과 어떻게 관련이 되어 있는지를 설명하려고 한다. 또한, 가장 혁신적이고 최신에 발표된 심리학 연구를 소개할 것이다. 직장내에서, 또 직장 밖에서 누군가를 돕는 행동은 행복 및 건강과 밀접한 관계가 있다는 연구를 말이다. 그리고 당신이 스스로의 일을 통해, 또한 직장에서 더 큰 선(greater good)을 실행에 옮기면서 자신의 소명을 표현하는 데 쓸 수 있는 간단한 전략도 몇 가지 소개하려고 한다.

당신이 어떤 일을 하든지, 커다란 차이를 만들어낼 수 있다

분명히 현대 사회는 앞에서 이야기했던 수렵-채집인 중심의 사회와 매우 다르다. 하지만 지금도, 사람들은 공동의 욕구와 상호적인 서비스를 기반으로 연합하고 있는 것이 사실이다.

한 평범한 전문직 여성인 미카일라(Mikayla)의 삶을 한번 상상해 보자. 그녀는 어느 날 아침, 평소같이 집을 나섰다. 그날은 목요일이었기 때문에, 미카일라는 일반 쓰레기와 재활용품 봉투를 길가에 내다놓고 나서, 그녀의 스포티 세단(sporty sedan)에 올라탔다. 차고에서 후진해서 차를 뺀 다음에, 길모퉁이에 있는 주유소로 가서 주유를 했다. 사무실로 가는 길에 있는 드라이브 스루(drive-through)에 들러서 베이글과 라떼를 샀고, 라디오뉴스의 전반부를 들었다. 그날 아침에는 운좋게도 사무실 건물 앞에서 주차 공간을 찾을 수 있었다. 그녀는 주차요금을 내고, 건물에 들어오면서 접수담당자와 미소를 교환했다. 사무실에 들어와서는 인체공학적으로 설계된 의자에 앉아서 컴퓨터를 켜고, 창의적 사고를 촉진하기 위해 작게 음악을 틀었다. 이제 겨우 아침 8시 30분인데, 벌써 미카일라는 다양한 직업을 가진 사람들에게 직접적, 간접적 도움을 받았다. (쓰레기 관련) 일반 쓰레기와 재활용 쓰레기 청소원 / (자동차 관련) 자동차 디자이너, 자동차 엔지니어, 자동차 제조업자, 자동차 유통업자, 자동차 딜러, 자동차 영업사원, 자동차 계약 손해사정사, 자동차 보험대리점 직원 / (주유 관련) 정유공장 근로자, 유조차 운전사, 주유소 접수원, 주유펌프 엔지니어, 주유소 건축업자 / (음식 관련) 밀을 재배하는 농부, 베이글을 만드는 제빵사, 커피를 재배하는 농부, 커피로스팅 전문가, 커피 유통업자, 에스프레소 기계 제조업체, 커피 영업사원, 바리스타 / (뉴스 관련) 뉴스 리포터, 앵커, 프로듀서, 사운드 엔지니어, 라디오 안테나 유지업체, 자동차 스테레오 제조업체 / (건물 관련) 건축설계전문가, 공사팀, 하도급업자 / (엘리베이터 관련) 엘리베이터 엔지니어, 엘리베이터 제조업체, 엘리베이터 설치업체 / (전기 관련) 전기기술자, 발전소 근로자 / (사무실 집기 관련) 의자 디자이너, 인체공학 컨설턴트, 컴퓨터 하드웨어와 소프트웨어 엔지니어, 컴퓨터 제조업체 / (음악 관련) 레코딩 예술가, 프로듀서, 사운드 믹스 전문가 등등.

위에서 다양한 직업들을 매우 길게 나열했지만, 사실 그 밖에도 미카엘라가 60분도 안되는 시간 동안 사용했던 제품과 서비스를 책임지는 수 많은 직업의 사람들이 존재하고 있다.

당신이 오전 10시에 커피 한잔을 마실 수 있도록 하기 위해 다른 사람들이 어떤 일을 해야 하는지 모두 따져본다면, 아마 그 엄청난 양에 바로 압도되고 말 것이다.

이 사례를 보면, 당신이 일하는 공간에도 매우 다양한 직업과 그 직업에 종사하는 사람들이 서로 이어져서 복잡한 연결망을 이루고 있다는 것을 알 수 있다. 이 사실을 이해하는 것은 매우 중요한데, 왜냐하면 이 복잡한 연결망에서 한 부분을 차지하고 있다는 것은 당신의 노력 또한 다른 사람에게 (아주 작고 약할지라도) 어느 정도의 사회적 영향력을 미치고 있음을 의미하기 때문이다. 자신의 일을 소명이라고 생각하는 사람들에게 있어서, 이와 같은 사회적 영향력을 이해하는 것은 매우 중요하며, 보다 더 노력을 기울일 수 있도록 하는 동기부여의 원천이 될 것이다. 물론, 일을 통해 사회적 영향력을 더 넓힐 수 있으려면 반드시 친사회적 행동을 해야만 한다. 그리고 우리는 동료, 상사, 고객과 맺는 관계를 통해 또 다른 기회들을 얻을 수 있다. 자연환경이나 집단간 불평등한 자원분배에 자신의 일이 미치는 영향을 명료화할 수도 있고, 부정적인 영향력을 감소시킬 수도 있게 된다. 물론 우리의 주관심은 일의 심리적 측면에 있지만, 도덕적 측면에도 관심을 가질 필요가 있다. 자신의 일을 소명으로 생각하는 태도는, 자신의 기능이 사회적 요구와 어떻게 상호작용할 수 있는지를 고려해보게 하고, 현실을 인식하는 것을 넘어서서 공동의 선을 강화할 수 있는 방법으로 적극적이고 의도적인 행동을 취할 수 있도록 한다.

일을 통해 다른 사람들의 웰빙을 증진하려는 데에 관심을 갖는 것은 본질적으로 이타적인 것이다. 4장에서 강조했듯이, 이와 같은 이타적 태도는 자신의 일에서의 의미도 증진시켜 준다. 어떤 사람들은 개인적 즐거움(많은 월급이나 편안한 생활)을 희생해서, 자신의 일이 사회에 미칠 수 있는 영향력의 정도를 높이려 한다(예: 자신의 돈을 써서 학생들을 위한 비품을 구입하는 교사). 그렇다면 친사회적 행동은 항상, 아니 대부분의 경우라도, 반드시 개인적 행복을 희생해야만 가능한 것일까? 최근 몇 년 동안 CNN은 일을 통해 다른 사람들의 인생에 긍정적인 변화를 가져다준 사람들을 소개하는 "일상생활의 영웅(everyday heroes)" 코너를 진행하고 있다. 2011년 후보들 중에서 몇 명을 꼽아보면, 다음과 같은 일을 한 사람들이었다.

- 척추손상을 입은 청소년들이 축구를 할 수 있도록 지원함
- 군인의 미망인들을 지원함
- 신문칼럼과 비영리기관을 활용해서, 음식을 사고 월세를 내기가 어려운 사람들을 도움
- 시내 갱단의 폭력에서 도망치기를 원하는 아이들을 위해 안전한 피난처를 제공함
- 저소득 임산부들이 안전하게 출산을 할 수 있도록 도움

- 아이티의 가난한 동네에 사는 어린이들을 위해 비영리 청소년 축구 프로그램을 시작함
- 빈곤국에 살고 있는 어린이들의 건강을 보살피기 위해 호텔 비누를 재활용함
- 가난한 어린이들을 위해 무료저녁식사로 파스타를 제공함
- 멕시코 시골에 살고 있는 장애인들에게 휠체어를 제공함
- 남아프리카 청소년들을 전 세계의 멘토들과 온라인으로 연결 해줌[4]

우리는 위와 같은 활동들을 통해 사람들이 커다란 의미를 찾았으리라 기대하고, CNN 홈페이지에 가서 그들의 이야기를 들어보았다. 일상생활의 영웅들은 이러한 감동적인 삶을 통해 목적의식 이상의 그 무엇을 찾은 것이 분명했다. 그들은 더 깊은 수준의 행복감을 경험한 듯이 보였다. 심리학 연구에서도 다른 사람들을 진심으로 위하는 행동은 혜택을 입는 사람들을 더 행복하게 만들어줄뿐 아니라, 그 행동을 하는 사람들 자신 또한 더 행복하게 만들어준다는 것을 확인해주었다.

좋은 일을 하는 것의 장점은 무엇일까?

심리학자들은 오랫동안 '착한 사람들은 꼴찌를 한다(nice guys finish last)'라는 생각에 반해, 좋은 일을 하게 되면 수많은 혜택을 받게 된다고 주장해왔다. 확실히 이타적이거나 친사회적인 활동과 의미 있고 만족스러운 삶의 활동들을 연결하는 경로들은 매우 다양하게 발견되어왔다.

최근의 연구를 예로 들어보자. 심리학자 마이클 스테거(Michael Steger), 토드 카쉬단(Todd Kashdan)과 시게히로 오이시(Shigehiro Oishi)는 3주 동안 65명의 대학생들을 대상으로, 매일매일의 활동, 행복의 수준, 전체적인 기분을 기록하도록 했다.[5] 연구자들은 활동의 유형에 따라 구성원들이 더 행복해지거나 더 긍정적인 기분을 느끼는데에 미치는 영향력의 수준이 달라지는지를 알고 싶었다. 다른 활동들보다 유난히 사람들의 기분을 좋게 만들 수 있는 활동이 따로 있는 것일까?

연구자들은 학생들이 보고한 모든 활동들에 대한 정보를 모아서, 그 활동들을 두 분야로 나누었다. 첫 번째 활동분야는 즉각적인 즐거움과 관련이 있는 활동들(쾌락의 만족을 위한 섹스, 음주, 마약)이었다. 두 번째 활동분야는 더 큰 목적의식, 의미, 공동체와 관련된 것들(자원봉사하기, 빈곤한 사람들에게 기부하기, 다른 사람들의 이야기에 귀를 기울여주기)이었다. 연구 결과는 연구자들의 초기 가설을 지지하는 것으로 나타났다. 보다 의미있게 다른 사람들을 위해 일상적 활동을 한 학생들은 그날, 더 많은 행복감과 더 많은 긍정적 기분을 느꼈다는 결과가 나왔다. 흥미로웠던 것은, 이와 같은 활동은 그 다음날의 행복감에까지 긍정적인 영향을 미쳤다는 결과였다.

다시 한 번 정리해보자. 자기 자신의 이득을 얻기 위해 다른 사람을 돕는다면, 당신은 핵심을 놓치고 있는 것이다. 그럼에도 불구하고, 어쨌든 친절한 행동을 하는 사람들은 반드시 혜택을 받게 된다는 것을 고려할 때, 어떻게 선행을 할 것인지를 이해하는 것은 도움이 될 것이다. 「행복도 연습이 필요하다(The How of Happiness)」를 쓴 사회심리학자 소냐 류보머스키(Sonja Lyubomirsky)는 자신의 책에서, 다른 사람들을 돕는 일의 효과에 대해 수년 동안 진행했던 연구결과를 정리하면서, 좋은 일을 하게 되면 기분이 좋아지는 다양한 이유들을 제시해주었다. 첫째, 친절한 행동은 사회적 관계에 다양한 긍정적 영향력을 미칠 수 있다. 친절한 행동을 하게 되면, 당신이 속한 공동체에 더 많은 소속감을 느낄 수 있게 되고, 자기 자신을 넘어서서 더 큰 무엇인가의 일부라는 것을 인식하게 된다. 수렵 – 채집 중심의 사회를 다시 한 번 떠올려보자. 몇 천년 동안 이어져온 생존을 위한 사회적 관계의 중요성 때문에, 다른 사람들과 연결되는 것은 자연스럽게 기분을 좋게 만들고, 다른 사람을 돕는 행동은 그 연결을 쉽게 강화할 수 있는 방법인 것이다.

또한 다른 사람을 돕는 행동은 상대방이 당신에게 감사함을 느끼고 당신을 더 좋아하게 만들며, 보답으로 당신에게 친절함을 베풀게 해주고, 당신이 필요한 경우 도움을 받을 수 있게 해준다. 연구결과를 보면, 어떤 시대에든지 친사회적 방법으로 행동하는 사람들은 언제나 사회적인 보상을 받은 것을 알 수 있다.[6]

둘째, 다른 사람을 돕는 행동은 당신의 정서적 상태에 영향을 줄 수 있다. 우선 다른 사람의 고통에 대해 당신이 느끼는 죄책감이나 불편감을 줄여준다. 9.11 테러, 2004년 아시아에서 일어난 쓰나미로 인해 몇천명이 집을 잃어버린 현장, 학교 총기난사 사고의 소름끼치는 여파, 아동학대나 납치에 대한 TV 뉴스를 처음 보았을 때 당신이 느꼈던 기분을 떠올려보라. 대부분의 사람들은 이와 같은 인간의 좌절과 고통을 보았을 때 말 그대로 욕지기가 났다고 이야기한다. 많은 심리학 연구들에서는 우리가 좋은 일을 할 때, 이와 같은 부정적 감정들이 감소되는 경우가 많다고 주장했다. 왜냐하면 아주 작은 부분에서라도 우리가 그 문제의 해결을 돕고 있다고 볼 수 있기 때문이라는 것이다. 또 한편으로, 아무리 작은 도움을 주더라도, 친절한 행동

을 하게 되면 우리 자신이 얼마나 좋은 자원을 가지고 있는지를 인식
할 수 있다. 무료급식소에서 음식배급을 하면서 저녁시간을 보냈을
때, 철야기도회에서 기도를 하면서 양초를 켰을 때, 적십자사에 기부
금을 보냈을 때, 구세군 모금함에 몇 개의 동전을 넣었을 때, 우리는
스스로 가지고 있는 행운을 조금이라도 돌아보게 된다. 평상시에는
느끼지 못하고 있지만, 친절한 행동을 하게 되면 자신의 삶에서 누리
는 즐거움에 대해 지각하게 되고, 자신이 가지고 있는 좋은 것들에
대해 감사하게 되는 것이다.

셋째, 다른 사람들을 돕는 행동은 우리가 스스로에 대해 생각하는
방법을 변화시킨다. 누군가를 위해 행동을 하는 것은 평소의 생활에
서 벗어나서 신선한 시각을 갖게 해준다. 그리고 우리 자신에 대해
'누군가를 도와주고, 보살피는 공감적인 사람'이라고 생각하게 된다.
최근 이루어진 한 연구를 예로 들어보자. 심리학자 니타 와인스타인
(Neeta Weinstein)과 리차드 라이언(Richard Ryan)은 2주 동안 학부
학생들을 대상으로, 그들의 일상적인 조력행동과 웰빙에 대한 느낌을
추적 관찰하였다.

그들은 매우 자율적으로 다른 사람들을 돕는 행동을 나타냈다.
즉, 학생들의 이타적인 태도는 자기 자신에 대한 시각이나 스스로 중
요하게 생각하는 가치와 연관되어 있었다. 즉, 조력행동은 행복감, 생
동감, 자기존중감을 상승시키는 효과를 나타냈다. 일상생활에서 당신
이라는 존재는 진심으로 누군가를 돕고자 하는 친절한 사람이라는 평
판이 생기고 당신이 함께 있어주는 것만으로도 사람들의 삶이 더 풍
요로워진다는 이야기를 듣는다고 상상해보자. 인간은 원래 선한 존재
인가, 또 진정으로 이타적인 행동이란 존재하는가[7]에 대한 철학적 문
제를 깊이 파고들어가지 않더라도, 스스로를 선한 사람이라고 생각하

게 된다면 자기 자신을 매우 가치있고 올바른 존재로 느낄 수 있게 될 것이다.

사회적인 관계, 긍정적 감정, 긍정적 사고들이 모두 연계되어 있다는 것을 보게 되면, 우리가 좋은 일을 할 때 왜 기분이 좋아지는지를 이해할 수 있을 것이다. 그리고 현재 일을 하고 있는 16세 이상의 미국 국민중 65%가 일을 통해 선행을 할 기회를 찾는다는 것도 이해할 수 있으리라 생각된다. 직장이라는 공간은, 대부분의 미국 성인들이 매우 많은 시간을 보내면서 동료 및 고객들과 정기적으로 친밀한 관계를 맺는 곳이다. 잘 관찰해보면, 일을 통해 다른 사람들을 도울 수 있는 기회가 엄청나게 많은 것을 알 수 있을 것이다. 핵심은 이것이다. 좋은 일을 하는 행동이 자기 자신과 다른 사람들에게 긍정적인 영향을 주고, 일을 하는 공간이 좋은 일을 할 수 있는 곳이 된다면, 어느 누구라도 일을 통해 좋은 일을 할 수 있을 것이다.

일을 통해 좋은 일을 하기

최근 몇 년간 우리가 진행해온 계몽적인 연구들 중에서는, 자신의 직업을 소명으로 생각하는 사람들을 인터뷰한 것이 있었다. 한 연구에서 우리는 스스로의 일을 소명이라고 이야기하는 8명의 심리학자들(치료자도 있었고 교수도 있었다)을 인터뷰했고, 그 내용을 분석해서 공통 주제를 찾아냈다. 총 55개의 주제가 도출되었고, 그 중에서 5개 주제는 모든 참여자에게 나타났다: 일에 대한 만족감, 일을 하는 방법에 대해 가장 큰 영향을 미치는 것은 소명이라고 생각함, 소명은 과정(process)이라고 생각하는 태도(일회적인 사건이나, 단번에 찾아서 인생에 장착하는 것이라고 생각하는 태도와 대조됨), 소명을 유지하기 위해 다른 사람들의 도움을 받음, 소명의 핵심적인 부분은 다른 사람을 돕고 돌보는 것이라는 믿음.

이 이야기는 아무리 강조해도 지나치지 않을 것이다. 인터뷰를 했던 사람들에게 있어서 소명은 언제나 어떤 방법을 통해서든지 누군가를 돕는 것이었다.

인터뷰를 통해 우리는 에밀리(Emily)[8]를 만날 수 있었다. 15년 동안 정신건강관련 직업에 종사하면서 매우 다양한 경험을 했던 사람이었다. 학교의 생활지도 상담자, 청소년센터의 치료자, 대학상담센터의 심리학자를 거쳐 최종적으로는 자신의 개인상담실을 운영하였다. 에밀리는 자신의 일에 대해 매우 강한 열정과 헌신적인 태도를 가지고 있었고, 자신의 인생목표와 소명은 본질적으로 일치한다고 생각하고 있었다. 일을 하는 데 있어서 많은 에너지를 쏟는 사람들과 마찬가지로, 그녀는 일과 생활, 내담자의 요구와 자신의 욕구간의 균형을 잡는 데서 오는 갈등에 대해 이야기를 하였다. 하지만, 내담자의 삶에 대해 그녀가 긍정적인 영향을 주는 과정 자체가 그녀를 움직이게 하는 핵심 동력이 되는 것은 분명했다. "제 소명은 사람들과 함께 그들의 삶이 어떤 것인지 바라보는 일인 것 같아요. 과거에 경험했던 고통은 어떤 것이었는지, 현재 힘든 것은 무엇인지, 어떤 성공경험을 했었는지를 바라보고, 내담자가 자신의 인생여행을 통해 성장하는 것을 바라보며 지원하는 작업인 것이지요."

물론 에밀리는 일을 할 때, 다양한 면에서 타인지향적인 가치를 추구할 수 있다는 특권을 가진 직업을 가지고 있긴 하다. 교육수준도 높고 수입도 좋은데다가, "다른 사람을 돕는 일" 피라미드의 꼭대기에 있는 것으로 평가되는 일을 하고 있으니 말이다. 사실 에밀리의 직업은 다른 사람을 돕는다는 단일 목표를 가지고 있고, 매시간 마다 그런 일을 할 수 있는 기회를 제공한다. 대부분은 우리가 하는 일에서 직접적으로 혜택을 받게 되는 사람과 이 정도로 가깝게 있는 기회를 갖지 못한다. 하지만 그렇다고 해서 일을 통해 다른 사람에게 긍정적인 영향을 주는 행동이, 에밀리와 같이 전문적으로 사회적 조력을 하는 몇몇의 사람들에게만 가능한 것은 아니다. 소명과 의미있는 일에 대해 관심을 가진 대부분의 학자들은 어떤 직업을 가지고 있든지, 어떤 공간에서 일을 하든지, 일을 통해 사람들을 도울 수 있는 방법을 가지고 있고, 직장에서 다른 사람들을 도와줄 수 있다는 것에 동의한다.[9]

그래서 이제부터는 즉각적인 사회적 영향을 줄 수 없는 직업을 가지고 있는 사람들에게도 이와 같은 가설이 적용된다는 것을 보여줄 수 있는 이야기를 몇 가지 해보려고 한다.

그 전에, 또 다른 질문 하나를 던져보고 싶다. "일을 통해 좋은 일을 하는 것은 일반적으로 좋은 일을 하는 것과 동일한 혜택을 사람들에게 주는가?" 즉, 일반적인 친사회적 행동에 대한 연구 결과가 사람들이 일을 통해 친사회적으로 행동할 때 기대할 수 있는 것에 적용될 수 있을까의 문제이다. 직장에서 다른 사람들을 돕고 싶어하는 마음을 들게 하는 동기요인에는 무엇이 있는지 한번 생각해보자. 확실히 성격 요인이 포함될 것 같다. 어떤 사람은 기질적으로 더 친사회적이거나, 더 양심적이거나, 다른 사람들의 말에 더 귀를 기울일 수 있어서, 보다 더 쉽게 이타적인 행동을 할 수 있기도 하니까 말이다. 하지만, 핵심적인 환경적 요소들 또한 다른 사람을 돕고자 하는 행동의 동기를 촉진할 수 있다. 펜실베니아 대학의 경영학과 교수인 아담 그랜트(Adam Grant)는 직장에서의 조력행동을 연구하고, 구성원들이 그와 같은 행동을 하는 동기가 무엇인지를 이해하기 위해 오랫동안 노력해오면서, 다양한 직업을 가진 사람들을 대상으로 혁신적인 연구를 수행했다.

한 연구에서 그랜트와 동료들은 기부금을 모으는 콜센터 직원들(대학의 장학기금을 위한 기부를 요청하는 일)을 대상으로 실험을 설계했다.[10] 그들이 하는 일은, 냉담한 사람들에게 전화를 걸어서 장학기금에 대해 설명하고, 기부를 부탁하는 일이었다. 그랜트 교수는 기금 조성자들을 두 그룹으로 나누었다. 한 그룹은 장학금의 실제 수령자들과 5분 동안 이야기를 하도록 했다. 그 시간 동안 장학금 수령자들은 감사한 마음을 표현했고, 장학금을 받게 되면서 자신에게 얼마나 대단한 일이 일어났는지, 그리고 학위를 얻고 인생의 목표를 추구하는 데에 얼마나 큰 도움을 받았는지에 대해 자세하게 설명해주었다. 두 번째 그룹은 장학금 수령자와 만나지 않았다. 그랜트 교수의 연구팀은 두 그룹 구성원들의 성과를 추적조사했고, 한 달이 지난 후, 양쪽을 비교해보았다. 어떤 결과가 나왔을까? 장학금 수령자를 만나보았던 그룹의 기금 조성자는 다른 그룹보다 두 배 더 많은 시간을 들여서 전화를 했고, 거의 세 배에 달하는 액수의 기금을 모았다는 결과가 나타났다.

이와 같은 근거를 보면, 자신이 도움을 주고 있는 사람들과 직접 만나서, 자신의 일이 다른 사람에게 어떤 영향을 미치는지에 대해 자각하게 되면, 그 사람의 조력동기와 성과에 극적인 영향을 줄수 있다는 것을 알 수 있다.

그랜트 교수와 동료들이 수행한 이 연구는 한 가지 실례에 지나지 않는다. 열 가지가 넘는 연구들의 결과를 보면, 직장에서의 핵심적 동기부여요인(precursor) 두 가지 중 하나는 자신이 도움을 줄 가능성이 있는 사람들과 만나는 것이고, 또 하나는 자신의 일이 실제로 긍정적인 영향을 준다는 것을 느끼는 것이라고 한다. 수혜자를 만나는 빈도, 지속기간, 깊이, 광범위함이 클 수록, 그 사람이 지각하는 영향력의 크기는 커지고, 일에 몰입하고 조력행동을 하고자 하는 동기수준은 점점 높아진다. 마찬가지로, 실제 조력행동을 할 빈도와 효과성역시 커지게 되는 것이다.[11] 에밀리의 이야기와 마찬가지로, 사람들이 직장에서 누군가를 도울 때에도 일상생활에서의 조력행동과 동일한 형태의 정서적 보상을 받는다. 다른 사람들을 돕는 행동은 자신에 대해 더 나은 느낌을 받게 해주고, 자신의 일에 대한 만족감 수준을 높여준다. 그렇다고 해서 이것이 일을 통해 좋은 일을 할 때에만 얻을 수 있는 보상은 아니다. 그랜트 교수와 그의 대학원생 제자 저스틴 버그(Justin Berg)가 소방관들을 대상으로 진행한 다른 연구를 살펴보자. 그랜트와 버그는 설문지를 배부하여, 자신의 일이 다른 사람을 돕는다고 생각하는 정도가 어느 정도인지 질문했고, 그 일 자체가 스스로에게 동기부여가 되는 정도는 어느 정도인지 물어보았다. 즉, 자신의 일이 즐거운지 그리고 현재 하고 있는 일에 몰입하는 정도는 어느 정도인지가 궁금했던 것이다. 그리고 나서 연구자들은 2개월 동안 소방관들의 야근시간 수를 추적해보았다. 여기서도 역시 결과는 명확했다. 자신의 일 자체가 동기부여가 된다고 이야기하고, 조력행동에 대해 강한 동기수준을 가진 소방관들은 내적 동기수준과 이타적 동기수준이 낮은 사람들에 비해 3배나 자주 야근을 한 것으로 나타났다. 그들은 단지 스스로 일을 하고자 한 것이었다! 이와 같은 결과 패턴은 다양한 연구들에서도 동일하게 나타난다. 조력행동을 하고자 하는 동기를 가지게 되면 사람들은 더 좋은 성과를 내고, 더 생산적으로 일하며, 자신의 일에 대해 더 깊이 몰입하는 모습을 보이는 것으로 나타났다.[12]

어떤 연구에서는 다른 사람을 돕는 행동을 하거나, 그렇게 하고 싶은 마음을 가지는 것만으로도, 사람들은 더 창의적인 모습을 보인다고 주장했다. 최근 수처리(water treatment) 작업 종사자들을 대상으로 진행한 현장 연구[13]에서는, 소방관 대상 연구와 마찬가지로, 내적 동기수준과 친사회적 동기수준이 높은 사람들은 창의성이 더 높다는 상사의 평가를 받았다. 이 때 사용되었던 행동기준들을 보면 "새로운 아이디어를 창출한다", "창의적 아이디어를 많이 가지고 있다" 등이 있었다. 평가 점수가 더 높게 나온 이유는 무엇이었을까? 동료들과 비교해보았을 때, 친사회적 동기수준이 높은 사람들은 다른 사람의 시각을 더 잘 이해하는 모습을 보였다. 자신의 사고범위를 넘어서서, 다른 사람의 시각에 대해 생각해보는 사람들은 더 수준이 높고 더 창의적인 아이디어를 제시하였다.

행복감, 업무 만족도, 생산성, 창의성 – 이 모든 것들은 일을 통해 다른 사람을 돕고자 하는 동기와, 실제로 타인 중심의 행동을 하는 모습의 부가적인 생산물로 알려져 왔다.

일을 통해 더 큰 선을 보다 잘 추구하려면?

이제쯤이면 지금까지 이 책을 읽어온 당신이, 최소한 '일을 통해서나 일상생활을 통해서 다른 사람을 도우려 하는 태도는 매우 좋은 생각이구나'라고 확신할 수 있기를 희망한다. 조력행동을 하게 되면 수혜자뿐 아니라 그 행동을 하는 사람에게도 어마어마한 혜택이 돌아온다. 하지만 당신이 에밀리와 같은 심리학자이거나, CNN의 일상생활의 영웅 같은 사람이 아니라면, 자신의 일과 삶을 통해 어떻게 더 큰 선을 추구할 수 있는 것일까?

친사회적 직업을 선택하기

　일을 통해 다른 사람들을 도울 수 있는 가장 확실한 방법은, 조력행동이 핵심적인 요소로 구성되어 있는 직업을 찾는 것이다. 예를 들어, 사회적 서비스를 하는 직업을 가진 사람들은 자신의 일이 사람들에게 어떻게 영향을 미치는지를 매우 쉽게 관찰할 수 있다. 대부분의 경우, 이들은 수혜자들과 직접 만나게 되고, 자신의 노력이 어떤 영향력을 가지는지에 대해 경험할 수 있다. 또한, 이 사람들이 직업을 선택하는 데 있어서 조력행동을 하고자 하는 동기는 매우 핵심적인 고려요소로 작용하는 경우가 많았다.

　몇 년 전에 우리가 진행했던 한 연구에서는, 3만명 이상의 대학생들에게 장기적인 진로 결정을 하는 데 있어서 가장 중요한 요소가 무엇인지 질문을 했었다.[14] 가장 많이 나왔던 대답은 자신의 흥미에 맞는 직업을 선택한다는 것이었고, 두 번째로 많이 나온 대답은 돈을 많이 벌 수 있는 직업을 고른다는 것이었다. 세 번째(14.4%)는 사회에 기여할 수 있는 직업을 선택한다는 대답이었다.

　이와 같이 사람들이 조력행동을 할 수 있는 직업을 선택하지 못하는 이유는, 대부분의 경우 수입과 직결된다. 조력행동에 대한 동기수준이 높은 사람들은 연봉수준이 그다지 높지 않은 직업(학교나 보육원 교사)이나 매우 많은 시간 동안 일해야 하는 직업(응급실 담당의사나 대변인)에 관심이 가기 때문이다. 수혜자와 가장 강한 연계를 가질 수 있고, 강한 영향을 미칠 수 있는 일은 연봉수준이 낮고 일이 많을 뿐 아니라 스트레스 수준도 만만치 않게 높은 경우가 많다(예 : 간호사, 평화유지군 자원봉사자, 사회복지사 등). 물론 어떤 사람들은 조력행동에 대한 동기가 매우 높아서 타인중심의 직업을 가짐으로써 경험하게 되는 불편한 일들을 문제없이 극복하는 모습도 보인다. 만약 당신이 그런 사람들 중 하나라면, 꼭 위와 같은 직업들 중의 하나를 선택해 보기를 권한다. 장기적으로 당신은 기대한만큼 행복해질 것이다. 우리를 믿어도 된다. 나머지 85.6%의 독자들에게는 다음과 같은 제안을 드리고자 한다.

당신의 직업이 어떤 것이든지, 그 안에서 친사회적 영향력을 찾아내고 그것에 초점을 맞추어보자

현재 당신의 직업이 소프트웨어 엔지니어, 회계사, 주식중개인, 레스토랑 운영자 같은 것이라면, 직업의 특성상 직접적으로 다른 사람들을 돕기가 어려울 수 있다. 그리고 대부분의 사람들은 자신이 하게 될 일에서 타인 조력이 핵심적인 요소인지를 미리 알아본 다음에 그 직업을 선택할지 포기할지를 결정한다는 것이 거의 불가능하다.

다른 사람을 돕는 것이 본인에게 정말 중요하지만, 그러한 행동을 직접 할 수 있는 직업을 구하기가 어려운 상황도 있을 수 있으니 말이다.

그렇다면 어떻게 하면 좋을까? 우선 시작해볼 일은, 내가 미처 알지 못했지만 나의 직업에서 실제로 다른 사람들에게 좋은 영향을 미치는 부분이 있는지를 알아보는 일이다. 그림형제의 동화인 「말편자의 못(The horseshoe nail)」에서는, "한 개의 못이 부족해서 말 편자를 잃었다(역주 : 어떤 일의 중요성은 겉보기에 중요하지 않은 사소한 일에 의존적일 가능성이 있다)"는 속담을 이야기해준다. "못이 닳으면, 말 편자가 없어지지. 말 편자가 없으면 말이 없어지지. 말이 없으면 탈 것이 없어지지. 탈 것이 없으면 전쟁이 없어지지. 전쟁이 없으면 왕국이 없어지지." 우리의 직업이 사회적으로 미치는 영향력에 대해 생각해보면, 우리는 못에 비유될 수 있을 것이다. 막 뒤에서 이루어지는 일을 한다는 것은 거의 사람들이 알아채지도 못하기 때문에 중요하지 않은 것으로 생각되기 쉽지만, 실제로는 매우 핵심적인 역할일 수 있기 때문이다. 미국 상원의 목사였던 고(故) 피터 마샬(Peter Marshall)은 설교에서 이 원칙을 명확하게 설명해주었다.[15]

　알프스의 동쪽 산맥에 위치한 호주인 마을에서 조용한 생활을 하는 한 노인이 있었다. 그는 마을의 중심지역을 따라 흐르는 폭 좁은 강으로 물웅덩이의 쓰레기들이 흘러들어가지 않도록 치우는 일을 하고 있었다. 쌓여있는 낙엽과 나뭇가지들을 치우고, 쌓여있는 모래와 진흙들을 긁어내어 물이 잘 흐르도록 했다. 마을의 깨끗한 풍경은 관광객들의 눈길을 끌었고, 농부들은 강물을 이용해서 농사를 잘 지을 수 있었으며, 물레방아는 강물을 받아 힘차게 돌아가고 있었다. 어느 날, 마을 위원회는 그 노인이 마을로부터 봉급을 받고 있다는 것을 발견하게 되었다. 이전에는 어느 누구도 노인이 마을에 고용되어 있다는 것을 알지 못할 만큼 중요하지 않은 일을 하고 있다고 생각했기 때문에, 예산을 아끼기 위해 그를 해고하는 것에 모두 동의하였다. 초반에는 아무 일도 일어나지 않는 것으로 보였다. 하지만 몇 주가 지나고 몇 달이 지나면서, 강가에는 진흙과 나뭇잎, 쓰레기들이 쌓여갔다. 결국 강물은 황토색으로 얼룩져갔고, 둑 가까이에는 쓰레기들이 강물 표면을 뒤덮더니 이제는 냄새까지 나기 시작했다. 물레방아는 점점 속도가 느려지더니 나중에는 아예 멈춰버렸다. 농사 수확량은 날로 줄어갔고, 물새들은 다른 정착지를 찾아 떠나버렸으며, 관광객은 완전히 발을 끊어버렸다. 어떤 마을 주민들은 병을 앓기 시작했다. 마을 위원회는 비상회의를 열고, 이 사태의 원인이 무엇인지를 논의한 후, 그 노인을 다시 고용하였다. 몇 주 내에 강물은 다시 힘차게 흐르기 시작했고, 물레방아는 다시 돌아갔으며, 마을의 삶은 다시 정상으로 돌아올 수 있었다.

겉으로 보기에 보잘 것 없고 중요하지 않아 보이기 때문에 공동체나 당신이 일하는 조직에서 무시하는 일도, 사실은 매우 중요하고 큰 영향력을 가질 수 있다.

병원 청소원은 본인이 일을 하지 않는다면 환자들의 병이 더 깊어질 거라고 생각하면서 자신의 일에 의미를 부여하고,[16] 경마장의 "백스트레치(backstretch : 육상이나 경마 따위에서, 결승점이 있는 트랙의 반대쪽 직선 주로(走路))"에서 일하는 사람들은 말들이 달릴 수 있도록 준비를 도와주는 정말 중요한 일을 하고 있다고 생각하며 의미를 찾는다.[17] 만약 당신이 담당한 일이 얼마 동안 해결되지 않고 남아 있다면 어떤 문제가 일어날까? 이와 같은 상황을 생각해보는 것만으로도 당신의 일이 얼마나 중요한지에 대해 깨달을 수 있게 될 것이다.

적극적으로 다른 사람을 도울 수 있는 기회를 찾고 만들어내자

당신의 일이 어떤 영향력을 가지고 있는지에 대해 알아보고 그러한 사실에 초점을 맞추어 보는 것은, 당신의 노력을 통해 다른 사람들이 어떤 도움을 받는지를 느낄 수 있는 중요한 방법이다. 또한 더나아가, 자신의 일을 활용해서 다른 사람들을 돕기 위해 새로운 기회를 적극적으로 찾고, 그러한 기회가 잘 보이지 않는 상황에서도 새로운 기회를 만들어낼 수 있게 될 것이다. 이러한 행동을 좀 더 잘 할 수 있도록, 다음과 같은 방법들을 제안해 본다.

첫째, 다음 주에 일을 하러 가면, 일을 통해 다른 사람들을 돕는 것을 직접 실천해보자. 대부분의 경우, 사람들은 일을 하는 데 있어서 자신의 리듬을 가지고 있는데, 그 리듬 안에는 조력행동을 하기 위한 노력이 포함되는 때가 드물다. 당신이 하루당 백여명의 고객 요구에 응답을 해야 하는 은행원이라고 생각해보자. 조금만 더 신경을 써서 고객의 하루를 기분좋게 만드는 일은 사실 매우 쉽다. 물론, 다른 사람을 도우려고 하면 일이 더 힘들어질 것이고, 안 그래도 하루가 지나면 피곤한데 그러한 행동을 하게 되면 완전히 소진되어 버릴 것이기 때문에, 별로 그러고 싶지 않다고 생각하는 사람도 있을 것이다. 하지만, 현실은 정 반대이다. 누군가를 도움으로써 나의 에너지와 즐거움 수준은 올라가게 되고, 일을 더 신나게 하게 되기 때문에 시간이 더 빠르게 지나가는 것처럼 느껴질 것이기 때문이다. 이렇게 한번 해보자. 다음 주 월요일에는 일을 시작하기 전에, 10분만 시간을 내어서 1주간의 계획을 세워보는거다. 다른 사람들을 돕기 위해 해야 하는 일 세 가지를 찾아보자. 스케줄을 조정하지 않아도 될 정도로 아주 작은 일 말이다.

먼저, 모든 일들을 단순하게 만들자. 자동차를 판매할 때에는 고객이 정말 원하고 경제적으로 구입가능한 차를 권하는 거다. 적금을 깨고 대출을 받아야 할 정도의 비싼 차를 강매하지 말자. 부엌을 리모델링할 때에는 작은 붙박이 가구들을 쓰레기장에 던져버리는 게 아니라, 필요한 가정에 기부하자. 환자의 보험회사에 전화를 할 때에는 어떻게 하면 환자가 주머니를 털어 스스로 돈을 많이 내게 할까를 고민하는 것이 아니라, 환자의 입장에서 생각하자. 다음 주에는 이러한 좋은 일들을 그냥 생각에서 그치는 것이 아니라, 의도적으로 노력을 해서 실제 행동에 옮겨보고, 한주가 끝났을 무렵 내가 어떻게 행동했었는지에 대해 평가도 해보자.

둘째, 당신이 일을 통해 개발했던 기술들을 활용해서, 일과 관련되지 않은 사람들을 도와주자. 당신이 요리사라면, 아기를 가졌거나 건강 문제로 고민하고 있는 가정을 위해 음식을 만들어 줄 수 있을 것이다. 당신이 회계사라면, 세금신고기간에 일정 시간을 잡아서 양로원에 거주하는 노인들을 위해 무료봉사를 할 수 있다. 당신이 건축업에 종사하고 있다면, 반나절 정도 시간을 내어서 해비타트 운동에 참가할 수 있을 것이다. 당신이 조직에서 행정을 담당하고 있다면, 비영리기관의 운영위원으로 자원봉사를 할 수도 있다. 이런 활동을 하게 되면 나의 소중한 여가시간이 줄어들지 않을까? 맞다. 하지만 믿어도 좋다. 자원봉사활동에 자신의 기술과 전문성을 활용함으로써 얻게 되는 개인적, 사회적 보상은 그 시간을 쓰는 것 이상의 가치를 가져다줄 것이다. 2~3개월 내에, 그냥 한번이라도 시도해 보자. 우리가 무슨 말을 하고 있는 것인지 이해하게 될 것이다.

마지막으로, 최악의 상황에 대해 한번 상상해보자. 당신의 직업 특성상 다른 사람을 돕기가 너무 어려워서, 친사회적 영향력을 주기 위해 뭔가 다르게 행동할 거리가 전혀 없다면 어떨까? 회색 파티션으로 사방이 가로막힌 사무실에 하루종일 앉아서, 깜빡거리는 컴퓨터 화면을 쳐다보면서 끝이 없어 보이는 표에 적혀 있는 숫자들을 점검하고 또 점검하고 있다면 말이다. 이런 일을 하다보면 완전히 멍청해지는 느낌이 드는데다가, 더 무서운 것은 누군가 이 작업을 자동화시킬 수 있는 소프트웨어를 발명하는 즉시 당신의 일은 더 이상 필요없어질 것이라는 사실이다. 스스로에게 자신의 일로부터 좋은 영향을 받고 있는 사람이 있을 거라고 확신을 주려면 마음의 운동을 지속적으로 해야 한다.

'바로 내 얘기를 하고 있는 거잖아!'라는 생각이 들었다면, 당신에게 이 방법을 제안하고 싶다. 당신이 함께 일하고 있는 사람들(동료, 상사, 지원스텝, 일을 할 때 상호작용을 하는 누구든지)에게 좋은 영향을 줄 수 있는 방법을 찾아보라고 말이다.

앞에서 이야기했듯이, 대부분의 사람들에게 있어서 직장은 다른 사람을 도울 수 있는 기회들로 가득찬 곳이다. 인생에서 자신이 맡고 있는 그 어떤 역할보다 더 많은 사람들을 만나서 함께 소통할 수 있기 때문이다. 당신의 일을 통해 직접적인 영향력을 줄 수 있는 상대방을 만날 수 있는 행운이 없다 하더라도, 우리는 모두 동료들과 접촉할 수 있는 기회를 가지고 있다. 이러한 관계들을 당신의 이타적인 근육을 키울 수 있는 기회라고 생각하기 바란다. 우리는 대부분 가끔씩이라도 좋은 일을 하고자 하는 마음을 갖고 있기 때문이다. 경영학 연구자들은 이와 같이 직업을 통해 다른 사람들을 돕는 방법을 "친사회적 조직행동"이라고 부른다.[18] 친사회적 조직행동의 가장 간단한 사례를 찾아본다면, 출근해서 구성원들을 위해 커피를 만들어놓거나, 집에서 구운 초콜릿칩 쿠키를 가져와서 휴게실에 갖다놓는 행동을 들 수 있다. 이와 같은 행동들은 정말 단순하지만, 조금 더 장기적인 영향을 줄 수 있는 방안들도 존재한다. 예를 들어, 당신이 적극적으로 후배를 위해 멘토링을 하는 모습을 보여주면, 다른 후배들도 문제가 생겼을 때 지원을 받기 위해 당신을 찾아올 수 있게 된다. 또, 다양한 부서의 사람들이 모여서 정보를 교환하면서 점심을 먹을 수 있는 자리를 만들어, 서로의 삶을 나누고 좌절감을 위로하며, 현재 프로젝트를 위한 아이디어를 함께 고민하게 해줄 수도 있다. 이 장에서 우리가 논의했던 다른 전략들과 마찬가지로, 친사회적 조직행동은 당신 자신에게도 좋은 영향을 주는 것으로 연구결과 밝혀졌다(높은 만족감, 높은 성과, 높은 몰입도). 물론 조직에게도 좋은 영향을 준다고 한다(영업실적 증가, 구성원의 개입도 상승, 구성원 유지율 증가).[19] 이러한 행동들을 실천에 옮겨보자. 당신이 동료들과 얼마나 가깝게 연결되어 있는지를 느낄 수 있을 것이고, 그러한 활동을 통해 조직의 분위기가 얼마나 좋아지는지를 보고 놀라게 될 것이다.

친사회적 일과 소명

이 장에서 우리는 다른 사람들을 어떻게 도울 것인지를 살펴보았고, 일을 통해 누군가를 돕는다는 것이 상대방뿐 아니라 자신에게도 좋은 영향을 준다는 것을 확인하였다. 또한, 당신의 일과 인생에 적용하여 스스로의 일을 더 친사회적으로 만들 수 있는 친사회적 전략들을 제안하였다. 자신의 일을 활용하여 누군가를 돕고 더 큰 선을 강화한다는 것은, 초월적 부름과 목적의식 및 의미감을 높이는, 소명의 핵심적인 부분인 것이다. 타인중심의 가치와 목표를 갖지 않더라도, 사람들은 자신의 개인적 이득을 위해서도 소명을 추구할 수 있다.

하지만, 일을 하는 데 있어서 소명을 가지고 있는 사람들과 인터뷰를 하고 작업을 해본 우리의 경험에 의하면, 개인적인 이득만을 목표로 삼는 사람은 거의 없었다. 소명을 따라 살아간다는 것은 다른 사람들에게 초점을 둔다는 것을 의미하는데 이는 다른 직업 동기와 비교했을 때 소명을 독특하게 만들어주는 특성이다. 사람들은 소명이란, 일을 통해 다른 사람들을 돕고자 하는 목표를 달성할 수 있도록 해주는 직업을 찾는 것에서부터 시작된다고 생각한다. 대부분의 경우, 소명이 먼저 찾아오고, 다른 사람들을 돕는 행동이 나중에 나타나곤 한다. 하지만, 그 반대의 경우도 가능하다. 그러니까 우선 자신의 일 안에서, 그리고 그것을 통해 누군가를 돕기 시작해보자. 그렇게 하면 가장 쉽고 바람직한 방법으로 소명을 찾아내고 실천해갈 수 있을 것이다.

Part Three

소명을 찾고 살아가기

Discovering and Living a Calling

방향 잡기

Forging a Path

방향 잡기

Forging a Path

지금까지 우리는 소명을 갖는다는 것이 어떤 의미인지에 대해 소개하였다. 소명으로서의 일이라는 개념이 어디에서 온 것이며, 일에 대한 다른 개념들과는 어떻게 다른지를 살펴보았다. 소명의 세 가지 차원에 대해서도 상세하게 알아보았다. 이제 다음 두 장에서는 훨씬 더 직접적으로 어디에서 여행을 시작해야 하는지, 즉 실제로, 당신의 일에서 소명을 찾고 실천하기 위해서는 무엇을 해야 하는지에 초점을 맞추기로 하겠다. 진로선택의 문제부터 시작해보자. 일찍이 진로선택은 젊은이들의 통과의례, 즉 생산을 하는 성인기로 가는 관문으로 인식되었다. 고전적인 진로 이야기(직업을 찾고, 안정적인 조직에서 자리를 잡아, 승진하기 위해 일하고, 은퇴할 때까지 그 자리를 지키기)가 이제는 일반적인 상식이 아니라 예외가 되어 버린 시대이지만, 그래도 진로선택은 자신의 진로를 찾지 못한 사람들에게는 여전히 중요한 문제이다. 진로를 선택할 때, 어떻게 소명을 알아차릴 수 있을까? 여러 가지 가능한 직업들 중에서, 어떤 것을 추구해야 할까? 충분한 정보를 가지고 선택하기 위해 어떤 효과적인 행동을 할 수 있을까?

직업지도의 아버지

2008년 여름 어느 목요일 밤, 수십 명의 사람들이 모여 보스턴의 노스엔드에 있는 색다른 이태리 식당, 라 파미글리아 조르지오스 리스토란테(La Famiglia Giorgio's Ristorante) 2층에서 저녁식사를 하고 있었다. 그날은 직업심리학협회(Society for Vocational Psychology)가 직업지도와 진로상담 분야에 헌신한 최초의 기관인 보스턴 직업국(Vocation Bureau of Boston)의 개관 100주년을 기념하는 특별한 밤이었다. 그날 밤 우리가 모였던 바로 그 붉은 벽돌집에, 1세기 전에는 직업국이 있었기 때문에, 그 방은 중요한 역사적인 의미를 가지고 있었다.

1장에서 "직업지도의 아버지(the father of vocational guidance)"로 소개되었던 프랭크 파슨스(Frank Parsons)는 직업국의 첫 번째 국장이며 직업상담사였다. 그는 그 기관을 설립하고, 1908년 1월 개관하기 위해 열심히 일했다. 파슨스 자신의 진로경로(career path)가 아주 무질서했기 때문에, 그의 이야기는 대단히 흥미를 끈다. 그의 일생은, 얼핏 보기에, 정상으로 올라가는 평탄하고 일관된 경로와는 정말 거리가 멀어 보인다.

- 파슨스는 코넬 대학교에서 토목기사 훈련을 받았다. 1873년 18세 때, 갓 대학을 졸업한 후 한 철도회사 기사로 일을 시작했다. 회사는 도산했고, 그는 첫 번째 직업을 잃었다.

• 파슨스는 어렵게 다른 기사직을 찾아보았지만, 경기침체로 인해 한 철강회사의 노동자가 되었다. 매주 60시간씩 철을 들어 올리고, 깎아서, 화차에 적재하는 일을 했다. 그는 그 일을 싫어했다.

• 1년도 못 돼서, 그는 철강회사를 떠나 보스턴 근처의 공립학교 교사가 되었다.

• (지역의 문학 모임에서 보인) 파슨스의 토론 기술을 높이 평가한 한 변호사의 권유로, 그는 법을 공부하기 위해 교사직을 떠났다. 그는 혼자서 너무 열심히 사법고시 준비를 하다가(시험에는 합격했다), 시력에 영향을 미치는 건강 문제가 생겼고, "일종의 총체적 실패"[1]로 끝이 났다.

• 의학적인 소견에 따라, 3년 동안 뉴멕시코의 "탁 트인 자연에서 살았다."

• 1885년 30세 때, 보스턴으로 돌아와 법률가가 되었다.

• 변호사로서 10년을 일한 후, 부업으로 보스턴 대학 강사로 일하다가 보스턴 시장에 출마했다. 그리고 1%도 못되는 표를 얻었다.

• 보스턴을 떠나 캔자스 맨해튼으로 옮겨 지금의 캔자스 주립대학에서 경제학과 사회과학을 가르쳤다. 그러나 3년 후 해고되었다.

캔자스에서 해고되고 나서, 파슨스는 보스턴으로 돌아가, 한 독지가를 설득해 직업국을 위한 기금을 받았다. 파슨스의 국장 재직기간은 오래 가지 못했다. 직업국이 개관한 그 해 여름에 그는 심하게 아팠고, 9월말 경 신장염으로 사망했다. 갑작스럽고 비극적인 종말이었다. 아이러니한 것은, 직업지도의 아버지로 유명한 프랭크 파슨스의 진로가 시행착오의 연속이었고, 진로상담자로서의 그의 경험은 다해야 6개월 정도에 불과했다는 것이다.

　　파슨스는 자기의 진로경로는 진로의사결정의 형편없는 사례라는 것을 잘 알고 있었다. 데이비스(H.V. Davis)는 "말년에 파슨스는 자기의 진로를 무계획적이고 소모적이었다고 폄하하면서, 스스로를 '멍청이'라고 불렀다"[2]고 기록했다. 자신의 실수로부터 배운 지혜 덕분인지, 파슨스는 직업국에서(비록 짧은 기간이었지만), 자신에게는 쉽지 않았던 진로 결정을 잘 하도록 다른 사람들을 돕는 전략을 개발하였다. 그는 무직의 이민자 같이 상황이 매우 어려운 내담자들에게 그런 전략을 시도해보았고, 아마도 효과를 보았을 것이다. 그의 사후에 친구들이, 1909년 출판된 「직업선택(Choosing a Vocation)」이라는 얇은 책에서, 의사결정 모델을 소개했고, 이 모델은 오늘날까지 진로상담자들을 위한 기초가 되고 있다. 물론 파슨스의 책을 읽을 필요는 없다. 그의 고전적인 책이 출판된 이후, 직업심리학 분야의 수많은 연구를 통해 현명한 진로선택을 위한 그의 접근법이 검증되고 개선되어왔기 때문이다.[3]

적합성 찾기

　　직업지도의 아버지에게는 어떤 지혜가 있었을까? 파슨스의 전략은 믿을 수 없을 정도로 단순하다. "현명한 직업선택에는 다음과 같은 세 가지의 요인이 있다. (1) 자기 자신, 자기의 적성, 능력, 흥미, 포부, 한계와 그 이유에 대한 명료한 이해, (2) 다양한 일의 요건, 성공의 조건, 강점과 약점, 보상, 기회, 전망, (3) 이 두 요소의 관계에 대한 정확한 판단."[4] 2장에서 지적한 것처럼, 소명이라는 주제를 다루는 현대의 많은 저자들은 바로 이 과정을 자신의 소명을 이해하는 출발점이라고 주장한다. 소명을 파악한다는 것은, 결국, 기본적으로 적합성을 찾고 수립하는 것에 대한 것이다. 이 세상에서 당신의 자리는 어디인가? 당신에게 의미 있고 다른 사람들을 위해 긍정적인 차이를 만들기 위해, 당신이 가장 효과적으로 기여할 수 있는 곳은 어디인가?

　과학적인 관점에서 보면, 이 개인-환경 적합성(P-E fit) 전략은 아주 단순한 진리, 즉 사람들은 모두 다르기 때문에, 중요한 것은 그 차이라는 사실에 기초한 것이다. 결정적인 질문들은 다음과 같다. 사람들이 차이를 보이는 가장 중요한 방식은 무엇이며, 그러한 차이가 어떻게 사람들을 특정 직업 유형에 더 적합하게 만드는 것일까? 심리학자들은 핵심적인 일-관련 개인차 차원(dimension)들을 확인하고, 그 차원들에 따라 사람들을 측정하는 타당한 방법들을 만들었다. 또한 동일 차원에 있는 직업들을 기술하고, 각 차원의 일에 만족하며 성공한 사람들의 특징에 대한 심리 프로파일을 만들었다. 개인-환경 적합성 전략이 굉장한 관심을 받게 된 한 가지 이유는, 그것이 직관적일 뿐만 아니라, 체계적이고, 경험적으로 검증된 것이었기 때문이다. 이와 같이 정교하고, 많이 연구되고, 과학적으로 지지되고 있는 개입들은, "자기 자신에 대한 명료한 이해"와 "다양한 일[의 핵심 특징]에 대한 지식"을 얻도록 도와줄 수 있다. 실은, 지금 바로 온라인 심리검사를 해서 피드백 보고서를 받아볼 수 있고, 당신의 프로파일과 매치되는 직업목록도 받아볼 수 있다. 그 다음에는, 각각의 직업을 클릭해서 그 직업에서 성공한 사람들에게 전형적인 특징들, 필요한 훈련, 그 직업의 경제전망 등에 대한 풍부한 정보를 찾아볼 수 있다. 정말 쉽다!

　이렇게 쉽기 때문에, 우리는 진로선택을 해야 하는 사람들에게 대개 이 전략으로 시작해보도록 권한다. 훌륭한 출발점이긴 하지만, 대개는 그저 출발점이 될 뿐이다. 현실은 그렇게 쉽지 않기 때문이다.

개인 - 환경 적합성 모델이 단순해 보인다면, 그것은 개인 - 환경 적합성이 당신을 거기까지만 데려갈 수 있기 때문일 것이다. 이러한 평가는, 우리의 경험뿐만 아니라, 적합성이 직업만족도와 직업수행 같은 성과의 중요한 예언변인이긴 하지만 *완벽한* 예언변인은 아니라는 것을 시사하는 수십년 간의 연구에 근거한 것이다. 간혹 "제가 추구해야 할 일을 알려주는 검사를 받고 싶어요."라고 말하는 잠재 내담자들을 만날 때가 있다. 불행히도 그 어떤 검사도 진로를 위해서 그가 무엇을 *해야만 한다*고 말해주지 않는다. 심리검사에서 얻어진 정보는 가치가 있고, 사람들이 최적의 적합성에 대한 정보를 가지고 선택하도록 도와줄 수는 있지만, 사람들을 대신해 선택을 해줄 수는 없다.

그래서 진로 결정에는 과학만큼 예술이 적용되는 부분이 여전히 남아있는 것이다. 적합성을 평가하는 최상의 도구들이 있다 하더라도, 당신의 현재 삶의 조건들, 즉 당신이 연로한 부모님의 자녀이며 복잡한 관계망안의 친구라는 것을 고려하지는 못한다. 진로도구들은 직업 시장, 즉 어떤 직업 유형과 훈련 기회가 다른 것보다 더 접근 가능한 곳이고, 최소한 지금은 당신이 살고 싶은 곳 근처에서는 어떤 직업은 절대로 선택하지 못할 수도 있다는 단순한 현실들을 고려하지 못한다. 그리고 당신의 정체성에 가장 핵심이 되는 것, 당신을 정의하는 것, 당신이 삶의 핵심 목적이라고 이해하고 있는 것과 당신이 주변 세상에서 가장 중요한 요구를 보는 곳을 공식적으로 평가해주지도 못한다. 개인 - 환경 적합성은 중요하다. 하지만 반드시 당신의 개인적인 맥락, 당신의 가장 깊은 가치들, 당신의 마음에 호소하고 있는 세상의 요구(needs), 가장 의미 있다고 보는 관심사, 그리고 당신의 개인적인 삶의 미션을 폭 넓게 평가하는 것으로 확대해가야 한다.

그러면, 어떻게 나아가야 할까?

배우, 기획자, 작가라는 세 가지 역할

세계적으로 유명한 직업심리학자인 마크 사비카스(Mark Savickas)는, 한창 진로발달 중에 있는 사람들을 배우(actors), 기획자(agents), 작가(authors)로 묘사하였다.[5] 이 세 가지는 그가 알파벳 목록에서 처음으로 발견한 직업들은 아니다(이제까지 그렇게 알고 있었지만). 사람들이 자신의 진로에서 소명을 알아차리고 일상에서 실천하는 과정에서, 이러한 세 가지 역할들을 하게 된다는 것이다. 사람들은, 객관적으로 말해서, 어떤 직업 환경에 잘 맞는 특정한 특성 패턴을 보이는 *배우*이다. 사람들은 변화에 직면하고, 여러 가지 삶의 역할들을 관리하며, 직면한 책임, 기대 및 도전에 부응해야 할 때, 단지 적합성이 좋은 일을 찾기 위해서가 아니라 일을 자신의 삶에 맞추기 위해 방법을 고안해야 하는 *기획자*이다. 마지막으로, 사람들은 삶의 목적에 대한 스토리와 그들의 일이 어떻게 그 목적을 추구하는 핵심적인 방법을 제공해줄 수 있을지를 이야기하는 *작가*이기도 하다. 이러한 개념들이 다소 추상적으로 보여도, 걱정할 필요는 없다. 지금부터 좀 더 구체적으로 이야기할 것이다.

배우: 적합한 역할에 몰입하기

연예계에서 일하는 배우의 목표는, 배우로서의 자신이 가지고 있는 독특한 강점과 자질을 이해하고 어떤 역할을 얻고 싶은지 고려하여, 특히 잘 맞는 역할을 위한 오디션에 참가해서 그 역할을 맡아, 성공적으로 연기하는 것이다. 이 시나리오는 개인-환경 적합성을 간단하게 재진술해 본 것이다. 자신의 강점을 활용하고, 흥미를 만족시키고, 가치를 강화하는 직업, 간단히 말해, 일하는 사람들을 그 사람

자신이게 해주는 직업에 종사하는 사람들은 물길을 거스르지 않고 자연스럽게 흘러가는 것처럼 느낀다. 상대적으로 보면 그들에게는 그 일이 쉽다.

그러면 당신은 어떻게 적합성을 찾을 수 있는가? 파슨스의 3단계를 따라가 보자.

1단계: 당신이 어떻게 독특한지를 이해한다. 성격이론가 헨리 머레이(Henry Murray)는 사람은 누구나 어떤 면에서는 모든 사람들과 비슷하고, 어떤 면에서는 몇몇 사람들과 비슷하고, 또 어떤 면에서는 그 누구와도 비슷하지 않다는 것을 관찰한 적이 있다.[6] 반박하지는 못할 것이다. 인간의 어떤 측면은 보편적이다. 우리는 모두 똑같은 기본적인 생물학적 체계, 똑같은 기본적 욕구(예: 음식, 물, 산소), 그리고 똑같은 기본적인 곤경을 겪고 있다. 어떤 측면은 우리를 아주 독특하게 만들어준다. 우리는 지문과 같이 각자 차별화되는 점, 독특한 사고, 감정 및 행동 패턴, 타인과 구별되는 특징들을 지니고 있다. 사람들을 직업과 매치하는 방법을 이해하려면, 우리를 다른 사람들, 특히 특정 직업에서 자기의 일을 잘하고 그것을 좋아하는 사람들과 비슷하게 만드는 점을 이해해야 한다. 심리학자들은 특별히 일에 적합한 특징 네 가지를 지적하고 있다. 흥미, 성격, 능력, 가치이다.

사람들이 열정, 즉 마음을 사로잡은 것, 그들을 끌어당기고 그들의 관심을 지속시키는 것에 대해 말한다면, 그들은 흥미(interests)에 대해 말하고 있는 것이다. 사람들이 자신의 일반적이고 본래적인 기질, 사고, 감정 및 행동 패턴에 영향을 미치는 성향에 대해 말한다면, 그들은 성격(personality)에 대해 말하고 있는 것이다. 사람들이 능력과 재능, 즉 주어진 과제와 그들의 탁월한 점에 대해 말한다면, 그들은 능력(abilities)에 대해 말하고 있는 것이다. 그리고 사람들이 직업에서 만족을 얻는 데 꼭 필요한 것들에 대해 말한다면, 그들은 일 가치(work value)에 대해 말하고 있는 것이다. 이 네 가지 특징들이 결합하여, 심리 프로파일, 당신의 일 성격(work personality), 3장에서 설명했던 독특한 재능을 만들어내는 것이다.

당신의 일 성격을 평가해보고 싶다면, 비용과 품질이 다양한 몇 가지 방법이 있다. 첫 번째 접근은 비공식적이고 완전히 무료로, 자신의 경험, 직관 및 자기평가 능력을 활용하는 방법이다. 먼저 다음 질문에 어떻게 대답할지를 생각해보자.

- 당신은 어떤 종류의 활동, 직업, 학과목들이 가장 재미있었는가?
- 당신이 가장 능력 있는 영역은 무엇인가? 4장으로 돌아가서 생각해보자. 최상의 상태일 때 당신은 어떤 강점을 보여주는가?
- 가장 가까운 친구와 가족에게 당신의 성격에 대해 말해달라고 부탁한다면, 그들은 어떤 이야기를 할 것 같은가, 당신이 덧붙이고 싶은 말은 무엇인가?
- 직업에 만족하는 데에 절대적으로 필요한 가장 중요한 것 - 타협할 수 없는 것 (예 : 창의적이 될 수 있는 기회, 동료들과의 좋은 관계, 승진 기회 등) - 3~5가지를 고른다면 그것은 무엇인가?

이 질문들에 대해 생각해보면, 당신의 특성에 대한 첫 번째 창을 열 수가 있다. 이 책의 자매 웹사이트인 www.MakeYourJobaCalling. com이나 가격이 적절한 워크북에서, 좀 더 깊이 있는 자기계발 전략을 찾아볼 수 있다. 예를 들면, "전 세계적인 베스트셀러 구직서"라고 홍보되고 있는 리차드 볼스(Richard Bolles)의 자기계발서 「당신의 파라슈트는 어떤 색깔입니까?(What Color Is Your Parachute?)」는 적합성을 평가하는 전략으로 매우 흥미롭고, 실용적이며, 유용한 활동들을 많이 제공하고 있다. 하지만, 그런 자기평가 연습이 정말로 도움이 될까, 그리고 그것들로 충분할까?

"그것들이 정말로 도움이 될까?"라는 질문에 대한 답은 "글쎄, 경우에 따라서"이다. 비공식적인 자기평가 연습은, 바르게 질문하고 자기성찰적인 사고를 자극할 때, 가장 도움이 될 것이다. 그런 연습들은 특히 당신이 아주 동기가 높고, 자기 자신을 잘 알고 있으며, 여러 가지 유형의 정보를 통합하는 것에 능숙하다면 효과가 있을 것이다. 하지만 인디애나 대학 교수 수 휘스튼(Sue Whiston)과 동료들이 지난 40여 년간 수행된 연구들을 분석하여 진로발달 개입 유형들을 비교해본 결과, 자기계발 전략들은 다른 대안들에 비해 덜 효과적인 것으로 나타났다.[7] 우리는 이런 전략들을 사용한 많은 사람들의 이야기를 들었고, 그래서 어떤 사람들에게는 확실히 도움이 되는 것 같다는 사실을 보장할 수 있다. 그들은 "그것들로 충분합니까?"라는 질문에 분명히 그렇다고 대답할 것이다. 그럼에도 불구하고, 실제로 자기계발 전략들에는 한계가 있다. 사람들이 자신의 능력 또는 자신의 일 성격의 여러 측면들에 대해 항상 잘 판단하는 것은 아니다. 때로는 외부의 관점이 더 가치가 있을 때도 있다.

일 성격을 평가하는 두 번째 접근은, 원래는 좀 더 공식적이지만 점점 대중화되고 있는 것으로서, 한 가지 이상의 온라인 심리검사를 받아보는 것이다. 앞에서 언급하였듯이, 좋은 검사들은 일-관련 특성, 즉 당신의 재능 프로파일에 대해 객관적으로 꽤 정확한 그림을 보여줄 수 있다. 우리는 구글로 "진로 검사"를 검색해서 제일 위쪽에 뜬 무료 검사를 해본 사람들과 이야기한 적이 있는데, 사실 이런 방법은 별로 권하고 싶지 않다. 왜 그럴까? 간단하게 말하면, 모든 검 사가 똑같이 만들어진 것은 아니기 때문이다. 어떤 검사는 윤리 기준 에 세심하게 주의를 기울이고, 그 검사가 기준에 부합한다는 것을 - 예를 들면, 검사 점수는 시간이 지나도 일관성이 있다, 그 검사는 다 른 것이 아니라 측정하고자 하는 바로 그것(흥미 또는 가치 등)을 측정 한다, 만족스러운 취업이나 진로 성공 같은 현실에서의 성과를 실제 로 예측한다. - 과학적으로 증명하기 위해 구체적인 노력을 기울여 어 렵게 개발된다. 이런 검사의 개발자들은, 대개는 심리학 연구자들인 데, 공정한 분석자들이 그 검사를 적절하게 평가할 수 있도록, 신뢰도 와 타당도에 대한 기술적인 자료도 만들어 놓는다. 이러한 검사개발 방법은 고도의 기술과 비용이 드는 노동집약적인 일로서, 상용되기까 지 대개는 수년간의 수정과 정교화 과정을 거치게 된다. 어떻게 좋은 검사들을 찾을 수 있을까? 다시 말하지만, 이 책의 자매 웹사이트인 www.MakeYourJobaCalling.com에 진로검사들의 질적 관리 기준에 대한 더 많은 정보, 온라인 평가 시스템을 평가하는 데 사용되는 체 크리스트, 그리고 브라이언이 개발을 도와주고 있는 jobZology라는 새로운 평가 시스템에 대한 정보가 제공되고 있다.

재능을 평가하는 세 번째 전략은 유능한 상담자의 상담을 받는 것이다. 진로상담(개인, 소집단, 또는 대집단으로 실시되는)은 진로에 도 움을 받는 방법 중에서 가장 공식적이고 가장 비싼 유형이다. 하지만 휘스튼의 연구에 의하면, 진로상담은 진로 개입 중 가장 효과적인 방 법인데, 좋은 상담자와 작업하는 것의 장점을 생각해보면 그리 놀랄 일도 아니다. 첫째, 상담자들은 당신을 격려하고 정서적으로 지지해 주며, 간접적으로 책임을 져준다. 다른 유형의 상담이나 치료에서와 마찬가지로, 진로상담에서도 상담자와 내담자 간의 강한 작업동맹이 변화를 촉진하는 데 중요하다는 연구결과가 있다. 상담자들은 검사 결과를 상황에 맞게 잘 조절하여 전달하고, 내담자가 다양한 평가 도구와 삶의 경험에 영향을 주는 주제들을 다룰 수 있도록 도와주는데, 이런 기술은 온라인 평가도구가 따라갈 수 없는 것이다. 상담자들은 종종 내담자가 미처 보지 못하는 것을 봐주고, 자신의 진로와 진로의 역할을 넓고 포괄적으로, 전체적으로 생각해볼 수 있게 해준다. 그렇다면 어떤 유형의 상담 전략이 가장 효과적일까? 심리학자 스티브 브라운(Steve Brown)과 낸시 라이언 크레인(Nancy Ryan Krane)은 효과적인 진로 개입들에서 발견된 다섯 가지의 "중요한 요소"를 제시하였다 : 목표설정 기록하기 연습, 개별화된 해석과 피드백, 정확한 직업 정보 제공, 성공적인 진로 탐색과 의사결정 행동의 모델링, 그리고 가족, 친구 및 멘토에게 지원을 받기이다.[8]

2단계: 직업 세계의 기회를 이해한다. 당신의 독특한 일 성격 또는 재능에 대해 좀 더 분명하게 이해했다면, 다음 단계는 당신에게 가능한 다양한 일의 영역을 이해하는 것이다. 다시 한 번 말하지만, 직업에 대한 정보의 질은 그 원천에 따라 다양하다. 어떤 정보원은 특정 직업에 종사하는 사람들에게 특징적인 일 성격을 평가하고 분석하는 전문가위원회의 자료를 제시해준다. 더 좋은 전략은 "재직자 접근(incumbent approach)"을 하는 것인데, 실제로 각 직업에서 행복하게 일하고 있는 사람들을 무선표집한 자료를 평가하여, 그 직업에 대한 정보를 도출하는 것이다.[9] 이러한 전략으로 개발된 좋은 정보원 중에 직업정보네트워크(Occupational Information Network: O*NET, www.onetonline.org)가 있다. 미국 노동국(U.S. Department of Labor)이 업데이트하고 관리하는 이 데이터베이스는 수천 개 이상의 직업에 대한 상세한 정보, 즉 각 직업에 종사하고 있는 행복하고 생산적인 사람들

제6장 방향 잡기 155

의 특징, 요구되는 훈련, 급여 자료, 그리고 그 분야에서 예측되는 직업 성장을 포함한 정보를 제공해준다. 물론 O*NET의 정보가 완전한 것은 아니다. 직업을 설명하는 접근들이 가지고 있는 정도의 오류는 있지만, 최소한 지금까지는 다른 어떤 것보다 정확도가 높다고 할 수 있을 것이다.

3단계: "합리적 추론". 파슨스의 세 번째 단계는 매치를 하기 위한 "합리적 추론(true reasoning)" 단계이다. 자기계발 전략에서 본다면, 진로 정보를 스스로 찾아 최선의 판단을 하여 적합성을 확인하는 것을 뜻한다. 어떤 온라인 평가 시스템은 수학적인 '적합성' 알고리즘을 사용하여 잠재적으로 적합한 직업들의 목록을 생성해준다. eHarmony나 구직자와 직업들을 위한 Match.com 같은 것들이다. 물론, 당신의 프로파일에 맞춰 추천되는 직업 목록들은 여전히 비판적인 평가와 철저한 검토가 필요하다. 기억하자. 진로검사(또는 몇 가지 검사의 조합)는 당신이 무엇을 해야 하는지를 말해주지 않는다. 하지만 상담자들은 당신의 재능 프로파일에 어떤 기회들이 얼마나 적합할지를 객관적으로 그리고 주관적으로 평가하도록 도와줄 수 있다. 좋은 상담자는, 이 해받고 있다는 느낌이 들도록 당신의 질문에 반응하고, 당신의 구체적인 목표에 맞추어 과정을 조율하며, 그 과정에서 당신의 정서적 경험이 어떤 역할을 하는지를 확인할 수 있도록 돕고, 이 모든 일이 돌보고 지지하는 환경 안에서 이루어지게 해준다.

상담이 어떻게 진행되는지, 셰릴(Sheryl)의 사례를 살펴보도록 하자.[10] 셰릴은 전기 엔지니어로서 성공적인 진로를 걷고 있었다. 급여도 좋았고, 두 번이나 승진한 후 이제 프로젝트를 관리하기 시작했다. 하지만 사실 그녀는 어려움을 느끼고 있었다. 첫째, 최근 프로젝트 매니저로의 승진이 평탄하지 않았다. 그녀는 해결해야 할 문제가 있을 때마다 동료들과 충돌하였고, 자신의 통제력 부족과 동료들의 지지 부족을 느껴 스트레스가 쌓이곤 했다. 둘째, 프로젝트 매니저라는 역할 때문에, 그녀는 뒤로 물러서서 자신이 하고 있는 일에 대한 큰 그림을 보게 되었다. 셰릴의 회사는 혁신적인 고급 스피커 시스템 개발이 특화된 조직이었는데, 그녀에게는 그 일이 공허하게 느껴졌다. "전체적으로 보니, 제 일이 정말로 어떤 차이를 만들고 있는 것 같지 않았어요. 저는 아침에 일어나 열심히 일하러 가서, 하는 일에 흥분하며 하루를 보내고, 하루가 끝날 때 거울을 보며 그 날 내가 한 일은 중요한 일이었다고 느끼고 싶어요. 지금까지 한 번도 제 일을 소명이라고 생각해본 적이 없었는데, 제가 간절히 바라는 것이 바로 소명이더군요. 어떻게 해야 그것을 찾을 수 있을까요?"

셰릴은 자기 재능에 대해 비공식적인 평가를 해보고 여러 가지 검사도 해보았다. 흥미 프로파일은 그녀가 기계와 관련된 지적인 과제, 특히 창의적인 자기표현의 통로가 될 수 있는 과제를 즐긴다는 것을 시사했다. 성격 점수는 셰릴이 아주 성실하고, 경험에 개방적이며, 신경증적임을 시사했다. 우호성 점수는 평균이고, 그다지 외향적이지 않았다. 능력 프로파일은 그녀가 숫자 추리와 공간 패턴을 정확히 이해하고 심상으로 조작하는 데 능숙하다는 것을 시사했다. 그녀는 글을 잘 쓸 수 있을 거라고 했는데, 이는 매우 높은 언어 능력 점수와 일관되었다. 가치 점수는 직업에서 성취감을 느끼는 것, 자신의 생각을 시도해볼 기회를 갖는 것, 상사의 지지를 받는 것, 그리고 자신의 일이 다른 사람들에게 유익하다고 느끼는 것이 그녀에게 가장 중요하다는 것을 시사했다.

이런 이야기를 나누면서, 셰릴의 재능과 현업에서 하고 있는 일이 잘 맞지 않는다는 것이 분명해졌다. 엔지니어링은 전문직으로서 그녀에게 잘 맞았다. 처음에 그 일을 시작했을 때는 정말로 좋아했었다. 하지만 프로젝트 매니저 역할은 처음부터 맞지 않는 것처럼 느껴졌다. 그녀는 사람들을 관리하는 과제에 집중하기 위해 (그녀는 곧 그것을 좋아하지 않는다는 것을 알아차렸다), 그녀가 사랑했던, 손으로 직접 하는 일을 포기해야만 했다. 그녀의 흥미는 잘 충족되지 않았다. 높은 신경증 점수는 그녀가 직업 관련 스트레스(굉장히 많았다)에 아주 취약하다는 것을 의미했고, 낮은 외향성 점수는 그녀가 생각하는 방식으로 사람을 관리하는 것이 쉽지 않다는 것을 의미했다. 그녀의 능력은 상황에 따라 부분적으로만 효과적으로 발휘되었다. 그녀는 해야 할 필요가 있는 것을 잘 계획할 수 있고 보고서는 탁월했지만, 도전 과제가 생기거나 동료들의 수행이 수준에 미치지 못할 때는, 급속하게 관계에 대한 부담에 압도되고, 감당할 수 없다고 느끼곤 했다. 그녀의 가치는? 이론적으로는 성취했다고 느낄 수 있는 상황이었지만, 팀원들이 프로젝트의 기초적인 일들을 하고 있었기 때문에, 그녀는 일 자체에서는 제외된 것처럼 느끼고 있었다. 그녀의 아이디어는 종종 아는 척하는 동료들에게 도전을 받고, 부하 직원이었을 때는 지지를 받는다고 느꼈지만, 프로젝트 매니저로서는 모든 것을 혼자 감당해야 하는 것처럼 느끼고 있었다.

계속해서 질문이 이어졌다. 이제 어떻게 해야 할까? 회사에 스탭 엔지니어로 돌려보내달라고 요청해야 하는 걸까? 그러면 향후 승진의 기회도 닫힐 것이다. 매니저 역할을 잘 하기 위해 훈련과 지원을 받아 보아야 하는 걸까? 아니면 다른 회사로 가는 것을 고려해보아야 하는 걸까? 현재 겪는 어려움은, 그녀에게 다른 직업이 더 잘 맞을 것이라고 말하는 것일 수도 있다. 예를 들면, 검사결과에서 엔지니어링 관련하여 시사된 두 가지 가능성, 즉 의학계의 일이나 기계에 관한 저술이 적합할 수도 있다는 것이 나타났다. 여기에서, 개인 적합성 요인을 처리하고 분석하는 수준에서 배우의 역할만 살펴보는 것의 한계에 부딪치게 되었다. 셰릴은 소명의식을 간절히 바란다고 했다. 궁극적으로 그녀의 일은 무엇에 대한 것인가? 인생의 더 큰 맥락에서, 그리고 더 큰 목적의식에 그녀의 일은 얼마나 적합한 것일까? 그녀의 일은 세상에 어떻게 기여하는 것일까? 세상에서 요구하는 무엇이, 그녀에게 중요하고 그녀의 관심을 끄는 것일까? 이 질문들에 답하려면, 이 문제를 보는 좀 더 확장된 접근이 필요하다.

기획자 : 변화와 도전에 적응하기

1950년대와 잘 어울리는 이름을 가진 직업심리학자 도날드 수퍼(Donald Super)는 진로발달이 단계적으로 전개된다고 설명하였다.[11] 어린 아이들은 미래를 생각하기 시작하고, 여러 가지 유형의 직업을 갖는 자신을 상상해보고, 일 습관을 배우며(바라건대 좋은 것들을), 확신을 갖게 된다(성장기/the growth stage). 청소년은 직업을 추구하는 경로를 결정하고 직업을 얻기 전에, 다양한 대안들을 탐색한다(탐색기/the exploration stage). 초기 성인기는 자신의 위치를 확립하기 위해 열심히 일한다(확립기/the establishment stage). 중년기에 접어들면서 자신이 확립한 것들을 지속하는 것으로 초점이 바뀌어, 일터에서의 끊임없는 변화에 적응하고, 최신의 기술을 배우고, 혁신한다(유지기/management or maintenance). 마지막으로 은퇴 계획을 세우고 퇴직한다(쇠퇴기/the disengagement stage).

대부분의 미국 사람들은 여전히 이 단계들을 사용하여, 자신의 진로경로를 설명할 것이다. 이 단계들은 오랫동안 전형적인 진로의 견본으로서, 산업 국가의 많은 사람들이 공유하고, 현재 하고 있는 일이 어떻게 끝나게 되는지에 대한 스토리들의 지침이 되는 문화적 대서사(grand narrative)로 기능해왔다. 이 모델에서는 진로변화가 당연한 과정이 아니라 정상에서 벗어난 것이고, 사람들도 흔히 그렇게 말한다. 하지만, 현대 사회에서는 한 조직 안에서 이 단계들이 쭉 진행되는 경우는 거의 없다. 2010년 노동통계청에서 발표한 보고서에는 베이비붐 세대(1957년과 1964년 사이에 출생) 중 젊은 집단(the younger half)은 18세와 44세 사이에 평균 11개의 직업을 가졌던 것으로 나타났다.[12] 그 해에 출간된 다른 보고서에서는 현 직장에서 일한 연수의 중앙치는 4.4년으로,[13] 통계자료에는 "4년짜리 경력"이라는 문구가 사용되었다.[14] "진로변화(career change)"에 대한 정의가 합의된 것은 아니지만, 실제 숫자보다는 분명한 결론이 더 중요한 것 같다. 즉, 이 고전적인 단계 이론이 소개된 후 출생한 대부분의 사람들에게, 이 모든 변화가 계속 일어나고 있다는 것이다.

우리 저자들은 수년째 변화하는 일의 세계에 대해 이야기해왔다.[15] 전 세계적으로 좀 더 상호연관적이 되었고, 경제는 점점 지식 – 기반화 되고 있으며, 조직들은 더 이상 안전한 피난처가 아니다. 오늘날의 세상에서는 유동성(fludity)이 어쩔 수 없는 현실이다. 즉, 진로변화는 예외 없는 규칙이고, 점점 더 많은 전문직들이 한시적인 프로젝트를 통해 임금을 주는 회사에서 일하는 프리에이전트(free agent)가 되고 있다. 한 조직에서만 근무한다는 개념은 지난 세대의 기이한 유물로 간주되고 있다. 이제 당신도 새로운 성장과 재탐색, 재수립을 요구하는 변화에 직면하지 않고 한 자리에 확고하게 서 있기가 어렵다. 직업심리학자인 수퍼도 이를 인식하고, 이후 이러한 변화들을, 사람들이 자기 진로에서 이 단계들을 반복하는 "재순환(recycling)"이라고 설명하였다.[16] 예를 들어, 해고통지서는 강제적인 해약을 요구하는 것이며, 새로운 직업을 찾아 노동인구로 재진입하는 것은 새로운 성장, 좀 더 많은 탐색, 새로운 위치에서 확고하게 서기를 요구하는 것이다. 이직, 은퇴, 일을 떠나 종일 양육하는 부모가 되는 것, 이 모두가 이 단계들을 거치는 재순환 과정과 유사하다.

새로운 규준으로서의 이 모든 이행과 변화(transition and change)에서, 개인이 개발할 수 있는 가장 유용한 기술은 적응하고, 변화를 예측하고, 변화가 왔을 때 효과적으로 대응하는 능력이다. 스스로 자기 진로의 기획자가 되는 것이다. 사람들은 적극적으로 고삐를 잡고, 직면하게 될 변화를 스스로 준비하며, 변화를 다루는 데 필요한 자원을 가지고 정면으로 이러한 이행들을 직면한다. 적응적인 기획자는 어떤 진로 단계에서든, 자기가 직면하는 발달적 과업에 확신을 가지고 대응하고, 자신의 일을 삶의 더 큰 맥락에 만족스럽게 맞출 수 있는 전략을 가지고 있다. 당신의 현재 도전과제는 무엇인가? 무관심이 문제라면, 당신의 비관주의와 계획하기 싫어하는 모습은 무엇으로 설명할 수 있을까? 우유부단이 문제라면, 당신에게 필요한 명료함과 결단력은 어디서 얻을 수 있을까? 주도성 부족이 문제라면, 무엇이 당신에게 동기를 부여하고 추진력을 줄 수 있을까? 낮은 확신이 문제라면, 당신은 어디에서 격려를 받고 담대해질 수 있을까?

기획에는 활동, 즉 노력이 요구된다. 소극적인 기획은 없다. 기획은, 누군가가 적극적으로 정보를 수집하고, 대안을 평가하며, 위기를 예측할 때, 그 모습이 드러난다. 또한 기획은 현명한 예측 그 이상이다. 기획력은 결단력 있는 노력을 통해, 정서적 장애물을 극복하고 지지원을 모음으로써 구축된다. 당신은 어떻게 기획하는가? 한 가지 방법은 변화는 진공상태에서 혼자서 관리하기 어려운 것임을 인식하는 것이다. 당신은 사회적인 존재이며, 따라서 신뢰받는 타인의 지지를 얻는 것이 중요하다. 작가인 리차드 레이더(Richard Leider)는 오랫동안, 진로 결정에 직면한 사람들에게, 자신을 잘 이해해주고 그들의 상담과 조언을 신뢰할 수 있는 멘토 집단, "나 자신을 위한 위원회(personal board of directors)"를 만들라고 조언해왔다. 지혜와 격려와 같은 자질이 가장 필요한 때에, 당신은 누구에게 의지했었는가? 3장에서 우리는 당신이 신뢰하는 사람, 당신이 가장 관심을 보이는 것에 흥미를 보여주는 사람, 당신이 이 과정을 항해해 갈 때 기꺼이 지속적으로 지원해줄 사람을 최소한 세 명 확보하는 전략을 제안했었다. 우리 이야기를 한 번 믿어보기 바란다. 그들의 조언과 지지는 당신에게 커다란 차이를 만들어 줄 것이다. 좋은 상담자들도 사람들을 지지해주고, 좀 더 객관적인 관점을 제공해주며, 그들이 진로의 변화와 도전에 대처하는 데 효과적인 접근들을 실천하고 좀 더 큰 인생 맥락에서 그것들을 다루도록 도와주는 데 능숙하다.

전기 엔지니어 셰릴의 이야기로 돌아가 보자. 그녀는 갈림길에 서 있었다. 일이 자신과 잘 맞지 않은 상황에서 무언가를 해야만 했다. 하지만 그 사실을 알고 있다는 것만으로는 충분치 않았다. 사실 변화시키는 방법은 모르는 상태에서 변화해야 한다는 것만 알고 있다면, 그 상황에 압도되어 스트레스를 받을 것이다. 물론 셰릴의 마음 한구석에는, 몸을 웅크리고 이 모든 스트레스가 지나가길 기다리고 싶은 마음이 있었지만, 이러한 수동성은 불안의 불길을 끄는 게 아니라 오히려 부채질을 하는 부작용이 있다. 그녀는 자기의 대안을 검토하고, 세부사항을 파악하고, 자신이 고려하는 각 방향들로의 움직임이 어떤 의미일지를 예측해야 할 때라는 것을 알고 있었다. 이 과정에서 셰릴은 남편에게 의지하여 지원을 받았다. 대학 때부터 계속 연락하고 있는 교수에게 전화해 조언을 구하기도 했다. 또 어머니가 돌아가신 후

가깝게 지내고 있는 이모와도 대화를 해보았다. 그리고 상담은 이 모든 것을 종합하는 데 도움이 되었다. 물론 변화라는 것이 위험하고, 자신이 현재 있는 회사에서 다른 역할을 맡아본 적이 없었다는 것을 알고 있지만, 프로젝트 매니저의 역할에 적응하기 위한 노력은 할 만큼 해보았다고 생각했다. 장단점 목록을 검토하면서, 그녀가 다시 자기 자신으로 느끼게 해줄 역할을 원하고 있다는 것이 분명해졌다. 그뿐 아니라, 그녀는 자신이 계속 '차이 만들기'라는 일 가치를 중요하게 여기고 있다는 것을 발견했다. 셰릴은 이렇게 말했다. "우리 회사가 하는 일이 가치가 없다는 말은 아닙니다. 정말 좋은 음악은 우리가 만든 최상의 스피커로 들어야 훨씬 더 아름답습니다. 마치 다른 세상에 와있는 것 같거든요. 하지만 지금은 그게 다가 아닌 거 같아요. 저의 재능을 좀 더 기본적인 사람들의 요구를 도와주는 데 쓰고 싶습니다."

　이런 전략들이 정말로 소명으로서의 일에 대해 생각해볼 수 있게 도와주는지 의문이 들 수도 있다. 소명의식이 자신에게 적합하든 아니든 간에, 이 모든 것이 진로의사결정을 하고 도전과제에 적응하는 과정에 도움을 주는 것은 분명하다. 그렇다. 3장에서 간단히 언급했던 것처럼, 우리는 소명의식을 갖고자 하는 사람들 또는 소명을 실천하고자 하는 사람들이, 의사결정이라는 냉혹한 현실에 어느 정도 면역이 되기 시작할 거라고 생각한다. 목소리나 떨기나무 불꽃 징표(역주 : 출애굽기 3:2-4 모세가 신의 음성을 들었던 곳)를 통해 자신의 선택들이 나타나주기를 바랄 지도 모른다. 자신이 소명에 반응하는 순간 일렁이는 물이 반으로 갈라져 길을 내 주기를 기대할 수도 있을 것이다. 그러나 실제 현실에서는, 당신이 일을 직업으로 보든, 진로로 보든 또는 소명으로 보든, 그 어떠한 가치도 준비와 노력 없이는 이루어지지 않는다. 다른 일 지향들은 저항이 가장 적은 길을 추구하라고 할지 모르나, 소명이 손짓하는 더 큰 사명은 종종 끈기와 인내를 더 요구하기 때문에, 자신의 일을 소명으로 생각하는 사람들에게는 장애물이 훨씬 더 분명하게 보이게 된다. 소명을 알아차리고 실천하는 데 있어, 건강한 진로의사결정은 필수적이다. 그것은 충분하지는 않지만, 언제나 필요한 조건이다.

작가: 일과 삶의 의미 이야기하기

배우는 자신의 재능과 그것이 특정한 진로에 맞는지를 평가하며, 진로의 내용(what)을 다룬다. 기획자는 직접 진로발달 과업을 예측하고 잘 대처하며, 변화하는 삶의 상황 속에서 진로변화를 관리함으로써, 진로의 방법(how)을 다룬다. 그러나 소명의식을 추구하는 사람들에게 진로의사결정의 필수 요소는, 진로의 이유(why)이다. 즉, 이런 질문들이다. 당신은 왜 이것을 하고 있는가? 당신의 일은 궁극적으로 무엇에 대한 것인가? 당신의 일은 자신의 정체성, 삶의 전반적인 방향, 그리고 자신이 보고 있는 세상의 요구들과 얼마나 잘 맞는가? 당신의 삶의 목적은 무엇인가, 그리고 당신의 진로는 당신의 목적을 추구하는 데 어떻게 도움이 되는가?

작가의 역할에서, 사람들은 자신의 삶의 스토리를 이야기하고 거기에서 나타나는 주제를 확인하며, 그것들이 전하는 의미들을 탐색한다. 과거의 당신은 어떻게 현재의 당신으로 발전하였고, 현재의 당신은 미래의 당신에게 어떤 영향을 주게 될까? 사비카스의 상담 전략, '진로 스토리 인터뷰(Career Story Interview)'는 아동기 역할 모델, 좋아하는 잡지와 영화, 책, 속담, 학과목, 여가와 취미, 그리고 초기 기억들을 질문하여 이런 이야기들을 도출해내는 것이다.[17] (당신은 어떤

가?) 이 질문들에 대한 답에서 드러난 실제 역사적인 내용들도 중요
하지만, 더 중요한 것은 그 스토리들에 담겨있는 이야기(narrative)이
다. 왜냐하면 그 이야기는 사람들이 이미 자신의 진로에 부여하고 있
는 의미들을 보여주기 때문이다. 사람들은 자신의 과거 경험을 지금
의 현실에 비추어 해석한다. 자신의 삶에서 전개되었던 사건들을 자
기가 이해하는 방식으로 일관성을 구축하며, 그 일관성을 미래에도
유지하려고 한다. 이렇게 사람들의 스토리들에서 나온 주제들은 자신
이 가장 바라는 목표, 미래의 희망, 그리고 그 결과 나타나는 목적의
식의 단서가 된다. 예를 들어, 아동기의 역할모델이 배트맨이었던 사
람이, 배트맨은 실제로 초능력은 없었지만, 그 대신에 운동과 훈련,
그리고 고담시(Gotham)에서 악당을 제거하는 데 필요한 도구로 가득
한 벨트에 의지하는 수퍼 영웅이라고 설명했다고 하자. 이런 스토리
는 성공하고 싶고, 사람들에게 도움을 주는 존재가 되고 싶지만, 낮은
수준의 능력을 보상하기 위해서는 열심히 일해야 한다는 주제를 드러
낸다. 진로결정에 적용해보면, 이 주제는 매우 중요하다. 이 사람이
자신을 열심히 일하며 살아가는 사람으로 보고 있다면, 이 자질 자체
가 강점이 되기 때문에, 대부분 일터에서 주위의 존경과 보상을 받는
사람일 것이다.

　　이 전략은 통찰을 주는 기술이긴 하지만, 우리는 종종 사람들에게
조금 더 단순하고 직접적으로, 자기 삶에서 어떤 목적을 가지고 있는
지 말해달라고 한다. 또 주변 세상에 가장 필요한 것이 무엇인지 말
해달라고 한다. 사람들은 대개 이런 질문들에 솔직하게 - 자신이 어떻
게 대답해야 한다고 느낀 것이 아니라 스스로가 실제로 느낀 것을 말
할 수 있다. 목적과 중요한 요구에 대한 답변은, 그 사람의 "사회적
적합성(social fit)"에 대해 보여주는 자료가 된다. 이 장의 앞부분에서

우리는 "개인 적합성(personal fit)"이라고 하는 개인 - 환경 적합성 수준, 즉 개인의 일 성격과 특정 직업의 요구 및 보상 간의 매치에 대해 설명했다. 프레드릭 부케너(Frederick Buechner)의 말을 다시 인용하면, 사회적 적합성은 "당신의 마음 깊은 곳에 있는 기쁨과 세상의 절박한 굶주림이 만나는 곳"[18]이다. 당신의 인생의 목적은 무엇인가? 당신 주위에서 가장 중요한 요구는 무엇이며, 당신이 잘 대처하기 위해 준비하고 있는 요구는 무엇인가?

셰릴의 정체성의 핵심은, 약 9대 1로 남성이 여성보다 많은 직업인, 엔지니어 일이었다.[19] 그녀는 일을 잘 했고 전문가로 가는 험한 경로를 잘 견뎌냈다. 아직 그녀는 다른 직업을 고려할 준비가 안 되어 있었다. 골수암으로 4년 전에 사망한 어머니 이야기를 하면서 셰릴은 감정이 격해졌다. 사망하기 몇 년 전에, 그녀의 어머니는 암의 전이를 막기 위해 손과 팔을 절단했다. 셰릴은 당시에 어머니가 착용하던 의수에 관심을 갖게 되었고, 몇 년 후에는 최신형 의수를 사용하기 시작했던 것을 기억하고 있었다. 그녀는 또 새 의수로 골프를 시도해보았을 때 어머니의 얼굴에 나타난 좌절감을 기억하고 있었다. 어머니는 예전부터 골프를 좋아했기 때문에, 수술을 받은 후에도 지속하려고 해보았지만, 결국 포기해야 했다. "나는 어머니에게 더 나은 손을 드려서, 엄마가 좋아했던 것들을 어려움 없이 다시 하실 수 있게 되기를 바랐어요." 그녀는 두뇌제어의수 분야의 기술과 혁신에 대한 책들을 읽기 시작했다. 공부를 할수록, 자신의 재능과 훈련을 활용하여, 자신이 중요시하는 직접적이고 가시적인 차이를 만들어낼 수 있겠다는 확신을 갖게 되었다.

결정적인 요인은 이런 일이 어머니를 기리는 일이라는 사실이었다. 그녀는 그 일을 해야만 했다. 그것이 그녀의 소명이 되었다.

셰릴의 이야기는, 소명을 파악하는 과정에서 자신에게 필요한 자원과 지원을 사용했던, 가슴 아픈 사례이다. 그녀는 자신의 선택을 실행하는 데 필요한 도전에 바로 직면하였다. 가장 주목할 것은, 그녀 주위에는 의수 기술과 관련된 회사가 한 군데도 없었다는 것이다. 시댁이 그 도시에 있었고, 곧 자녀를 갖게 될 것 같아 이사는 생각할 수도 없었다. 그런데, 인생은 참 묘한 것이다. 약 6개월 후 두 번의 면접 후에, 셰릴은 약 40분 거리 근교에 있는 한 생명과학기술회사에 취업하였다. 셰릴은 이렇게 말했다. "사실 원래 제가 원하던 자리는 아니었습니다. 하지만 시간이 지나면 그 일을 좋아하게 될 것 같아요. 그 일이 정말로 제 소명과 일치한다고 생각하니까요. 제가 하게 될 프로젝트는 새로운 심장병 치료법이 될 거예요. 제 소명은 작은 프로젝트 수준을 넘어서서, 새로운 기술을 활용해 더 많은 생명을 구하고, 환자들의 고통을 완화해주어, 가족들과 함께 더 오래 살게 해주는 것입니다. 엄마는 저를 자랑스럽게 생각하실 거예요."

Chapter Seven

잡크래프팅

Job Crafting

잡크래프팅

Job Crafting

셋째 아들이 태어난 지 얼마 안되었을 때, 브라이언과 아내 에이미는 푸드르협곡(Poudre Valley) 병원에서 친해진 사람들 중의 한 명과 우연히 마주쳤다. 매기는 라틴아메리카계 중년여성이었고, 그녀가 맡고 있는 일은 청소원으로서 쓰레기통 비우기, 싱크대를 정리하고 닦기, 바닥 청소하기 등이었다. 사람들은 그녀가 이런 일을 하고 있다는 것을 잘 알아채지 못했다. 왜냐하면 그녀가 매우 일을 잘했고 항상 담당 구역을 청결하게 유지했기 때문이었다. 오히려 브라이언과 에이미에게 매기가 하는 주된 일은 새로 태어난 아이에게 흠뻑 빠져서 부모의 기쁨을 함께 나누고, 에이미가 출산 때 경험했던 고통에 대해 이야기하며 진심으로 공감을 표현하는 것이라고 생각되었다. 매기의 활기찬 태도는 금방 다른 사람들까지 기분좋게 만들었고, 사람들은 그녀가 자신의 방에 오는 것을 하루 중 가장 중요한 일로 생각

하고 있었다. 대부분의 조직들과 마찬가지로 병원의 위계구조상 청소
업무는 거의 바닥에 있다는 사실에도 불구하고, 매기는 자신의 일에
대해 진정성 있는 열정을 지니고 있었다. 사실, 그러한 상황은 매기에
게 하나도 중요하지 않았다. "함께 일하는 동료들은 항상 내게 병원
의 통역사 일을 해보라고 지원서를 갖다 줍니다. 저는 영어와 스페인
어를 둘 다 잘하니까요. 하지만, 제가 얼마나 지금 하고 있는 일을 사
랑하는지 그 사람들은 잘 몰라요."

농장에서 일하는 이민자였던 부모(아버지는 텍사스 출신이고, 어머니
는 멕시코 출신)는 와이오밍의 한 자동차(!) 안에서 매기를 낳았다. 매
기 가르자(Maggie Garza)는 62세가 될 때까지 콜로라도의 포트 콜린
스(Fort Collins)에서 살아왔다. 고등학교를 중퇴한 후에("제 인생에서
가장 잘못한 결정이었죠"라고 그녀는 이야기했다), 세탁소에서 일했고, 그
다음에는 아이를 돌보는 일을 했다.

그리고 최근 15년 동안은 병원의 청소원으로 일해왔다. "사람들은
자신의 일이 중요하다고 생각되기를 바라죠. 그래서 우리는 시설관리
(housekeeping)를 하고 있다고 말해요."

시설관리 업무는 소명이 될 수 있을까? "저에게는 그래요." 매기
는 주저하지 않고 말했다. "하나님이 저에게 이런 일을 주신 데에는
이유가 있다고 믿어요." 매기에게 자신의 직업에 대해 설명해보라고
하면, 이렇게 대답할 것이다. 청소카트 준비하기, 다용도실 치우기,
환자의 병실을 점검하고 정리하기, 방에 들어가기 전에 노크하기, 싱
크대와 테이블, 화장실과 바닥을 닦기, 쓰레기통을 비우고 쓰레기봉
투를 새로 갈기, 창문이 더러운지 점검하고 필요할 경우 닦기.

하지만, 매기에게 세부적으로 어떤 일을 하느냐고 물어보면, 조금
다른 대답을 들을 수 있을 것이다. 물론 청소를 하는 것은 맞다. 그

리고 그 일을 잘하고 있다. 그러나 그녀가 동시에 하고 있는 일은 환자들을 점검하는 것이다. 원하는 것이 무엇인지 물어봐주고, 함께 걱정해주고 공감해주며, 자신이 할 수 있는 것이라면 도와준다. 매기는 환자들과 함께 이야기를 하고, 그들을 알아가며, 더 편안하게 생활할 수 있도록 조력한다. 다른 병원 스탭들도 이 사실을 알고 있다. 가끔씩 소아과 간호사들은 매기를 불러서 무서워하고 있는 아이나, 과잉 행동을 하려고 하는 환자를 안심시키는 일을 도와달라고 부탁한다. 이 이야기를 한번 들어보자. "간호사들이 아주 다루기 힘들어 하는 아이가 있었어요. 그들이 저에게 전화를 해서 이렇게 말하더군요. '매기, 당신이 도와줄 수 있을 것 같아요.' 그래서 그 아이의 방으로 갔습니다. 관심을 끌기 위해서 침대 아래로 기어들어갔지요. 간호사는 제가 넘어진 줄 알았나 봐요. '매기, 괜찮아요?'라고 소리를 지르더라구요. 솔직히 방해를 받은 거였어요. 아이를 깜짝 놀라게 해서 웃게 해주기 위해 바닥을 기고 있었으니까요."

이 이야기를 들어보면 매기가 자신의 직업에 대해 어떤 태도를 가지고 있는지를 잘 알 수 있다. 그녀는 아이들을 웃게 하기 위해 우스꽝스러운 표정을 지어보이곤 했다. 어떤 때에는 청소를 할 때 춤을 추기도 했고, 아기고양이같이 야옹거리기도 했는데, 그럴 때마다 어린이 환자들은(물론 매기는 그들을 자신의 환자라고 생각하고 있었다) 까르르 웃음을 터뜨렸다. 스트레스에 시달리고 있던 부모들도 이 광경을 보고 아이들과 함께 웃기 일쑤였다.

그러면서 사람들은 무거운 마음을 내려놓을 수 있었다. 또한 매기는 자신이 청소하는 병실의 환자들에게 응원의 메시지를 전달했고, 그들을 위해 기도를 해주었다. 청소원으로서 매기는 자신의 일이 기본적으로는 방을 청소하는 것이라고 말할 수 있을 것이다. 물론, 기술적으로는 맞는 이야기이다. 하지만, 그녀에게 일은 그 이상의 의미를 가지고 있는 것이었다. 고통받고 있는 사람들에게 편안함과 휴식, 돌봄을 받고 있다는 느낌과 만족감을 주는 일이었던 것이다. "나는 사람들과 이야기하는 것을 좋아해요. 그들이 어떤 것을 필요로 하는지를 보고, 어떻게 도와줄지에 대해 생각하는 것을 즐기죠. 사람들이 기뻐하는 것을 보면 저 또한 기분이 좋아집니다"라고 매기는 이야기했다.

우리가 최대한 열심히 도전하려고 하는 한 가지 신화는, 오직 특정 성격유형을 가진 사람들만, 그리고 오직 특정한 직업을 가진 경우에만 소명을 직업으로 가질 수 있다고 믿는 신념이다. 물론 사람들이 자신의 직업환경에서 소명감이란 찾아볼 수 없을 만큼 드물고, 아예 소명에 대해 생각할 수 있는 기회조차 존재하지 않는 경우도 정말 많다는 것을 기꺼이 인정한다. 그러나 우리는 대부분의 사람들이 현재 하고 있는 일을 소명으로 바꿀 수 있는 잠재력을 자신이 생각하는 것보다 많이 가지고 있다고 믿고 있다. 6장에서는 직업을 선택하거나 변경하는 과정에서 사람들이 어떻게 소명을 찾아내는지에 대해 초점을 맞추었었다. 선택할 수 있는 대안들이 별로 없는 사람이나, 아예 실업자가 되는 것보다는 별로 안 좋아하는 일이라도 하는 것이 낫다고 생각하는 사람들에게 소명이란 그다지 가깝게 느껴지지 않을 수 있다. 어떤 사람들은 자신의 현재 직업이 아닌 일을 꿈꾸어 왔지만, 지리적 제한점이나 가족에 대한 책임, 위험부담에 대한 거부감, 또 다른 여러 가지 제약들로 인해 아예 대안적인 진로경로가 불가능하다고 생각하기도 한다. 그래서 7장에서는 현재 자신의 직업 맥락 내에서 소명을 만들어간다는 도전과제에 대해 이야기해보려고 한다. 경력전환이 불가능하거나, 실용적이지 않거나, 또 다른 어려운 요인들이 존재하는 상황에서도 말이다. 자신의 직업으로부터 소명의식을 끌어내기 위해 활용할 수 있는 방법은 다양하게 존재한다. 아마도 가장 현실적으로 가능하고 좋은 결과를 낼 수 있는 접근방법(우리가 7장에서 초점을 맞추려고 하는)은 잡크래프팅이라고 알려진 과정에 에너지를 투자해서 실행해보는 것일 듯하다.

잡크래프팅과 소명

잡크래프팅(job crafting)이라는 개념이 직업현장에 대한 학자들에게 공식적으로 소개된 것은 2001년, 경영학과의 에이미 브제스니에프스키(Amy Wrzesniewski) 교수와 제인 더턴(Jane Dutton) 교수가 다음과 같은 주장을 하면서 시작되었다. "일상생활과 업무들, 궁극적으로 조직구성원들의 삶을 구성하고 있는 도전과제와 상호작용들은, 그들이 자신의 직업을 구성하는 데 활용할 수 있는 자료들이다... 직업경계, 일의 의미, 일의 정체성은 공식적인 자격요건(job requirements)만으로는 완벽하게 규정될 수가 없다. 사람들은 '잡크래프터(job crafter)' 역할을 맡아서, 자신의 직업을 정의내리고 수행해낼 수 있는 자유를 가지고 있다."[1] 가장 간단하게 말하면 잡크래프팅이란 조직구성원 자신이 자신의 직업으로부터 더 강한 목적의식, 의미, 몰입, 탄력성, 열정을 끌어내기 위해 하는 행동들을 가리킨다. 크래프팅 활동에는 업무과제를 변화시키기, 대안적인 업무활동들을 만들어내기, 동료나 상사, 고객들과 더 강한 관계를 맺기, 자신이 하루종일 하는 일의 목적 자체에 대해 새로운 시각을 가지기 등이 있다. 이와 같은 전략들은 직업설계, 사회적 환경, 잡크래프터 자신의 시각을 변화시키게 되는데, 지금까지 이루어진 연구결과들에서는 이러한 시도들이 꽤 효과적이었다는 것을 보여주고 있다. 학자들은 잡크래프팅 전략을 사용한 사람들이 다양한 직업분야에서(예 : 관리자, 교사, 영업사원 등) 자신의 일에 대해 더 몰입하게 되었고, 만족감을 더 많이 느끼게 되었으며, 더 생산적으로 일을 하게 되었다는 것을 발견했다.[2] 정말 잡크래프팅은 한 사람의 일을 소명으로 변화시킬 수 있는 것일까? 우리가 알고 있는 한 유일하게 이 질문에 대한 대답을 줄 수 있는 연구에서는 "그렇다"고 주장한다. 저스틴 버그(Justin Berg)와 동료들은 "아직 찾지 못한 소명"(현재 자신의 직업을 통해 만족되지 않는 소명)을 가진 31명의 조직구성원들을 대상으로 심층 인터뷰를 진행하였다. 그 결과, 연구 참여자들은 잡크래프팅 전략들을 활용했을 때 만족도와 의미경험이 증가하였고, 그와 연결하여 현재 직업에 대해서도 "소명을 찾았다"는 보고를 하였다.[3] 즉, 이상적인 직업을 갖지 못한 상황에서도, 잡크래프팅은 소명을 수행하며 살아가는 경우에 얻을 수 있는 것과 동일한 심리적 성과를 촉진한다는 것이 사실이다.

인생의 다른 분야들과 마찬가지로, 자신의 일에 관련하여 만성적으로 불만족한 환경에 있다 보면, 그냥 손쉽게 수용하고 살아간다는 것이 결코 쉬운 일이 아니다. 우리가 정말 불행하다면, 변화를 만들어내고 싶게 된다. 사람들은 자신의 일에 대해 조금 더 통제력을 갖고 싶어질 때, 너무나 외로워서 사람들과 친밀한 관계를 맺고 싶을 때, 더 큰 목적의식과 의미를 경험하고 싶을 때, 직업을 크래프팅하고 싶은 동기수준이 올라간다. 성공적으로 잡크래프팅을 하게 되면, 몰입도와 만족감은 상승한다. 지금부터 소개할 세 가지 크래프팅 전략들을 효과적으로 수행해낸다면 얻을 수 있는 것들이 많아질 것이다. 첫째, 과제 크래프팅(task crafting)은 일 그 자체를 재설계하는 데 초점을 맞춘다. 현재 담당하고 있는 의무는 성실하게 수행하되, 과제들의 배열을 바꾸는 것이다. 둘째, 관계 크래프팅(relational crafting)은 사회적 환경에 초점을 맞추고, 업무환경에서 구성원의 관계 범위를 넓히며 관계를 개선하는 방법을 찾는 것이다. 셋째, 인지 크래프팅 (cognitive crafting)은 일의 진정한 목적에 대해 보다 새로운 시각을 가지고 심층적으로 이해하기 위한 전략을 개발하는 데에 중점을 둔다. 이제부터는 이 전략들을 한 가지씩 자세히 살펴보도록 하자.

1) 과제 크래프팅

대부분의 사람들에게 과제 크래프팅은 잡크래프팅 활동들을 생각했을 때 가장 먼저 떠오르는 전략일 것 같다. 어떤 직업이든지, 그 직업에 종사하는 사람들에게는 공식적인 책임, 직무기술서에 정리되어 있고 수행을 요구받는 과제들을 가지고 있다. 하지만 때때로 자신이 담당하고 있는 과제는 스스로의 흥미, 능력, 가치관, 성격과 같은 자원과 맞지 않는다고 느껴질 때가 있다. 과제 크래프팅은 이와 같은 과제들이 자신의 업무성격에 더 잘 맞도록 변화시키는 과정을 가리킨다. 이러한 변화과정에는, 과제완료방법을 수정하기, 새로운 과제를 추가하거나 기존 과제를 없애기, 지금까지와는 다른 방법으로 과제에 시간이나 에너지를 배분하기 등과 같은 활동들이 포함된다.[4] 물론 잡크래프팅의 방법은 일을 잘해내기 위해 핵심적으로 요구되는 과제를 수행하는 것과 병행해서, 과제 변화에 활용할 수 있는 자유와 권한을 얼마나 가지고 있는지에 따라 달라질 것이다.

버그, 브제스니에프스키, 더턴 교수는 잡크래프팅의 동기, 전략, 도전과제와 성과에 대해 알아보기 위해 설계된 유명한 연구를 수행하였다.[5] 그들은 33명의 조직구성원들을 인터뷰하였는데, 그 중 20명은 민간 제조업체에서 일하고 있었고, 13명은 비영리 정치기관에 소속되어 있었다. 참여자들의 응답을 기반으로 하여 잡크래프팅의 두 가지 유형이 도출되었다 : 한 가지는 과제의 범위나 특성을 변경하는 것에 초점을 맞추는 방법이었고, 다른 한 가지는 새롭거나 다른 과제를 추가하는 데에 중점을 두는 방법이었다. 변화 전략을 활용한 참여자들은 요구받은 과제를 수행하는 접근방법을 수정하였고, 기존에 해왔던 활동에 대해서도 새로운 시도를 하였으며, 그 활동 중에서 가장 몰입하고 싶은 요소들에 더 많은 관심을 집중하였다. "저는 온라인 도구들과 인터넷을 정말 좋아합니다." 연구에 참여했던 한 사람의 이야기를 들어보자. "그래서 저는 손으로 직접 써야 하는 일들이 포함되어 있는 직무기술서를 수정해서 발전시켰습니다. 그 작업 자체가 재미있었으니까요. 몇 시간을 들여서 이 서비스를 개선하기 위해 돈을 써야 할 것이 뭐가 있는지를 알아보았습니다. 그래서, 결국 저는 온라인 도구들과 웹 어플리케이션을 찾아볼 수 있는 기회를 얻을 수 있었구요, 제가 가장 좋아하는 일을 배울 수 있게 되었지요."[6] 이 연구참여자는 자신의 일 중에서 마음에 꼭 드는 부분을 찾아냈고, 그 과제에 더 많은 시간과 에너지를 투여할 수 있는 방법을 만들어냈다. 이러한 과정을 통해 그녀는 자신의 강점을 더 효과적으로 활용할 수 있게 되었고, 자신의 흥미와 가치를 더 직접적으로 만족시킬 수 있게 되었으며, 자신이 좋아하는 일을 하면서 더 좋은 성과를 올릴 수 있게 되었다. 이 모든 것들이 소명에 따른 삶을 살아가는 사람들의 특징이라고 말할 수 있다. 그녀가 이러한 태도를 유지하면서, 직업에서 요구되는 다른 과제들을 성공적으로 수행해나갈 수 있다면, 그녀의 상사도 최소한 그녀만큼은 행복해할 것이다.

잡크래프팅에서 과제를 추가한다는 것은, 원래 수행하기로 했던 과제에다가 자신이 진정으로 좋아하고 가치를 두는 부가적인 과제를 더하는 행동을 가리킨다. 예를 들어, 비영리기관에 근무하는 또 다른 연구참여자는 이런 이야기를 해주었다. "우리 기관에는 다 같이 점심식사를 하는 연례행사가 있습니다. 이번에 저는 접수처를 담당하게 되었어요. 원래는 제가 도착하기 전에 코디네이터가 준비해두기로 한 것들이 있었습니다... 하지만 저는 직접 준비작업을 했어요. 왜냐하면 그건 제가 잘해낼 수 있는 일이었고, 새로운 도전과제는 제가 좋아하는 것이었거든요. 또 저는 상황을 스스로 통제하는 것도 즐기는 편이어서요. 맡은 일을 간단히 끝마치고 갈 수도 있었지만, 저는 오랫동안 남아서 적극적으로 일을 도왔습니다."[7] 이 연구참여자는 사실 그날 했던 일을 할 필요가 없었지만, 스스로 자원해서 일을 도왔다. 왜냐하면 그 일을 하는 것 자체가 스스로에게 주는 것이 있었기 때문이었다. 자신의 강점을 활용할 수 있는 기회, 도전과 통제, 숙련에 대한 본인의 욕구를 만족시킬 수 있는 기회를 얻었던 것이다. 접수처를 운영하면서, 그녀는 일의 내용이 자신의 재능에 적절하게 맞아들어갈 수 있는 범위를 적극적으로 확장할 수 있었다.

버그, 브제스니에프스키, 더턴 교수의 연구는 두 가지 중요한 점을 보여준다. 첫째, 과제 크래프팅은 현재 하고 있는 일을 당신이 변화시킬 수 있는 대상으로 만들어준다. 우리 모두는 조직에서 근무하고 있는 한 꼭 수행해야 하는 과제목록들을 가지고 있다. 물론 그 중에는 우리의 소명과는 거의 관련없어 보이는 것들도 있다. 소명을 따라 살고 있는 사람도 일하지 않아도 되는 삶이 가장 이상적이라고 말할 수 있다. 거의 대부분의 사람들은 자신이 사랑하는 일을 하기 위해, 정말 하기 싫은 과제의 요구를 견뎌내야 하는 상황에서 살고 있기도 하다. 그럼에도 불구하고 외적 제한요소들이 허락하는 범위 내에서, 어떤 직업을 가지고 있는 사람이든지 특정한 과제를 조율할 수 있는 잠재력을 가지고 있고(예 : 새로운 웹 도구와 어플리케이션에 대해 배우기), 원래는 요구되지 않았던 과제들을 추가할 힘을 가지고 있다 (예 : 접수처 운영하기). 그 과정을 통해 우리는 현재 하고 있는 일을 소명에 더 가깝게 다가가도록 만들 수 있는 것이다. 둘째, 과제를 조율하거나 추구하는 것은 거의 언제나 놀라울만큼 쉬운 일이다. 자신의 업무과제를 효과적으로 조율한다는 것은 전체적인 일을 점검한다는 것을 의미하는 것이기 때문이다. 그리고 우리 모두에게, 극적이며 대단한 변화를 만들어낸다는 것은 사실 거의 불가능하기 때문이다. 효과적인 과제 크래프팅의 목적은 현실의 삶에 있는 매우 작은 것에서 시작하는 것이다. 예를 들어, 레스토랑 종업원이나 출납원이 조금 더 시간을 내어 고객들과 이야기를 하고, 교사가 조금 더 시간을 내어 각 학생들에게 개인적인 가르침을 제공하고, 상담자가 개인상담 내담자들을 모아 애도집단을 주 1회 운영하는 것 등이 있을 수 있다. 과제 변화가 자신의 일을 과일케이크에서 당근케이크로 바꾸는 것이라면, 과제 추가는 케이크에 설탕장식을 하는 정도를 의미한다. 어느 쪽이든, 케이크는 더 맛있어질 것이다.

2) 관계 크래프팅

학계에 큰 영향을 준 논문 "소속의 욕구 : 기본적인 인간 동기로서의 상호애착에 대한 갈망"에서 로이 바우마이스터(Roy Baumeister)와 마크 리어리(Mark Leary)는 사람들은 서로 어울리고 싶어하는 뿌리깊은 바람을 가지고 있다고 주장했다. 사람들은 관계를 통해 무엇인가를 얻고 있다고 생각한 것이다.[8] 우리가 5장에서 살펴보았듯이, 사회 속에서 살고 있는 사람이라면 생존을 위해 다른 사람의 도움을 필요로 하며, 주위와 어울리게 되면 지속적으로 다양한 심리적 혜택을 궁정적인 방향에서 경험할 수 있다. 이 주장은 삶의 다른 영역들과 마찬가지로, 일을 하는 공간에서도 적용된다. 직장에서 동료들과 더 강하고 더 긍정적인 관계를 맺게 되면, 의미를 경험할 수 있는 수준과 일에 대해 느끼는 행복감의 정도도 더 커지게 된다. 또한 일터에서의 긍정적인 관계는 소명의 핵심적인 요소인 친사회적 행동을 할 수 있는 기회도 더 많이 만들어줄 것이다. 과제 크래프팅과 마찬가지로, 관계 크래프팅은 현재 유지하고 있는 관계의 특징과 질을 변화시켜줄 뿐 아니라, 새로운 관계를 맺는 것도 도와준다.

우리가 큰 대학의 연구교수라는 역할을 맡게 되었을 때, 약간 놀랐던 것은 학문적인 생활방식을 택했을 때, 얼마나 쉽게 고립될 수 있는가 하는 점이었다. 물론 다른 생각을 가지고 있는 사람도 있겠지만, 우리는 교수 전용 식당에서 점심 뷔페를 먹는 것을 즐기지 않았고, 해피아워에 맥주 한잔을 하면서 친밀하게 철학적 토론을 하는 것도 우리에게는 매우 드문 일이었다. 우리 대학은 생산적인 연구 프로그램을 독자적으로 운영하는 것을 강조하고 있었기 때문에, 우리의 컴퓨터 스크린에는 모든 동료들과 학생들을 합친 것보다 더 많은 페이스 타임 화면이 떠 있었다. 특히 라이언은, 학과의 특성상 독자적으로 행동하는 것이 더 강화되는 분위기였다. (하필이면 매우 외향적인 성격을 가지고 있는) 라이언은 처음 2년 동안 이러한 상황에 힘들어했고, 무엇인가를 결정해야 하는 시기에 도달했다.

현재 시스템을 있는 그대로 받아들이고 그것에 적응해야 할 것인가, 아니면 일터에서 더 강한 관계경험이 가능하도록 노력할 것인가? 라이언이 이런 생각을 했던 바로 그때, 우연히도 복도 끝 방에서 일하고 있는 한 명의 동료 또한 동일한 결론에 도달했다. 이 학교에서 30년을 근무했던 그 사람은 5년 이내에 은퇴하겠다는 의사를 대학에 전달한 것이다.

그때까지 그 동료와 라이언은 그다지 많은 이야기를 해보지는 않았지만, 그는 라이언에게 학문적인 경력을 종료하는 것에 대해 느끼는 슬픈 감정을 털어놓았고, 자신이 떠난 후에 사람들에게 어떻게 기억될지에 대해 궁금해 했다. 그 오랜 기간 동안 같은 학과에 있는 사람들과 거의 이야기를 안 해보았다는 사실을 떠올리며 말이다. 두 사람은 곧바로 모든 사람이 고립된 생활을 하는 학과의 문화에 대한 불안을 가지고 있는 사람으로서 유대감을 느꼈다. 라이언은 이런 제안을 하였다. "2주에 한번씩 같이 점심을 먹는 건 어때요?" 격주에 한 번씩 이루어지는 그들의 점심 모임은 오늘날까지 이어지면서, 각자의 전문적 경력에서 일어나는 다양한 일들을 나누고, 개인적인 삶에 대해서도 자연스럽게 이야기할 수 있는 기회를 제공해주고 있다. 이와 같은 관계 크래프팅은 사실 매우 쉽게 이루어질 수 있다. 그리고 라이언에게는, 점심식사를 하는 수준의 최소한의 시간과 에너지를 투자하는 것으로 엄청나게 큰 혜택을 받을 수 있는 방법이었다.

일터의 대인관계 문화를 개선시키는 것은 관계 크래프팅의 핵심적인 성과이지만, 그 외에 가능한 일도 많다. 버그와 동료들이 진행한 연구에 참여했던 한 고객서비스 담당자는 자신에게 일을 잘 해내기 위한 새로운 스킬과 지식을 가르쳐줄 수 있는 동료들과의 네트워크를 구축하였다. "저는 제가 적극적으로 나서서 주문사항을 처리해주는 사람들과 친해지려 애썼어요. 사실 제가 담당한 분야는 아니었지만, 주문처리과정이 어떻게 이루어지는지에 대해 관심이 많았고... 배우고 싶었거든요. 사실 동료들에게 정말 많은 것을 배울 수 있었고, 그들로부터 배운 것이 제 일을 하는 데에도 도움이 되었어요. 주문과정이 어떻게 진행되는지를 더 잘 알게 되면서, 고객에게도 더 잘 설명할 수 있게 되었으니까요."

물론, 효과적인 관계 크래프팅이 항상 한 개인의 사회적 네트워크를 확대해주거나, 기존의 관계를 더 강화시켜주는 것은 아니다. 때로는 전략적으로 관계에 개입하는 것을 줄이는 것이 더 긍정적인 성과를 낳기도 한다. 버그와 동료들의 연구에 참여했던 한 고참 관리자는 이런 이야기를 해주었다. "제가 함께 일했던 상사는 종종 사전 작업을 매우 많이 하기를 원하는 경우가 있어서, 그 상사와는 상호작용을 줄이려고 노력했었어요. 예를 들어, 제 생각에 30분 정도면 충분히 논의할 수 있는 일에 대해, 그 상사는 기본적으로 두세 시간 동안 회의를 하려고 했어요. 물론 전반적으로 그녀와 함께 일하는 것은 즐거웠고, 같이 재미있는 일도 많이 만들었지만, 어떤 종류의 상호작용은 많이 하는 것이 좋지 않다고 느꼈었지요. 그래서 훨씬 더 짧은 시간에 논의할 수 있는 이슈인데, 일단 회의를 시작하면 길어질 것을 뻔히 아니까, 일부러 그 회의 한 시간 후에 다른 회의를 잡아서, 그 이상 회의를 못 하도록 하곤 했지요."[9] 적절한 긍정적 상호작용을 증가시키고, 부정적인 상호작용을 감소시키는 방향으로 관계를 변화시키면서 사람들은 보다 지속적으로 자신의 소명을 추구할 수 있다. 최종 목표는 일터에서 만나는 사람들과의 긍정적 상호작용의 전체적 양과 질을 최대화시키는 것이기 때문이다.

3) 인지 크래프팅

크래프팅의 세 번째 종류는 인지 크래프팅(cognitive crafting)이다. 인지 크래프팅이란 업무과제의 종류나 일에 관련된 관계, 일의 의미 수준에 대한 자신의 지각을 재정의하는 작업들을 포함한다. 인지 크래프팅의 핵심은 한 개인이 자신의 직업 자체가 어떻게 달라지든지에 상관없이, 스스로의 직업에 대해 생각하는 방법을 변화시키는 것을 의미한다. 가장 기본적인 작업으로는, 자신의 직업이 가지는 특성, 목적, 영향력에 대해 보다 새롭고 발전된 방법으로 생각하는, 간단한 태도 변화를 들 수 있겠다. 이 전략은 특히 구조화가 잘되어 있는 직업(예: 생산직, 통행료 수금원, 트럭 운전기사)을 가지고 있는 사람에게 도움이 된다. 자신의 과제 자체나 일터에서의 관계를 적극적으로 변화시킬 수 있는 여지가 그다지 많지 않은 경우 말이다.

더 깊은 이야기를 하기 전에 버그, 브제스니에프스키, 더턴의 잡크래프팅 연구에 참여한 사람들이 경험한 인지 크래프팅 사례를 몇 가지 듣고 가도록 하자.

한 브랜드 매니저는 자신이 담당하고 있는 업무과제를 어떻게 정의했는지에 대해 이야기해주었다. "저는 '아름다움'에 대한 열정을 가지고 있는 사람이에요. 제가 하고 있는 일을 사랑하는 이유는요, 마케팅을 통해 사람들이 아름다움에 대해 생각하는 방법에 영향을 미칠 수 있기 때문이지요. 아름다움에는 정말 다양한 기준이 존재하고 있기 때문에, 사람들이 아름다움에 대해 다양하게 생각할 수 있도록 도와줄 수 있어요. 예를 들어, 저는 스스로에게 이렇게 질문을 던져봅니다. '이건 궁극적인 아름다움인걸까, 아니면 아름다움에 대해 떠올릴 수 있는 또 다른 이미지가 있는 걸까?' 저는 사람들이 아름다움에 대해 생각하는 방법을 변화시킬 수 있는 기회를 제공해줄 수 있어요."[10] 이 브랜드 매니저의 계약서상에는, 사람들이 아름다움에 대해 생각하는 방법을 변화시키는 것에 대한 내용은 절대 없을 거라 장담한다. 하지만, 그녀에게 있어서 로고와 광고를 제작하고, 마케팅 캠페인을 설계하는 모든 노력은 기본적으로 사람들이 아름다움에 대해 가지는 시가에 대해 영향을 미치는 작업인 것이다. 또 다른 고객서비스

담당자는 이런 이야기를 해주었다. "저는 좋은 일을 하고, 제가 맡은 일을 하는 것에도 열정을 가지고 있지만, 기본적으로 제가 해야 하는 일(평범하게 전화 걸기)을 넘어서서 고객들에게 더 잘 대처하는 일에 열정을 가지고 있어요. 기술적으로만 보았을 때, 제가 맡은 일은 주문을 받고 접수시키는 것이에요. 하지만 저는 일을 하면서, 고객들에게 즐거운 경험을 선사하고 싶어요. 긍정적인 경험을요. 그렇게 되면, 제 일은 그저 숫자를 입력하는 것 이상의 의미가 있는 것이니까요."[11] 역시, 직무기술서의 내용은 한 세트의 책임행동들(전화를 받고 주문을 접수하기)로 구성되어 있지만, 그녀가 보기에 이 과제들은 더 중요하고 의미있는 목적을 가지고 있는 것이다. 고객들에게 긍정적이고 즐거운 경험을 제공하는 것 말이다.

한번 비교해보자. 자신의 일은 아름다움을 홍보하는 통로라고 생각하는 브랜드 매니저와, 직무기술서에 명시된 행동목표를 달성하는 데에만 관심을 두고 있는 브랜드 매니저 중에서, 일을 하는 데 있어서 더 많은 의미감을 경험하는 사람은 누구일까?

자신의 일은 고객에게 즐거운 경험을 제공하는 것이라고 생각하는 고객관리 담당자와, 전화응답과 주문접수에 대한 주별 목표실적을 채우는 것에만 초점을 맞추고 있는 고객관리 담당자를 비교해보면 어떤가? 고용주의 입장에서도 생각해보자. 이 두 사람 중에서 어떤 사람을 채용하고 싶은가?

특정 과제를 재정의하거나, 전체적인 직업에 있어서 의미있는 것이 무엇인지에 대해 재정의하는 전략은 사람들이 스스로의 일에 대한 지각을 변화시키는 작업을 하는 데에 도움이 된다. 이와 같은 변화를 통해 조직구성원들이 자신의 직업을 더 의미있게 보거나, 더 친사회적인 시각으로 보게 될 때, 그 영향력은 가장 강하게 발휘될 것이다.

핵심은 자신의 직업에 대해 크래프팅을 하게 되면, 소명에 직접적으로 관련된 시각을 가질 수 있다는 것이다.

앞에서 언급했던 매기 가르자의 이야기를 떠올려보자. 매기는 잡 크래프팅의 세 가지 요소를 모두 경험한 멋진 실례라고 말할 수 있다. 자신의 직업에서 핵심적으로 수행해야 하는 일들(병원을 청소하고 살균작업을 하는 것)을 열심히 하면서, 그녀는 다른 과제들을 추가하였다. 환자들에게 필요한 것이 있는지를 물어보고, 간호사와 음식 메뉴, TV 리모콘 등 그들이 원하는 것을 찾아주는 일 말이다. 매기는 직무 기술서의 관계적 경계선을 확장한 것이다. 환자와 보호자들과 함께 의미있는 상호작용을 하면서 말이다. 그들에게 힘을 북돋아주고, 농담을 건네고, 환영받고 있다는 느낌과 돌봄을 받고 있다는 느낌을 전해주는 일을 하였다. 그녀는 자신의 직업은 기술적으로 정의하고 있는 과제들을 넘어선 다양한 일들로 구성되어 있다고 생각하였다. 매기에게 있어서 자신의 직업은 질병으로 고통받고 있는 어린이들에게 수준높은 돌봄 서비스를 제공하는 것이었다. 자신의 직업에 대해 이런 접근방법을 사용하는 매기의 모습은 제인 더턴과 동료들이 28명의 병원 청소원들을 인터뷰한 연구결과와도 일치한다.[12] 인터뷰 결과를 분석해보니 참여자들은 두 그룹으로 나누어졌다. 한 그룹은 명확하게 직무기술서에 명시된 내용에 초점을 맞추고 있었다. 출퇴근시간을 지키고, 근무시간 동안은 꼭 해야 하는 최소한의 과제들을 수행했다. 그리고 동료들과의 상호작용은 가능한 한도내에서 최대한 줄이려고 했다. 이 그룹은 청소작업을 좋아하지 않았고, 청소란 그다지 높은 수준의 기술을 요구하지 않는 일이라고 이야기했다. 그리고, 직무기술서에 명시된 내용 이외의 일에 대해서는 하고 싶어하지 않았다. 또 다른 그룹은 매기와 같은 접근방법을 쓰고 있는 청소원들이었다. 그들은 자기주도적으로 부가적인 과제를 수행하고 있었다. 자연스럽게 환자나 고객, 병원 스탭들과 이야기를 나누었고, 전체적인 시스템이 더욱 원활하게 진행될 수 있는 방법으로 작업일정을 계획하였다(예 : 일의 흐름이 최대한 효율적으로 흘러갈 수 있도록 일상적인 일들의 스케줄을 짜기). 이 청소원들은 환자를 치료한다는 더 넓은 목표가 잘 달성될 수 있도록 하는 과정에서 본인이 핵심적인 역할을 맡고 있다는 생각을 하고 있었다. 자, 여기서 다시 한 번 질문을 해보고 싶다. 어떤 그룹이 자신의 직업에서 더 많은 의미를 경험할 수 있을까? 당신이 병원에서 함께 일하고 싶은 그룹은 어느 쪽인가?

당신의 직업을 크래프팅하는 방법

이제 잡크래프팅을 시도해볼 준비가 되었는가? 지금까지 과제와 관계, 직업에 대한 인지적 시각을 크래프팅하는 것에서 얻을 수 있는 혜택을 설명하였다. 아마 크래프팅은 매우 매력적이고, (쉽게 혹할 만큼) 단순해 보일 것이다. 하지만, 제대로 시도를 해보기 전에 준비작업을 꼭 할 것을 권하고 싶다. 잡크래프팅에서 가장 중요한 요소는 의심할 것도 없이, 마음의 준비를 하는 것이다.[13] 회의적인 마음과 그다지 내키지 않는 태도를 가지고 잡크래프팅 작업을 시작한다는 것은, 효과적으로 좋은 성과를 낼 가능성을 감소시키게 될 것이고, 결국은 시작을 할 때보다 더 의기소침해진 상태가 될 가능성이 농후하다. 당신의 직업은 절대 변할 수 없도록 돌에 새겨져 있는 것이 아니라, 스스로의 노력을 통해 충분히 변화가능한 것이라는 것을 믿을 필요가 있다. 크래프팅을 할만한 기회를 찾아보자. 그리고 적극적인 실험을 통해 일상적인 업무 과정에서 최소한의 작은 변화를 만들어내자. 그리고 꾸준하게 지속적으로 노력을 해서, 작은 성공경험들을 축적하고 필요한 시기에 더 큰 변화를 창출해 낼 수 있도록 하는 거다.

잡크래프팅의 선구자 - 버그, 더턴, 브제스니에프스키 - 들은 '잡크 래프팅 훈련(Job Crafting Exercise)'이라는 것을 개발하였다. 이것은 그들이 연구를 통해 발견한 전략들을 구성원들이 배우고, 실제 행동 에 옮기기 위한 방법을 계획하는 과정을 조력하기 위해 설계된 도 구이다. 독자들 중에서 버그와 동료들이 개발한 공식적인 연습과정 을 경험해보고 싶은 분이 있다면(우리는 꼭 한번 해보기를 권하고 싶다), www.jobcrafting.org에서 관련 자료를 구입할 수 있다.

이제부터는 조금 더 비공식적인 방법을 소개해보려고 한다. 당신 의 현재 직업을 크래프팅할 수 있는 기회들에 대한 탐색 작업을 시작 하는 데 도움이 될 거라 생각한다.

당신의 업무과제를 정리해보자

가장 처음으로 해야 할 일은, 현재 직업에서 당신이 해야 할 과제 들의 목록을 만드는 것이다. 일기장을 써도 좋고, 그냥 빈 종이를 사 용해도 좋다. 가장 윗부분에는 "현재의 직업"이라고 쓰고, 3개의 열 (column)을 만들어서 "낮음", "보통", "높음"이라고 각각 표시해보자. 각 열에는 매일매일 해야 하는 다양한 과제들의 목록을 적는다. 각 과제가 필요로 하는 시간과 에너지의 수준에 따라 나눠보도록 하자. "낮음" 열에는, 그다지 많은 노력이 필요하지 않은 작은 과제들 대여 섯개를 적고, "높음" 열에는 많은 시간과 에너지를 투자해야 하는 과 제를, 그리고 그 중간 성격의 과제를 "보통" 열에 적으면 된다. 예를 들어, 당신이 초등학교 교사라면, "낮음" 열에는 "학생들의 책상과 의 자를 정리하기"를, "높음" 열에는 "수업하기"를 적으면 될 것이다. 자신이 하는 일에 따라 과제의 수는 달라지겠지만, 각 열에는 대여섯개 정도의 과제를 적어보도록 하자. 작업을 완료한 후에는, 잠깐 시간을 갖고 방금 만든 표를 평가해보자. 정말 이 표가 직장에서 평균적인 당신의 하루를 잘 보여주고 있는지에 대해 말이다.

당신의 재능을 정리해보자

또 한 장의 종이를 꺼내서, 맨 위에 "재능(gifts)"이라고 써보자. 우리는 이 재능이라는 단어를 매우 광범위하게 생각하고 있어서, 흥미, 능력, 성격, 업무관련 가치관을 설명할 때에도 모두 활용한다. 여기에서는 조금 더 단어의 범위를 넓혀서, 버그와 더턴, 브제스니에프스키가 초점을 맞추었던 세 가지의 개인적 특성을 포함시켜보려고 한다. 동기, 강점, 열정까지 말이다. 아까와 마찬가지로 열을 세 개 만들고, 각 열에 "동기", "강점", "열정"이라고 제목을 붙여보자.

"동기" 열에는 당신이 현재의 직업을 통해 얻고 싶은 성과를 다섯 개 정도 적어보자. 예를 들어, 재정적 안정, 행복, 의미있는 관계, 변화 만들기 등이 있을 수 있다. "강점" 열에는 당신의 직업에 적용할 수 있는 강점들을 적어보자. (4장에서 해보았던, "최상의 상태일 때의 당신(you at your best)" 연습을 참고해보면 좋겠다.) 사람들과의 네트워킹, 컴퓨터 프로그래밍, 문제해결, 명상, 발표하기 등이 있다. 그리고 "열정" 열에는, 당신이 가지고 있는 열정 중에서 가장 강한 열정들(가장 큰 흥미를 가지고 있거나, 가장 큰 가치를 두고 있는 것), 특히 현재의 직업에 적용할 수 있는 것을 적어보자. 사람들의 배움을 도와주는 것, 멘토링, 혼란스러운 상황을 정리하기, 설득하기, 창의적인 일을 하기 등이 있을 수 있겠다.

통합적 과제와 재능

세 번째 종이에는 "새롭게 개선한 계획(New and Improved)"이라는 제목을 적어보자. 이제부터 할 일은, 업무 과제를 자신의 재능과 통합하여, 스스로의 동기와 강점 및 열정을 가장 활용하고 싶은 방법으로 일에 적용해보는 것이다. 이 작업을 하기 위해서는, 우선 '현재의 직업' 기록지와 똑같이 3개의 열을 만들어야 한다. "낮음", "보통", "높음". 그리고 '현재의 직업' 기록지에 적은 과제를 "새롭게 개선한 계획" 기록지로 옮기면 된다. 이 때에는, 각 과제마다 어느 정도의 시간과 에너지를 투자하기를 바라는지를 고려할 필요가 있다. 예를 들어, 부모들과 그들의 자녀에 대해 이야기하는 행동이 이전에는 "낮음" 열에 있었지만, 앞으로는 당신의 일 중에서 더 큰 부분을 차지하기를 원한다면, "보통"이나 "높음"열로 옮겨서 적으면 된다. 이 작업을 할 때에는 미래에 대한 꿈을 크게 꿀 필요도 있지만, 현실에서 발을 떼지 않아야 한다. 역량개발을 위한 계획 수립을 하는 행동이 현재 매우 많은 시간을 차지하고 있는데도, 그 행동을 "낮음" 열에 쓰는 것은 말이 안된다. 하지만 전략을 수정하는 과정에서(예 : 더 높은 수준의 공부를 하기 위해 신중하게 공부계획을 짜기, 기존에 자주 사용하던 계획들을 다시 검토해보기), 계획을 짜는 데 있어서 시간을 보다 효과적으로 활용하게 되었다면, 당연히 "보통" 열에 적어도 좋겠다.

당신의 가치관을 반영할 수 있는 방향으로 업무 과제를 재구조화하는 과정에서는, 몇 가지의 공통 주제를 찾을 수 있을 것이다. 주제별로 업무들을 묶어보고, 각 주제의 이름을 붙여보자. 예를 들어, 그룹 강의와 1대1 교육은 "직접적으로 학생들의 학습을 조력하기"라는 주제 아래 묶일 수 있다. 교육계획 짜기, 학부모 면담하기, 다른 교사들에게 조언하기 등의 행동은 "간접적인 학생 지원"이라는 주제로 묶어볼 수 있겠다. 최소한 세 가지 정도의 주제를 찾아보도록 하자.

"새롭게 개선한 계획" 기록지에 당신의 현재 일들을 이상적인 방향으로 바꾸어 적어본 다음, 스스로의 재능을 찾아보자. 과제 목록에서 도출된 주제들을 살펴보는 거다. "재능" 기록지(당신의 스스로의 동기, 강점과 열정을 적은 내용)를 다시 한 번 점검해보면서, 그 주제들을 지지하는 재능들을 찾아보고, "새롭게 개선한 계획" 기록지의 각 항목 옆에 적어보도록 하자. 예를 들어, 의미있는 대인관계를 원하는 당신의 동기는 "간접적인 학생 지원" 주제와 자연스럽게 연결될 수 있다. 이 주제에 포함된 일들은 서로를 지지하는 업무 관계를 촉진하기 위해 학부모들과 동료 교사들과의 상호작용을 하는 것이기 때문이다. 마찬가지로, 문제해결에 대한 당신의 강점과, 사람들의 학습을 도와주고자 하는 당신의 열정은 "직접적으로 학생들의 학습을 조력하기" 주제에 잘 맞을 것이다. 한 가지의 동기, 강점과 열정은 동시에 한 개 이상의 주제에 해당될 수도 있다는 것을 기억하고, 자유롭게 각 특성들이 어울리는 주제를 찾아보자. 이 작업을 마치게 되면, 당신의 일이 어떻게 변화할 수 있을지에 대해 직접 눈으로 볼 수 있는 자료를 갖게 된다. 또한, 이 자료를 통해 우리는 스스로가 소명에 대해 어떻게 이해하고 있는지에 대해서도 정리해볼 수 있을 것이다.

행동에 옮기기

이 과정의 마지막 단계는 당신이 가상적으로 만든 "새롭게 개선한 계획"을 조금 더 현실에 가깝게 만들기 위한 행동 계획을 수립하는 것이다.

과제 크래프팅, 관계 크래프팅, 인지 크래프팅을 이 단계에서 활용할 수 있을 것이다. 이 작업을 꼭 당신 혼자서 해내야 할 필요는 없다. 상담자를 찾아가도 되고, 4장에서 이름을 떠올려보았던 HR 담당 임원에게 도움을 요청해도 되며, 신뢰할만한 동료에게 의논을 해도 된다. (편안하게 다가갈 수 있다면) 직속 상사에게 부탁하는 것도 물론 좋다. 이들에게 당신의 "새롭게 개선한 계획" 기록지를 검토해달라고 요청하고, 좀더 현실적으로 적절한 접근방법에 대한 아이디어가 있는지 부탁을 해서, 현재 하고 있는 일이 당신의 소명에 더 가까워질 수 있게 하는 방법을 찾아보도록 하자.

특정한 잡크래프팅 기회들을 찾아낸 후에는, 한 주 정도 실험기간을 가져보자. 아무리 작은 것이더라도 매일 최소 3개 정도의 행동을 한다는 약속을 자신과 하는 것이다. 일기에 오늘 했던 행동들을 적어보고, 각 행동의 효율성에 대해 평가하면서 성과를 기록해보자. 그리고, 진행상황에 대해 상담자와 친구, 동료 및 상사와 함께 검토해보도록 하자. 어느 정도는 위험감수도 해보고, 불편하게 느꼈던 행동도 해보면서, 현재 상태를 변화시키는 도전과제에 참여해보자. 본래 잡크래프팅이란 업무과제, 업무관계, 자신의 일에 대해 생각하는 시각, 뭔가 다른 일을 해보는 것을 뜻하기 때문이다. 하지만 이것은 자신의 직업에 대해 매우 큰 불만을 가지고 있는 사람을 포함해서, 누구에게도 쉽지 않은 이야기이다. 몰입의 수준을 강화하고, 존재 가능한 기회들을 찾아보고, 다양한 전략을 시도해보기 위해 기꺼이 위험을 감수하고자 하는 태도는, 특히 안정적인 상황을 선호하는 사람들에게 잡크래프팅의 과정 중에서 가장 도전적인 단계가 될 것이다. 하지만, 혹 당신의 성향이 그렇다 해도 걱정할 필요는 없다. 잡크래프팅에서의 첫 번째 실험은 커다란 변화나 성장을 목표로 하지 않는다. 아니, 오히려 그러지 말아야 한다. 잡크래프팅 전문가들은 시작 단계에서는 작은 행동이 가장 바람직하다고 추천한다. 작은 행동은 작은 성공을 만들어내고, 이 작은 성공들이 모여서 커다란 성공이 되기 때문이다. 잡크래프팅 과정이 진행됨에 따라, 당신은 조금 더 정교하게 계획하여 위험을 감수하고자 하는 마음이 생기게 될 것이다.

잡크래프터에게 한 가지만 더 조언을 해주자면, 시도해보고자 하는 잡크래프팅 유형을 적절하게 선택하게 되면, 성공 확률 또한 높아질 수밖에 없다는 사실이다.

이 때문에, 우리는 당신이 스스로 가지고 있는 재능을 기억하고, 자신의 동기, 강점, 열정과 밀접하게 연결된 크래프팅 전략을 선택하기를 바란다. 당신이 독일 수입차에 열정을 가지고 있고, 창의적인 문제 해결에 강점을 가지고 있는 차량정비사라면, 이 재능들을 강화할 수 있는 크래프팅 기회들(예 : 상사와 함께 폭스바겐과 BMW를 더 많이 수입해올 수 있는 마케팅 전략을 설계하기)을 고려해보는 것이 좋겠다. 만약 당신이 대인관계 기술이 좋고, 긍정적인 관계 구축에 가치를 두는 사람이라면, 직장에서의 관계 네트워크를 강화시킬 수 있는 전략(예 : 매월 해피아워 – 역주 : 할인가격이나 무료로 음식이 제공되는 서비스 타임 – 를 기획하기, 점심시간에 직원들의 생일을 축하해주는 케이크 구입 기금 조성 아이디어를 내어 경영진을 설득하기, 직장내 멘토링 프로그램을 구축하기 위한 지원 받기 등)에 초점을 맞출 필요가 있다. 가장 중요한 것은, 크래프팅 활동들을 당신의 재능과 일치하도록 계획해서, 결과적으로 현재 하고 있는 일이 이상적인 형태로 구성되도록 하는 것이다. 즉, "새롭게 개선한 계획" 기록지에 적힌 대로, 최종적으로는 당신의 소명대로 살아갈 수 있도록 말이다.

직업은 결혼에 비유할 수 있다

성공적인 잡크래프팅은 어떤 것인지 더 잘 상상해보려면, 직업이란 결혼과 비슷한 것이라고 생각하면 좋겠다. 50년이 넘는 시간 동안, 연구자들은 결혼한 사람들이 어떻게 행복을 유지하는지, 그리고 결혼기간이 길어짐에 따라 행복의 수준은 어떻게 변화하는지에 대해 연구해왔다. 연구결과는 특별히 긍정적이지는 않다. 평균적으로 결혼기간이 길어질수록, 결혼에 대한 불행감 수준은 높아지는 편이었다.[14] 이 결론은 꽤나 기운이 빠지는 내용이지만, 이 연구에서 잘 알려지지 않았던 또 다른 결론은 고려해 볼만하다. 평균적으로 결혼한 사람들은 시간이 지나감에 따라 행복도가 낮아지기는 하지만, 어떤 사람들은 지속적으로 행복감을 느끼고 있었고, 결혼기간이 길어짐에 따라 오히려 행복감이 더 증가되는 사람들도 있었다. 이 사람들의 공통점은 무엇이었을까? 물론 다양한 특성들을 보이기는 했지만, 공통적인 특징을 보면, 이 사람들이 결혼에 대해 행복감을 느끼는 이유는, 나에게 꼭맞는 사람과 결혼했다는 것 때문이 아니라, 부부관계를 튼튼하게 만들고 행복수준을 유지하기 위해 정말 열심히 노력했다는 생각 때문이었다.

이 사람들은 부부간의 소통을 더 잘하기 위해 새로운 방법을 익히려고 애썼고, 정기적으로 같이 좋은 시간을 보내려고 했으며, 서로에 대해 더 많은 것을 이해하려고 노력했고, 서로의 삶에서 중요한 사람으로서 기능하려고 했다. 그들은 오랜 기간 동안 매우 적극적이고 주도적으로 결혼의 강점과 약점에 대해 함께 의논하는 모습을 보였다.

몰입과 노력, 인내심이 어떻게 행복감을 낳는지에 대해 매우 명확한 근거를 보여주는 연구는 중매결혼을 한 부부들을 대상으로 한 연구이다. 중매결혼은 동남아시아, 아프리카, 중동지역의 일부 문화에서 이루어지고 있는 결혼의 형태이다. 'Scientific American(역주 : 미국 과학잡지)'에 실렸던 로버트 엡스타인(Robert Epstein)의 논문을 보면, 중매결혼을 한 부부들은 시간이 지남에 따라 행복감의 수준이 더 높아진다는 보고를 자주 하는 것으로 나타났다. 이 결과는 "연애결혼"을 한 대부분의 부부들에게서 나타나는 결과와는 정반대이다.[15] 엡스타인은 중매결혼을 한 부부들이 행복감을 유지하는 것보다는 행복감을 만들어가는 데에 더 중점을 두고 있기 때문에, 장기적인 행복감을 낳을수 있는 방법으로 관계강화에 더 많은 시간과 에너지를 투자한다는 분석을 하였다. 당신이 가장 원했던 것이 아니었던 업무환경에서 일을 하고 있다면, 상상했던 것만큼 완벽하지 않은 일을 하고 있다면 – 결혼에 대한 연구결과와 마찬가지로 –, 이제 당신은 선택을 할 수 있다. '내가 원했던 일이 아니었는데'라는 생각에 집착하다가 불행해질 것인지, 현재의 일을 그만두고 다음 일은 나에게 꼭 맞는 것일 거라는 희망을 가지고 떠나갈 것인지, 아니면 적합도를 높이기 위해 노력하고, 적응하고, 일이 잘 될 수 있도록 애쓸 것인지 말이다. 잡크래프팅은 당신이 마지막 선택을 할 수 있도록 도와줄 수 있다.

자기 자신의 직업을 소명이라고 생각하는 태도는 다양한 요소들에 의해 영향을 받을 수 있다. 스스로의 재능과 직업간의 적합도를 통해 직접적이거나 간접적으로 지각되는 초월적 부름, 직업이 강한 목적감과 의미, 그리고 더 큰 선에 기여할 수 있는 방법을 제공해주는 정도들 말이다. 7장에서는 현재의 직업을 소명으로 전환하는 도전과제에 대해 살펴보았다. 이 과제의 풀이는 당신이 하고 있는 일과 소명으로 생각되는 것과의 적합도를 높이는 일을 통해 가능해질 것이다.

과제 크래프팅, 관계 크래프팅과 인지 크래프팅은 개별적으로, 그리고 통합적으로 현재의 직업이 이상적인 모습과 더 가까워질 수 있도록 하는 방법을 제공해준다. 잡크래프팅은 어떤 직업이라도 완벽한 직업으로 만들어줄 수 있을까? 항상 그렇지는 않을 것이다. 하지만 크래프팅 작업이 효과적으로 이루어진다면, 이상적인 방향으로 상황들이 만들어질 것이고, 일과 재능간의 적합도가 높아질 것이며, 더 강한 의미감을 느낄 수 있게 될 것이고, 더 큰 선을 위해 기여할 수 있는 새로운 경로가 만들어질 것이다. 이 책을 통해 우리가 지속적으로 주장해왔듯이, 소명이란 단 한번에 발견되는 것이 아니라, 다른 사람들에게 도움을 줄 수 있도록 당신의 재능을 의미있게 사용할 수 있는 방법으로 일을 평가하고 재구성하는 지속적인 과정이라고 생각하는 것이 가장 좋다. 확실히, 소명에 대해 사람들을 인터뷰하면서 우리가 배웠던 가장 중요한 교훈들 중의 하나는, 자신의 열정을 생생하게 유지하는 것이야말로 소명을 찾는 데 있어서 매우 중요하다는 사실이다. 잡크래프팅은 업무 과제나 업무 환경이 당신이 견뎌낼 수 있는 수준을 넘어설 만큼 급격하게 변화하면서 위협을 가할 때에도, 소명에 대한 의식을 놓치지 않도록 지속적으로 업무특성을 만들어갈 수 있는 유용한 전략들을 다양하게 제공해줄 것이다.

직업 외의 분야에서의 소명

Callings outside of Paid Work

직업 외의 분야에서의 소명

Callings outside of Paid Work

폴 프리스터(Paul Priester)는 요식업 분야에서 다양한 일을 하면서 자신의 경력을 시작했다. 주방의 많은 선배들과 마찬가지로,[1] 그는 알코올과 코카인에 중독이 되었다. 하지만 지금의 상태를 지속하게 되면 파국적인 결과가 될 거라는 사실을 깨달은 후에는 치료를 받아 회복되었다. ("그야말로 나의 첫 번째 소명은 술에서 깨거나 아니면 죽는 것이었다"고 그는 회상했다.) 폴은 인생의 변화를 기대하면서 자신의 진로 경로에 대해 진지하게 생각하기 시작했다. 상담을 잘 마친 물질남용자들 중에는 자신이 엄청난 경험을 했다는 것을 알게 되어, 자기가 만났던 악마를 극복하도록 다른 사람들을 도와주겠다는 강한 소명의식을 가지고 치료를 마치는 사람들도 있다. 폴의 상담 경험은 인생이 통째로 바뀌는 것은 아니었지만 ("정말 형편없는 상담자를 만났어요. 너무 효과가 없어서, '아, 오히려 내가 더 잘 할 수 있겠어. 내가 사람들에게 더 좋은 도움을 줄 수 있을 것 같아'라는 생각이 들었어요"), 결과는 같았다. 준전문가 훈련 과정을 찾아서, 스스로 물질남용 상담자로서 활동하기 시작한 것이다.

물질남용자 종업원에서 물질남용 상담자로의 폴의 여정은 직선도로는 아니었다. 그의 여정은 굴곡과 장애물로 가득했는데, 설명하기는 어렵지만, 우연처럼 보이는 일련의 사건들이 그가 장애물을 극복하도록 도와주었다. 한 번은 아이오와시에 있는 한 병원에서 새 일자리를 얻어 병원에서 한 블록 정도 거리에 있는 집을 찾고 있었는데, 우연히도 싸고 좋은 아파트에서 이사하려고 하는 옛 친구를 만나게 되었다. 막 이사하려고 할 때, 낡고 녹슨 그의 차가 그만 수명을 다하고 말았다. 그런데 그의 고물차 엔진이 연기를 뿜고 있다는 것을 알지도 못하는 친척 아주머니가 난데없이 전화를 걸어 자기가 쓰지 않는 차를 주겠다고 했다. "제 말이 무슨 말인지 아세요? 저기에 장애물이 있었는데 곧바로 해결이 된 거예요. 내가 바른 길을 가려고 하니까 장애물이 서서히 사라져 버리는 것 같았어요. 좋은 에너지를 느꼈고, 그로 인해 힘이 나는 것 같았어요. 신의 뜻이 나와 함께 해주기를 열심히 기도했는데, 응답이 와서 장애물이 바로 해결되었던 거예요."

폴은 노숙자 쉼터나 지역사회의 치료센터에서 봉사하는 일을 좋아했다. 그는 자신의 소명을 실천할 뿐만 아니라 그의 범위를 더 확장할 수 있는 길을 찾고 있었다. 어느 날 한 교수에게 조언을 구했다. "그 분이 저에게 '나라면 심리학 박사학위를 받겠어요'라고 해서 깜짝 놀랐어요. 제게는 너무 멀고 불가능한 일 같았거든요." 하지만 바로 그때부터 폴의 목표는 심리학 박사가 되었다. 석사 학위를 마치고 GRE(Graduate Record Exam)를 준비할 때는, 가고 싶은 대학의 사진

을 붙여놓고 스스로에게 동기를 부여하였다. 폴은 몇 개 대학의 박사
과정에 지원해놓고 좋은 소식을 기다렸지만, 불행히도 합격 소식은
오지 않았다. 불합격이 거듭되자 폴은 침울해졌다. "정말로 장애물이
나타나서 사라지지 않는 것 같은 느낌이었어요. 이 길은 내 길이 아
닌가 싶었었죠." 하지만 이 시기에 딸이 태어났고, 아버지가 되자 삶
의 우선순위에도 변화가 생겼다. 얼마 동안의 집중적인 기도와 진지
한 자기성찰 끝에 그는 심리학 진로에 대한 소명을 피할 수 없다는
결론을 내렸다. 폴은 자존심을 누르고 용기를 내서, 1년 동안 가까운
병원의 연구실에서 자원봉사를 하고 공부하면서 두 번째 GRE 지원
을 위한 자격을 보완하였다. 노력의 결실이 있었다. 1년 후 폴은 그
의 재능에 완벽하게 맞는 박사 과정에 입학할 수 있었다.

프리스터 박사(Dr. Priester)가 된 폴은 두 곳의 대학을 거쳐, 지금
은 시카고의 노스 파크 대학의 교수로서 자기 일을 사랑하는 사람이
되었다. 그는 강의와 연구를 하고, 두 개 학과의 학과장을 맡고 있으
며 자주 해외 출장을 가야 하는 컨설팅 업무를 수행하고 있다. 이 모
든 일들은 폴이 소명이라고 생각하는 것이며, 신이 문을 열어 그를
인도하고 그의 길을 위협하는 장애물들을 제거해주었다는 믿음을 강
화시켜 주었다. 이 모든 일을 회상하면서 폴은 자기가 좋아하는 일을
하면서 다른 사람들을 위해 재능을 의미 있게 사용할 수 있다는 것이
얼마나 큰 행운이었는지를 깨닫고 깊이 감사하였다. 폴의 이야기는
드라마틱한 성공 스토리이다. 알코올과 코카인에 중독된 식당 종업원
에서 열정적인 교수, 생산적인 연구자, 효율적인 행정가, 그리고 국제
적인 컨설턴트로, 폴은 생계를 유지할 뿐 아니라 엄청난 차이(global
difference)를 만들어냈다. 그의 이야기가 동화였다면, 우리는 '그리고
영원히 행복하게 살았습니다' 라는 문장으로 마무리했을 것이다.

그런데 폴의 이야기는 지금부터가 훨씬 더 흥미진진하다. 사람들은 폴이 그렇게 길고 엄청난 여정을 마쳤으니 이제 만족할거라고 생각할 것이다. 그런데 그렇지 않았다. 폴은 확실히 교수로 봉사하라는 소명을 받았다고 생각했지만, 계속되는 또 다른 부름에 관심을 기울여 두 번째 소명을 찾았다. 그것은 유기농 농장을 운영하는 것이었다. "지금은 전혀 다른 방향에서 부름을 받고 있어요. 학문과는 거리가 먼 곳에서 완전한 소명의식을 느끼면서 말이죠. 학문을 정말 좋아하고 만족하긴 하지만, 지금은 그것이 약간 이차적이 된 것 같아요. 제게 가장 중요한 것은 이 작은 유기농 농장이에요. 또 한 번 순수한 소명의식을 느끼고 있어요."[2] 폴이 자기 농장에 대해 말하는 것을 직접 듣는다면 그의 끊임없이 솟아오르는 기쁨에 감동을 받게 될 것이다. 닭 우는 소리를 듣고 일어나 봄에 씨를 뿌릴 풍요로운 땅을 준비하기 위해 거친 일에 어울리는 데님옷을 입고 장화를 신는다는 이야기를 해주면서, 폴은 목소리가 높아졌고 그의 커다란 미소는 훨씬 더 커졌다. 무엇보다도, 지금은 이차적인 소명이 되었지만, 여전히 사랑하는 본업이 있다는 사실이 신나게 해주는 것이다.

이제까지 우리는 일의 영역에서 소명의 의미를 탐색하는 데 중점을 두었다. 일터에서 의미 있게 자기의 재능을 사용하고 그것을 통해 변화를 만들 수 있게 해주는 초월적인 부름(transcendent summons)을 받은 사람들이 어떻게 경력을 쌓아 가는지를 설명했다. 그런데 소명은 경력과 관련된 현상 그 이상이다. 이 주제에 대한 초기의 교육에서도 이 점을 강조했었고, 이 문제에 대한 우리의 연구 결과도 매우 분명하다. 사람들은 삶의 많은 영역에서 소명을 인식한다는 것이다. 물론 일 외에서 소명을 추구하거나 다양한 소명들을 충족시키려고 할 때는 상황이 복잡해질 수도 있을 것이다. 따라서 이 장의 목표는 사람들이 일 외의 삶의 영역 - 그림, 우정, 여가 등 - 에서 소명을 지각할 때 어떤 경험을 하는지, 일의 안팎에서 다양한 소명들을 경험한다는 것이 어떤 의미인지를 탐색하는 것이다. 어떻게 하면 폴처럼 활기차게, 한 가지 소명이 다음 소명을 삼켜버리거나 충성심의 균형이 깨지는 것에 압도되거나 염려하지 않고, 효과적으로 당신의 소명들을 실천할 수 있을까?

소명존재와 소명추구

약 7년 전 처음으로 소명에 대한 연구를 시작했을 때, 우리는 소명의 존재를 경험하는 정도와 소명을 찾고 있는 정도, 이 두 가지를 효과적으로 측정하는 문항 몇 개를 간단한 척도에 포함시켰다. 이 척도는 이후 4문항의 간편 소명 척도(Brief Calling Scale: BCS)가 되었다.[3] 우리는 연구 참여자들에게 각 문항에 대해 5점 척도로 - (1) 전혀 그렇지 않다 (2) 약간 그렇다 (3) 그렇다 (4) 대체로 그렇다 (5) 정말 그렇다 - 응답해달라고 하였다. 다음과 같은 질문에 당신은 어떻게 답하겠는가?

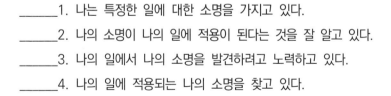

_____1. 나는 특정한 일에 대한 소명을 가지고 있다.
_____2. 나의 소명이 나의 일에 적용이 된다는 것을 잘 알고 있다.
_____3. 나의 일에서 나의 소명을 발견하려고 노력하고 있다.
_____4. 나의 일에 적용되는 나의 소명을 찾고 있다.

채점방법은 쉽다. 1번과 2번 문항의 점수를 더하면 간편 소명 척도의 '소명존재'(BCS Presence of Calling Scale) 점수가 된다. 3번과 4번 문항을 더하면 간편 소명 척도의 '소명추구'(BCS Search for Calling Scale) 점수가 된다. 대학생의 경우, 소명존재 척도 평균은 6.2점, 소명추구 척도 평균은 5.4점이었다.[4] 다양한 직업들을 대표하는 성인 직장인의 경우에는, 소명존재 점수는 대학생 평균과 비슷했지만(평균 6.1), 소명추구 점수는 더 낮았다(평균 3.9).[5] 이는 많은 성인 직장인들이 현재 자기의 소명을 실천하고 있고 대학생보다는 덜 적극적으로 진로탐색을 하고 있다는 점을 고려한다면, 이해할만한 결과이다. 잠시 동안 이 표집들의 평균과 당신의 점수를 비교해보자. 통계적으로 말하면, 당신이 학생이든 일하는 성인이든 간에, 소명존재 점수가 9점 이상이면 소명 경험에서 전체의 상위 16% 안에 든다는 의미이다. 소명추구의 경우, 대학생이 8점 이상을 받거나 일하는 성인이 7점 이상을 받았다면, 소명추구에서 상위 16% 안에 있다는 것을 의미한다. 당신의 결과는 어떠한가?

우리는 이 간단한 척도를 각계각층의 많은 사람들에게 실시해보았다. 이 두 척도를 사용한 연구에서 나타난 다소 모호한 결과 중의 하나는 특정 직업에 대한 소명이 있는 것과 소명을 추구하는 것의 관계의 본질이었다. 잠시 멈춰 서서 이 두 차원이 서로 어떤 관련이 있는지를 생각해보자. 아마도 대부분의 사람들처럼 당신도 소명이 있는 것과 소명을 추구하는 것은 하나가 상승하면 다른 것은 감소하는 역상관 관계라고 추측할 것이다. 다시 말하면 소명이 있다는 지각이 강할수록 소명을 덜 추구할 것이고, 소명을 더 많이 추구할수록 소명을 덜 갖고 있을 것이라는 기대이다. 이렇게 기대할 만하고, 사실 이는 우리의 초기 가설과 같은 것이다. 그런데 연구 결과는 다른 이야기를 하고 있었다.

BCS를 사용한 우리의 거의 모든 연구에서 소명존재와 소명추구

간의 상관은 아주 작거나 거의 없었다. 그렇다. 이 두 개념은 기껏해야 약간의 상관이 있을 뿐이다. 다른 말로 하면, 어떤 사람의 소명존재 점수가 높거나 낮다는 것이 그의 소명추구 점수에 대해서는 아무 말도 해주지 않으며, 그 반대도 마찬가지라는 것이다. 어떻게 그럴 수 있을까?

이 두 척도의 점수는 본래 독립적이기 때문에, 우리는 응답자들을 거의 동일한 크기의 네 집단으로 나눌 수 있었다.

1. 소명과 무관한 사람들, 소명이 없거나 소명을 추구하지 않는 사람들
2. 소명이 없지만 갖고 싶어서 추구하는 사람들
3. 소명이 있고 만족하며, 그래서 적극적으로 소명을 추구하지 않는 사람들
4. 소명이 있지만 지속적으로 소명을 추구하는 사람들

네 번째 집단은 어떤 것 같은가? 소명이 있는 직장인들을 인터뷰한 자료와 BCS보다 좀 더 정교한 (소명지각과 소명추구 간에 *강한 정적 상관을 보이는*) 소명 척도로 수집한 자료를 통해 소명이 있으면서 또 추구하고 있는 사람의 프로파일이 밝혀지기 시작했다. 이 사람들은 일에 대한 소명을 단일 사건이 아니라 지속적인 과정으로 보았다. 이들은 자기의 소명을 유지하고, 증진시키고, 확대하는 방법을 지속적으로 찾으면서, 현재의 영향력을 확장할 수 있는 새로운 진로경로로 이동하고 있었다. 그뿐 아니라 이 네 번째 집단의 사람들은 전통적인 일 역할을 넘어서서 삶의 다른 영역들에서 소명을 추구하는 모험을 열심히 하고 있었다. 폴의 프로파일이 그랬다. 그는 약물남용 상담자라는 직업에서 자기의 소명을 실천하고 있다고 느꼈지만 거기서 멈추

지 않고 그 소명을 증진시키는 길을 추구하였다. 그것이 다른 역할로 이동한다는 것을 의미하더라도. 후에 그는 박사학위를 취득하여 교수가 되기로 결심하였다. 교수로서의 자기 직업을 온전히 즐기면서 그것이 자기의 소명을 실천하는 길이라고 보았지만, 폴은 계속 소명을 추구하여 마침내 땅을 사서 경작하는 것에서 부름을 받았다고 느끼게 되었다. 이제 그의 취미인 농업은, 그의 관점에서는, 그의 첫 번째 소명이 되었고, 교수직은 여전히 중요하지만 이차적인 것이 되었다.

직업 외의 분야에서 소명을 찾는 사람들

임금을 받는 일 외에도 다양한 삶의 역할 안에서 소명을 추구할 수 있다고 보는 시각은 철학자와 신학자들에게는 지지를 받았지만 사회과학자들에게는 별로 관심을 받지 못했다. 우리의 연구와, 임금을 받는 일로서의 소명이라는 전형적인 틀에 맞지 않는 내담자들과의 진로상담 경험에 의하면, 직업 외의 분야에서 소명을 경험하는 사람들은 주로 두 가지 범주로 나뉘는 것 같다. 첫 번째는 여러 가지 이유 때문에 자신의 소명인 직업에서 일할 수 없거나 임금을 받는 일에서 소명을 느끼지 못해서, 그 대신에 삶의 다른 영역에서 소명을 찾기로 한 사람들이다. 두 번째 집단은 자기 진로에서 강한 소명의식을 가지고 있지만 그럼에도 불구하고 삶의 다른 역할들에서도 소명을 추구하는 폴과 같은 사람들이다.

일 외의 분야에서 소명을 찾아 보상하는 사람들

부유해서 돈을 벌어야 할 필요가 없는 사람들을 제외한 (이렇게 사는 것도 왠지 멋질 것 같다) 대부분의 사람들은 많은 시간과 에너지를

투자하여 일을 해야 한다. 자기 진로에서 소명을 계발하는 것이라는
주장은 전형적으로 일이, 적어도 정규직 노동자(또는 그러고 싶은 사람)
에게는, 삶의 중심 역할이기 때문에 가능하다. 하지만 많은 사람들은
자신이 선택하지 않았고 좋아하지 않는 직업, 부담이 큰 직업, 잡크래
프팅을 통해 상황을 개선시키려는 노력도 소용없어 보이는 직업들을
갖고 있다. 여러 가지 이유를 고려하면 차라리 그 일을 포기하는 편
이 나을 수도 있지만, 사람들은 이직이 대안이라고 생각하지도 않는
다. 이런 경우에는 어떻게 하는 것이 좋을까?

　어떤 상담자는 진로상담의 첫 번째 목표를 내담자가 만족스럽고
의미 있는 삶(일이 중요한 부분)을 사는 데 필요한 것을 갖추도록 돕는
것이라고 설명한다. 우리는 다음과 같은 표현이 의미를 분명하게 전
달할 수 있기 때문에 늘 즐겨 사용해왔다: 인생은 일을 넘어서는 어
떤 것이다(life is about more than work). 이 책에서 우리는 자기 일
에서 소명을 경험하는 사람들에게 소명이 주는 혜택을 검토하였다.
소명의식은 진로와 관련된 이익뿐만 아니라 전반적인 웰빙과 연결되
어 있다. 만약 소명이 다른 사람의 이익을 위해 의미를 만들거나 표
현하도록 자기 재능을 사용하는 수단을 제공하는 것이라면, 이런 유
익을 위해 소명을 *일에서* 경험할 필요는 없다. 그와는 반대로 어디에
서든 소명을 실천하기만 하면 된다. 삶의 다른 역할에서 – 이상적으로
는 아주 중요한 역할에서 – 소명을 느끼는 것도 일에서 소명을 경험하
는 것만큼이나 좋을 수 있고, 어쩌면 훨씬 더 나을 수도 있다. 이러
한 입장을 취하는 사람들은 자기 직업을 소명으로 보지는 않지만, 다
른 중요한 삶의 역할에서 소명을 찾아 보상하는 전략을 가지고 있기
때문에 우리는 이들을 보상자(compensators)라고 부른다. (아이러니하
게도 일을 통해 소명을 실현하는 데 드는 비용을 마련한다는 점에서 어떤 사

람에게는 여전히 일이 중요할 수도 있다. 가령 하역업에서 얻은 수입으로 아이들을 위한 고품질의 장난감을 만드는 데 필요한 재료를 구입하여 주말에만 목각 일을 하는 사람도 있다.)

하지만 소명을 다른 곳에서 추구하고 일터에서는 소명과 관련 없는 삶을 사는 사람들이 모두 보상 전략으로 그렇게 하는 것은 아니다. 전업 부모 같은 사람들은 부모로서의 소명에 집중하라는 부름을 받았다고 느끼기 때문에 직업을 갖지 않는다. 첫 아이가 생기면 수면 패턴(그리고 수면의 양)에서부터 여가, 삶에서 가장 중요하게 생각하는 것까지 모든 것이 바뀌고, 부모의 역할은 추상적인 미래의 가능성이 아니라 핵심적인 삶의 역할, 즉 그들의 정체성의 중심이 된다. 거의 모든 문화에서, 특히 (모두 그런 것은 아니지만[6]) 여성들은, 부모는 자녀를 양육하는 데 엄청난 시간과 에너지, 정서적인 투자를 해야 한다는 사실을 인정하고 이를 떠맡는다. 그 노력이 결코 쉬운 것이 아닌데도 대부분의 부모들은 쉽게 이러한 투자를 하겠다고 생각한다. 한 부모의 소명에 대한 인터뷰 내용을 들어보자.

늘 가장 먼저 떠오르는 생각은 아이들이 우선이고, 아이들의 필요를 채워주기 위해 나를 좌절시키는 것들, 내가 하고 싶은 것들을 밀어두어야 한다는 거예요. 낮에는 대부분 재미없는 사소한 일들을 해요. 피곤하지만 일어나야 하죠. 아이들이 좋은 아침을 맞을 수 있도록, 학교에 가서 즐거운 하루를 보낼 수 있도록 활짝 웃으면서 일어나야 합니다. 그런 날은 제게도 좋은 날이에요. 나도 더 누워 있고 싶고, 짜증이 나기도 하지만, 의식적으로 그런 마음을 누르고 아이들에게 행복한 얼굴을 보여주기로 한 것이니까요.[7]

이 부모는 양육 뿐 아니라 삶의 모든 영역에 적용되는 소명의 효과를 보여준다. 소명의 초점은 늘 그녀의 마음속에 있어 확실한 동기를 주며, 그것을 실현하는 데는 개인적인 희생이 요구된다 - 그리고 그녀는 행복하게 그렇게 한다.

물론 이와 같이 인터뷰 연구에서 얻은 자료는 어떤 주제에 대한 통찰을 줄 수 있을 뿐이다. 이러한 문제를 연구하는 데는 양적 연구도 필요하다. 자신의 부모 역할을 소명이라고 생각하면 개인의 웰빙과 부모로서의 효율성이 높아질까? 호주의 연구자인 저스틴 쿨슨(Justin Coulson), 린제이 오데스(Lindsay Oades), 제라드 스토일스(Gerard Stoyles)는 소명으로서의 양육 연구를 통해 이 질문에 대한 답을 얻기 위해 500명이 넘는 부모들의 자료를 수집하였다. 자기 일에서 소명을 갖는 것의 효과 연구와 마찬가지로 양육을 소명으로 접근하는 태도도 삶의 더 큰 행복 및 의미와 연관이 있었다. 참여자들은 부모 역할을 소명으로 볼수록, 양육의 즐거움이 더 컸고, 양육을 중요하게 보고 만족하였으며, 그것을 짐으로 보는 경향은 덜하였다. 이 모든 관계는 통계적으로 큰 의미가 있었는데, 이는 양육을 소명으로 보는 것이 심리적인 만족과 아주 밀접한 관련이 있었다는 것을 의미한다. 하지만 양육을 소명으로 접근하는 것이 참여자의 실제 자녀양육 스타일과 얼마나 관계가 있는지는 분명치 않았다. 수십 년간의 양육 연구에서는 권위 있는(authoritative) 양육 스타일(따뜻하고, 관여적이고, 성격이 좋고, 민주적이고, 사랑이 많지만 한계가 분명한 부모)이 권위주의적(authoritarian) 스타일(적대적인, 처벌적인, 훈련교관 같은 부모)이나 허용적인(permissive) 스타일(무엇이나 허용해주는, 나쁜 행동을 무시하는, 가장 친한 친구 같은 부모)에 비해, 아동의 학업 성취에서부터 사회적 발달, 좋은 행동까지 모든 면에서 더 효과적인 것으로 나타났다.[8] 쿨슨과 동료들은 부모 역할을 소명으로 보는 것이 건강한, 권위 있는 스타일과 관련이 있다는 것을 발견하였다. 다시 말하면, 부모 역할을 소명으로 접근하는 부모는 자기 일을 소명으로 생각하는 사람들과 똑같은 보상을 받으며 (예 : 의미 있음, 만족, 즐거움), 이와 동시에 좀 더 효과적인 부모역할을 하는 경향이 있었다.

자녀가 있는 (또는 자녀를 원하는) 사람들은 많은 부모들이 양육을 소명으로 접근한다는 사실에 별로 놀라지 않을 것이다. 즉 양육은 사람들의 일에 대한 소명만큼이나 의미 있고 가치 있는 것이며, 아마도 대부분의 경우 그 이상일 수 있다. 하지만 일이나 양육 외의 다른 삶의 영역, 즉 유기농 농장, 도예, 음악, 교회일, 정치 활동 등과 같은 영역에서의 소명은 어떨까? 이와 같은 소명을 지각하는 사람들은 어떤 사람들이며, 어떻게 소명을 실천할까? 일이나 양육 외의 영역에서의 소명이 있다는 것이 무슨 의미인지를 탐색한 유일한 연구를 7장에서 언급했었다. 저스틴 버그(Justin Berg), 아담 그랜트(Adam Grant), 빅토리아 존슨(Victoria Johnson)은 일터에서 소명을 실천하지 못하고 있다면, 소명은 무엇이라고 생각하는지에 대해 31명의 사람들을 심층 면접 하였다.[9] 연구 참여자 31명은 모두 직업이 있었고, 그 중 22명은 "부가적인 소명(additional callings)"에 대해 분명하게 언급해주었다. 이런 소명의 대상이 되는 활동으로는 원예, 법, 상담, 음악, 목회, 스탠드업 코미디, 사진 등 다양한 형태를 가지고 있었다. 이 22명 모두 자기 소명과 일치하지 않는 직업에 종사하고 있었지만, 일 외의 분야에서 찾은 소명을 활용하여, 삶 전반에서 좀 더 효과적으로 의미와 목적의식을 가질 수 있었다.

버그와 동료들은 대학에서 강의를 하는 페기(Peggy)의 예를 들었는데, 그녀는 현재 하고 있는 일에서 아동심리학에 대한 소명을 실천할 수 없다고 느끼고 있었다. 페기의 이야기를 들어보자.

　지난 5년 동안, 저는 로날드 맥도날드 하우스에서 자원봉사를
했어요. 그 곳은 자녀가 아파서 입원해 있을 때 가족들이 머무는 집
이에요. 제 생각에는 흥미와 만족감을 주는 것을 일치시키는 것이
중요한 것 같아요. 이건 제가 아이들과 질병에 관심이 있다는 사실
이상의 어떤 것이에요. 저는 고등학교 때 필라델피아에 있는 아동병
원의 놀이치료실에서 봉사하고, 아이들이 병을 견뎌내는 것을 지켜
보면서, 아이들을 더 잘 이해하고 돕기 위해 무언가를 하고 싶다고
생각했어요. 오랫동안 그런 생각을 가지고 있었기 때문에, 자원봉사
를 하면서도 저의 흥미를 만족시켜주는 것을 찾고 있는 거죠.[10]

　어딘가에 소명이 있다고 생각하는 또 다른 대학 강사인 앤디(Andy)
도 유사한 관점을 가지고 있었다. "대학 강사로 일하는 이유 중 하나
는 소설을 쓰고 싶기 때문이에요. 당장은 돈을 벌지 못하지만 마음속
에서는 가르치는 것보다 그것이 더 중요한 거죠. 만약 누군가 나에게
글을 쓰지 말라고 했다면, 나는 한 인간으로서의 내가 누구인지를 알
지 못했을 거예요."[11]

　페기와 앤디는 아이들과 함께 일하고 소설을 쓰겠다는 각자의 소
명을 오랫동안 간직해왔다. 이 둘은 보상자로서 시간과 경제적인 수
단을 제공하는 대학 강사라는 꽤 융통성 있는 직업을 활용하여 직업
외의 분야에서 소명을 추구하였다. 페기와 앤디가 일에서 소명을 실
천할 수 있었다면 더 나았을까? 아마도 그럴 수 있었다면, 자신의 소
명에 더 많은 시간을 투자하고, 일치와 통합감을 더 강하게 느낄 수
있었을 것이다. 하지만 여러 가지 이유 때문에 많은 사람들이 자신의

소명과 일치하는 일을 하지 못하고, 또 크래프팅 작업을 통해 자기 일을 변화시키기도 어렵다. 특히 이런 상황에서는, 중요한 삶의 다른 역할에서 자신의 소명을 추구하는 것이 자신의 재능을 의미 있게 사용하여 더 큰 선에 기여하게 해주는 길이 될 것이다.

일의 내부와 외부에서 소명을 추구하는 사람들

폴 같은 사람들은 일의 내부와 외부에서 소명을 추구한다. 이 사람들은 인생에 대해 매우 열정적이다. 대부분 자기 일에서 재능을 사용하여 타인에게 봉사하는 것에 만족해하지만, 이들은 삶의 다른 영역에서도 소명을 확인하고 실천하려고 노력하면서, 계속해서 좀 더 효과적인 길을 찾고 있다. 어떤 이들은 소명을 근로자에서부터 배우자, 부모, 시민에 이르기까지 그들이 하고 있는 삶의 모든 역할과 관련이 있다고 생각한다. 이 소명들은 서로 얼마나 유사한가? 다양한 소명들을 추구하는 사람들은 이 소명들을 똑같이 알아차리고 각각의 소명에 유사하게 접근하는 것일까? 어떻게 지치지 않고 다양한 소명에 동시에 에너지를 투자하는 것일까?

연구자들은 이런 질문들을 하기 시작했다. 연구자들이 연구해온 다양한 소명에 관한 시나리오 중 하나는 여성들이 자기 일과 부모 역할 둘 다에서 소명을 받았다고 느끼고 그 소명들을 동시에 실천하려고 애쓴다는 것이다. 한 연구에서 연구자들은 어린 자녀들을 양육하면서 종교 관련 대학에서 일하는 11명의 어머니들을 인터뷰하였다.[12] 이 일하는 어머니들은 자기의 일과 어머니로서의 소명의 차이점에 대해 이야기하였는데, 거기에서 드러난 한 가지 주제는 일에 대한 소명은 인생 초반에 발달하는 반면 ("내가 가르치고 싶어 한다는 것을 아마도 7학년 아니면 8학년 때 알았을 거예요."[13]), 어머니에 대한 소명은 종종 자녀가 태어난 이후에 갖게 되었다는 것이었다. 또 다른 차이는 그들이 각 역할 안에서 자기들의 소명을 설명하는 방식에 있었다. 어머니들은 일 소명을 설명할 때 "드라이브", "열정", "열망", "의무" 같은 단어를 사용하였고, 부모에 대한 소명에 대해서는 "기회"와 "책임" 같은 단어들을 사용하였다. 한 여성은 이렇게 말했다. "의사가 되겠다는, 추구해야 하는 분명하고 확고한 열망이 있었다. 하지만 엄마가 되겠다는 확고한 열망은 없었다. 그냥 그렇게 되었다."[14]

이 여성은 어떻게 이 두 가지 소명의 균형을 잡았을까? 각 소명마다의 요구를 감안할 때 분명히 두 가지 소명에 동시에 투자하고 만족하기 위한 투쟁이 있었을 것이다. 이러한 투쟁의 역동을 이해하기 위해 당신의 시간과 에너지가 일과 가사에 약 50대 50으로 나뉜다고 상상해보자. 이 연구에서 두 가지 소명을 받은 대부분의 여성들은 약 75%의 시간과 에너지를 한 가지 소명에 할당했을 때 가장 만족했다고 기술하였다. 불행히도 우리는 시간과 에너지를 100% 밖에 사용할 수 없으니, 75%가 한 소명에 투자되는 동안 나머지 소명은 당연히 방치될 것이다. 이 연구의 일하는 어머니들은 두 가지 소명 모두에 투자하기 위해 삶의 다른 영역을 희생하거나(예 : 잠을 줄이기, 운동을 줄이기), 혹은 아주 운 좋은 몇 사람의 경우, 가정과 직장에서 큰 지지망을 가지고 있었다.

학계의 소명을 받은 기독교인 어머니들에게 초점을 맞춘 또 다른 더 큰 연구에서,[15] 한 참여자가 자기 경험을 이렇게 설명하였다. "저는 두 가지 소명을 가지고 있다고 느꼈습니다[가르치는 것과 양육]. 저는 이 두 가지에 헌신했고, 나머지는 모두 옆으로 밀려났지요."[16] 이 연구의 인터뷰에서 드러난 주제들은 위에서 기술된 연구결과를 지지하였고, 또한 동시에 아주 중요한 점을 보여주었다. 즉 소명은 공동의 경험(collective experience)일 수 있다는 점이다. "당신은 혼자 살라고 부름을 받은 것이 아니에요. [그리고] 당신의 소명을 혼자서 실천할 수도 없어요"[17]라고 한 여성이 말했다. 소명들은 관계의 맥락 안에서 일어나며, 소명을 실천하는 데는 반드시 타인으로부터의 이해와 지지가 필요하다. 또 다른 참여자는 실제로 그의 가족 안에서 이것이 어떻게 나타났는지를 설명해주었다.

제가 소명을 가지고 있고, 그것이 단순한 야망 이상이라는 것을 온 가족이 느끼고 있어요. 이 소명은 제 개인적인 것 이상인 거죠. 제 생각에는 딸을 포함한 가족들이 저를 위해서 소명이 이루어지도록 도와주어야 한다는 책임감을 느끼고 있었던 거 같아요. 가족들의 소명이 이루어지도록 도와주는 것이 제 책임인 것처럼 말이죠. 아마도 이러한 우리 가족의 협동심 안에, 우리는 함께라는 의식 안에, 이 소명은 정말로 우리를 위한 신의 계획이라는 생각이 있는 것 같아요.[18]

이 두 연구의 인터뷰 자료는 다양한 소명의 균형은 삶을 풍요롭게 하는 동시에, 전혀 과장 없이, 커다란 도전과제일 수 있음을 보여준다. 확실히 다양한 소명을 유지하는 데는 각각의 소명들에 대한 지속적인 투자가 필요하다. 서커스의 접시돌리기를 한 번 떠올려보자. 서커스 단원이 접시와 그릇을 막대기 끝에 재빨리 올려놓고 돌리면 그 회전력으로 접시가 바닥에 떨어지지 않게 된다. 이 접시에서 다른 접시로 옮길 때마다 접시를 다시 돌려 회전 속도를 유지하고, 접시가 바닥에 떨어져 깨지지 않게 해준다. 그 일은 감동적이지만 그만큼 힘들어 보이기 때문에, 이를 잘 하는 단원은 박수를 받을 만하다. 다양한 소명을 유지하는 것에 대해서도 똑같이 말할 수 있다. 잘 하기 위해서는 고도의 투자, 신중한 계획 및 우선순위 세우기, 타인의 많은 지지가 필요하지만, 효과적으로 잘 수행하면 자신과 타인에게 미치는 이익이 엄청난 것이다.

일 외의 분야에서 소명을 실천하는 전략

사람들은 종종 소명이 삶의 특정한 역할을 넘어서는 것이라고 생각한다. 가령, 폴은 유기농 농원을 풍성한 농장으로 만들어 가족과 타인의 몸에 좋은 건강한 농산물을 키우는 데 열정을 쏟는 것이 소명이라고 생각했다. 이 소명을 본업(full-time job)으로 추구할 수도 있었을 것이다. 폴은 매 주 엄청난 시간과 에너지를 농장에 투자하는 것 같았다. 하지만 그를 인터뷰할 당시 폴은 교수, 행정가, 자문가로서의 역할을 이차적으로 생각하고는 있었지만, 그것들을 포기할 생각은 없었다. 의식적으로든 잠재적으로든 그는 자신의 가치에 기반한 소명들에 우선순위를 두었고, 농장을 최우선으로 생각했음에도 불구하고 일차적인 소득원을 포기하지 않고 부수적으로 농사를 지음으로써 위험 부담을 덜고 있었다. 게다가 그는 본업을 여전히 소명이라고 생각하고 있기 때문에 그것을 포기할 생각은 없었다. 일의 내부와 외부에서 소명의 균형을 잡는 일에는 이러한 내적 타협이 필요하다. 개인이 일의 내부에서 소명을 느끼든 아니든, 임금을 받는 일의 외부에서 소명을 추구하는 것은 그것 자체의 어려움이 있다. 대부분 일이 아닌 영역에는 일이 가지고 있는 구조와 외부의 지원이 부족하기 때문이다. 일의 외부에서 소명을 찾거나 다양한 소명의 균형을 잡으려는 사람들에게 이것은 무슨 의미일까? 당신이 이러한 의문을 갖고 있다면, 이 험한 지역을 탐험하는 당신에게 다음 세 가지 전략이 도움이 될 것이다.

1) 핵심적 소명과 주변적 소명 구분하기

어떤 사람들은 자신에게 다양한 소명, 즉 여러 가지의 삶의 역할이 있다고 생각한다. 그들은 종종 앞에서 보았던 이유들 때문에 어려움을 겪는다. 각각의 소명이 요구하는 것을 지속적으로 충족시킬만한 시간과 에너지가 충분하지 않다는 것이다. 이 주제를 알아보기 위해 6장에서 보았던 삶의 역할들이라는 개념으로 돌아가, "역할"이라는 말을 "소명"으로 바꿔보자. 우리는 어떤 시점에서 핵심적(core) 소명과 주변적(peripheral) 소명을 가질 수 있다. 핵심적 소명은 중심적인 것으로 꽤 많은 시간과 에너지를 요구하고, 많은 관심을 받는 반면, 주변적 소명들은 대개 선반 위에 올려두었다가 필요할 때 쓰는 물건 정도의 관심을 받게 된다. 어떤 사람은 꾸준히 주변적 소명에 가치를 두기도 하지만, 대개는 핵심적 소명이 훨씬 더 중요하기 때문에 주변적 소명은 별 관심을 받지 못한다. 어떤 소명의 중요성은 상대적이어서 언제라도 변할 수 있다는 것, 즉 지금의 핵심적 소명들이 항상 핵심적인 것은 아니고, 시간이 지나 상황이 바뀌면 주변적 소명들이 전면에 나설 수도 있음을 이해한다면, 이런 시나리오를 견디는 데 도움이 될 것이다. 양육을 소명으로 경험하게 되면, 양육 초기에는 엄청난 시간과 에너지가 요구될 것이다. 하지만 아이들이 자라 독립하면서, 이 소명은 시간과 에너지를 덜 요구하며 주변적 소명으로 이동하게 되고, 결국은 빈 둥지들이 나타날 것이다. 결과적으로 현재의 이차적 소명이 나중에는 일차적 소명이 될 수도 있는 것이다.

브라이언의 소명들에 대한 이야기를 살펴보도록 하자. 그는 현재 자기 삶에서 가장 지배적인 세 가지 역할인 부모와 배우자, 근로자로서의 역할 안에서 소명의식을 유지하고 있다. 지금은 여가활동을 위한 시간을 내지 못한다. 관심이 없어서가 아니라 다른 소명들이 우선시되기 때문이다. 하지만 미술에 대한 잠재적인 열정이 주변에 숨어 있다. 대학에서 미술을 전공하려 했었던 브라이언은 새로운 창작 방식을 배워서 해보고, 그림을 좋아하는 사람들에게 그의 작품들(가치 있는 것들)을 줄 기회가 오기를 바라고 있다. 가끔씩 이 소명에 참여할 기회가 오기도 한다. 지난 10년 동안 두 분의 할머니가 암으로 돌아가실 뻔 했다. 그 때마다 일에 대한 소명은 잠시 덜 중요해졌고, 브라이언은 30시간, 50시간씩 시간을 들여 할머니들의 초상화를 그리곤 했다. 초상화를 그리면서, 브라이언은 슬픔에 대처하고 그분들의 삶과 유산을 돌아볼 시간을 가졌으며, 할머니들의 마지막 시간을 기쁘게 해드릴 수 있었다. 하지만 초상화가 완성되고 나면, 그림을 그리는 일은 주변부로 물러났고, 아직까지는 거기에 머물러 있다.

당신이 다양한 소명을 느끼고 있다면 목록을 한 번 만들어보자. 지금 당신의 핵심적 소명은 무엇인가, 나중에 당신의 역할들이 재구성될 때까지 어떤 소명을 잠시 넣어 두는 것이 좋을까? 당신의 가치에 맞추어 시간과 에너지를 투자해보자. 당신의 핵심적, 주변적 소명들을 체계적으로 확실하게 해두면, 소명을 가장 잘 성취할 수 있는 방법을 아는 데 도움이 될 것이다.

2) 핵심적인 일 외의 소명을 위한 시간을 계획하고 확보하기

일에서 소명을 실천하는 데는 일 외의 많은 소명들에서는 누리지 못하는 몇 가지 장점이 있다. 일과 관련된 소명들은 대개 고도로 구조화되어있다. 주중에는 많은 사람들이 특정한 옷차림, 아마도 기본적인 유니폼 또는 그들의 직업에서 기대되는 드레스 코드에 맞는 차림을 할 것이다. 이런 옷차림은 종종 초점 효과(focusing effect)가 있어서, 심리적으로 일할 준비를 시켜준다. 출근을 하면서 사람들은 가정에서 일터로 자신의 마음을 이동시키는 경향이 있다. 일하는 동안은 목표와 과제들을 계획하고(또는 계획할 준비를 하고), 이 목표들에 부응하여 과제들을 수행하려고 노력한다. 일을 잘 하면 비공식적 및 공식적인 외적 보상들을 받을 수 있다. 일에는 일상적으로 반복되는 리듬이 있다. 당신은 언제 그리고 얼마 동안 일에 관여해야 하는지를 안다. 이런 맥락에서 소명을 실천하기는 쉬워 보인다. 단지 일상적인 일의 흐름으로 뛰어들기만 하면 매주 몇 시간은 당신의 소명에 참여하게 되는 것이다.

일 외의 소명들도 그 자체의 맞춤형 구조와 리듬을 가지고 있는 것이 있다. 양육과 같은 소명은 그렇지만, 많은 것들이 그렇지 않다. 어떤 면에서는 이러한 구조의 결핍이 축복일 수도 있다. 마음대로 당신의 소명을 추구할 수 있는 자유가 있기 때문이다. 반면에 임금이 없고, 당신이 과제들을 수행하는지를 지켜보는 고용주가 없으며, 아침 6시에 옆에서 아침을 달라고 보채는 아이가 없다면, 당신의 소명에 불꽃을 지필 책임은 온전히 당신의 몫이 되는데, 오히려 이것이 문제가 될 수 있다. 문제는 소명을 촉진하는 당신의 동기가 아니라 꼭 해야 하는 일을 적은 일정표가 텅 비어 있다는 사실이다. 대부분의 경우, 무엇이든 일 외의 소명에 헌신해야 하는 시간은 - 가령 연주라든지 - 왠지 그냥 증발해버리는 것 같다. 하지만 소명을 실천하여 이익을 얻기 위해서는 자주 그리고 정기적으로 참여할 기회를 가져야 한다. 그러기 위한 최선의 방법은, 마치 일을 할 때처럼 적당한 시간을 정해놓고 지키는 것이다. (Q&A 7을 보라.) 이렇게 구조를 만들어 놓지 않으면 자주 방해를 받게 될 것이다. 소명을 경험하면서 그것을

실천하지 않는 것이 더 나을까, 아니면 아무런 소명도 갖지 않는 것
이 더 나을까? 당신이 지속적으로 소명을 실천할 시간을 계획하고
보호한다면, 이런 질문에 대해 생각할 필요가 없을 것이다.

3) 당신의 소명을 진정한 소명으로 만드는 것에 투자하기

일이나 일 외의 것, 또는 둘 다에서 소명을 경험하는 지의 여부와
관계없이, 소명은 다른 사람들을 돕고 개인적인 의미에 일치하는 방
식으로 특정 삶의 역할에 참여하라는 초월적인 부름이다. 소명을 실
천한다는 것은 당신의 재능을 목적의식을 향상시키고 공동의 선을 증
진하는 데 사용하여 더 큰 목적에 부응하려고 노력한다는 의미이다.
이는 모든 인생 역할의 소명에 적용되는 진실이다. 하지만 일 외의
소명에서 이 목표를 달성하는 것은 도전이 될 수 있다.

5장에서 논의한 것처럼 일에는 분명한 현장이 있어서, 그곳에서
다른 사람들에게 기여할 수 있는 기회가 많이 있다. 부모 역할에 대
한 소명은 다른 사람들을 돕는다는 노력의 초점이 분명하다. 하지만
연주에서 소명을 경험하는 회계사의 경우를 생각해보자. 진로로 음악
을 추구할 때와 같이 다른 사람들과의 구조화된 상호작용이 없다면,
그 회계사는 일주일에 몇 시간 정도 혼자서 외롭게 악보를 쓰고 연주
할 가능성이 높다. 이런 방법도 효과가 있겠지만, 항상 그런 것은 아
니다. 만약 연주에 대한 동기가, 여가활동에 대한 흥미나 단지 긴장을
풀기 위한 방법이 아니라 소명과 맞물린 것이라면, 그는 무언가를 놓
친 느낌을 받을 것이다. 신고전주의적 의미에서의 소명은 자신의 재
능을 자기만족을 위해서만 사용하는 것 이상을 요구한다. 즉 소명은
재능의 사용이 타인의 이익과 연결되는 교차점으로서, 만족감이라는
좀 더 깊은 보상을 주는 것이다.

따라서 우리는 지속적으로 소명의 근원으로 돌아가, 우리의 재능을 타인의 필요와 연결시켜주는 통로로 소명을 사용해야 한다는 것을 기억해야 한다. 소명을 가지고 지속적으로 다른 사람들 및 환경과 접촉할 필요가 있다. 연주의 소명을 가진 회계사는 다른 사람들을, 그들이 가족뿐일지라도, 노래하게 할 수 있다. 기타를 배우고 싶은 아이들을 가르치는 자원봉사를 할 수도 있다. 의미는 이와 같은 상호작용에서 생긴다. 일에서 소명을 갖고 일하면서, 일 외의 소명을 계속 평가하고 그것이 인생의 더 큰 목적과 일치하는지를 확인해보아야 한다. 폴의 유기농 농장에 대한 활기는 그곳에서 도출된 의미의 산물이다. 농장은 그가 재배한 농산물을 좋아하는 지역 주민들에게 도움을 줄 수 있도록, 그의 재능을 사용하고 열정을 만족시켜주는 수단을 제공해주기 때문이다. 당신의 소명을 강점과 타인에 대한 조력 중심으로 집중시킨다면, 삶의 어떤 영역에서든 의미와 목적을 만들어 낼 수 있을 것이다.

어떤 이유에서든 일터에서 소명의 기쁨을 경험하기가 적절하지 않거나 불가능하다면, 7장에서 제시한 크래프팅 전략과 함께 이 일 외의 소명이 또 다른 통로가 되어 줄 것이다. 많은 사람들이 그런 상황에 놓여 있다. 특히 자기 일에서 권한이 거의 없는 사람들은 더 그렇다. 역사적으로 또는 이 주제에 관한 연구들에서, 소명은 대개 임금을 받는 일 경험과 연관되었지만, 오직 일과 관련된 것만은 아니었다. 일 외에서의 소명은, 본업에서 제공받는 관리나 감독 없이도, 당신의 재능을 다른 사람들을 위해 의미 있게 표현할 수 있게 해준다. 당신이 일을 통해 추구할 수 없는 소명을 가지고 있다면, 그 소명을 받아들이고, 투자하고, 발전시켜서 그 혜택을 즐겨보도록 하자.

Part Four

소명의 경계선과
도전과제

Boundary Conditions and
Challenges of a Calling

Chapter Nine

위험요소

Perils and Pitfalls

위험요소

Perils and Pitfalls

"5년 전, 조시(Josh)는 트럼펫을 연주하는 소년으로서의 삶을 포기했습니다." 힐러리 프랭크(Hillary Frank)는 2000년 라디오 프로그램 "미국인의 삶(This American Life)"[1]에서 남동생에 대한 이야기를 하였다. 조시는 우리가 상상할 수 있는 한, 트럼펫에 대한 몰입도와 집중력이 최고 수준이었고 연주 그 자체에 매혹되어 있었던 열일곱살의 트럼펫 연주자였다. 뉴욕에 사는 예술가 부모(사진작가와 화가)의 아들로 태어난 조시는 자연스럽게 음악 속에서 성장했다. 어머니는 조시를 피아노 앞에 앉히고 30분에 타이머를 맞춰놓곤 했지만, 그렇게 오랫동안 앉아 있다는 것은 그에게 거의 고문에 가까웠다. 그런 중에 우연히 트럼펫을 집어들게 되었는데, 지금까지 활동적으로 롤러스케이트를 타고 해변에 가곤 했던 중학교 2학년 학생은 그때부터 평일에는 하루에 5시간을 연습하고, 토요일마다 줄리아드 예비학교에서 15

시간(!)을 연습하는 트럼펫 로봇으로 변신했다. 대부분의 아이들은 부모가 연습하라고 일깨워줘야 했지만, 조시의 부모는 이제 연습을 그만하라고 말해야 했다. 한밤중이 되면 푹 자고 싶었고, 트럼펫 소음 때문에 이웃들로부터 전화받는 것을 피하고 싶었기 때문이다. 힐러리는 하나의 금관악기가 조시에게 미치는 엄청난 영향력에 크게 놀랐고, 어떻게 그럴 수 있는지 설명을 듣고 싶었지만, 그는 명확하게 이야기를 하지 못했다.

"설명할 수가 없는데. 그냥 당연한 일이었어. 일어나게 되어 있는 일이었다니까." 말콤 글래드웰(Malcolm Gladwell)은 「아웃라이어'(Outliers)」[2]라는 유명한 책에서, 어떤 분야에서 진정한 성공을 거두려면 만 시간의 연습이 필요하다는 주장을 하였다. 조시는 열일곱살 때, 이미 이 기준을 쉽게 넘어설 것이라는 것이 확실해졌다. 트럼펫에 대한 조시의 열정은 너무나 뜨거워서 그의 실력은 날로 성장했고, 트럼펫은 조시의 삶 자체가 되었다.

하지만, 조시의 트럼펫에 대한 집착은 다소 부정적인 면이 있었다. 조시의 오래된 학교 친구인 에릭(Eric)은 이런 이야기를 하였다. "그 전까지 우리는 서로에 대해 모르는 것이 없었어요. 그런데 고등학교 2학년이 되니, 조시에 대해 아는 것이 아무것도 없게 됐지요. 여름방학이 끝나갈 무렵이었나... 조시에게 연락을 하려고 해봤지만, 방법이 없었어요. 그러고보니 최근에 조시와 이야기를 해본적이 한두번이나 있었나 싶더군요. 네, 맞아요. 두세 번 정도 해변에서 프리스비를 하고 놀았던 적이 있었죠. 하지만 개학을 하자 줄리어드 예비학교도 시작되었고, 조시는 정말 빡빡한 일정 속으로 사라져버렸죠. 만나는 사람들도 공적인 관계들뿐이었고, 그 외에는 만나는 사람이 없었어요." 힐러리는 조시의 친구 몇 명을 더 만나서 인터뷰를 해보았

다. 그들은 예전에는 "매우 사교적이었던 조시"가 매우 멀게 느껴지
는 존재가 되었다고 조심스럽게 이야기했다. 큰 모임들에만 안 나오
는 것이 아니었고, 하루 중에서 그래도 여유를 가질 수 있는 시간마
저 조시는 사람들을 만나기보다는 트럼펫을 연습하는 데에 사용했다.
조시 또한 자신의 사회적 관계가 망가지고 있다는 것을 알고 있었다.
"내가 가장 불편한 시간은 점심시간이었어. 30분 동안 뭘 할 건지 생
각해야 하니까... 정말 고통스러웠지. 그래서 나는 음악을 하는 데에
시간을 더 쓰곤 했어. 점심시간에는 트럼펫 연습을 하고, 그냥 수업
끝나고 집에 와서 밥을 먹었던 거지." 그의 이야기는 점점 슬퍼졌다.
조시가 일부러 모든 관계를 끊어버린 것이 아니었다. 그보다는, 음악
적인 실력을 쌓기 위해 엄청난 시간을 투자하다보니까, 누군가가 그
의 삶에 들어올 수 있는 여지를 남겨놓을 수가 없었던 것이다. 조시
는 트럼펫을 연주하는 '소년'으로서의 삶을 포기하게 되었고, 그러면
서 친구들도 모두 잃게 되었다.

때때로, 이와 같이 소명을 추구한다는 것은 - 소명이 가져다주는
모든 열정과 흥미, 의미, 즐거움과 함께 - 부정적인 결과를 가져올 때
가 있다. 일에 대한 열정을 가속화하는 연료는 다른 삶의 역할을 수
행하는 데 있어서 해로운 독으로 기능할 수가 있기 때문이다. 그래서
우리는 이 장에서, 일의 건강한 역할이 왜곡될 수 있는 두 가지 모습
을 탐색해볼 것이다. 그리고, 소명을 추구하는 데 있어서 일어날 수
있는 취약점 두 가지에 대해서도 알아보려고 한다. 열정을 위협할 수
도 있는 유용한 피드백에 대한 거부와, 기회주의적인 고용주의 착취
말이다.

그리고 마지막으로 드문 일이기는 하지만 소명에 대한 추구가 해
를 미치는 근거로써 기능할 수 있는 가능성에 대해서도 생각해보려고

한다. 소명에는 위험요소들이 있을 수 있지만, 다행히도 그에 대해 스스로를 보호할 수 있는 방법도 분명히 존재한다. 이에 대해서도 설명하도록 하겠다.

소명의 왜곡

자신의 일을 소명이라고 생각하는 태도는 일을 이해하는 다른 접근방법들과 확연히 다른 모습을 보인다. 2장에서 우리는 자신의 일을 직업(job), 단순히 생계를 유지하는 수단으로만 생각하는 사람들에 대해 이야기했었다. 그들에게 일이란 목표를 달성하는 데 필요한 정도의 시간과 에너지만 투자할 가치가 있는 것이다. 또 다른 사람들은 일을 진로(career), 권력과 명성, 부(wealth)를 얻을 수 있는 경로라고 생각한다. 그들은 일로부터 얻을 수 있는 것과 성취할 수 있는 것에 대해 가치를 부여한다. 하지만 소명을 가지고 있는 사람들은 이 두 집단과 다른 태도를 보인다. 초월적 부름을 기반으로 하여 자신의 일을 바라보며, 긍정적인 의미와 목적의식을 낳을 수 있는 방법으로 일에 접근하고, 자신의 재능을 활용하여 이 세상을 더 나은 곳으로 만들려 애쓴다.

많은 사람들이 이 세 가지 집단에 대해 전혀 다른 유형이라고 생각하지만, 실제로 연구자들은 직업지향과 소명지향이 한 연속선 상의 양쪽에 존재하고 있으며, 진로지향만 독립적인 성향을 가지고 있다고 주장한다.[3] 즉, 한 개인이 일에 대해 생각하는 태도는 두 축(직업-소명지향, 높은 진로지향과 낮은 진로지향)을 가지게 되고, 네 개 집단중의 하나로 속하게 되는 것이다.

1. 직업지향, 낮은 진로지향
2. 직업지향, 높은 진로지향
3. 소명지향, 낮은 진로지향
4. 소명지향, 높은 진로지향

세 번째 집단은 "순수한" 소명지향을 가리킨다. 진로지향의 덫에 걸리지 않고 일을 소명으로써 추구하는 사람을 말한다. 네 번째 집단은 조금 더 복잡하다. 이 집단에 속한 일부 사람들은 자신의 소명을 추구하는 동시에, 소명과 일치하는 더 큰 목표를 성취하고 더 앞서나가며 포상을 얻고 싶은 동기를 가진다. 하지만, 또 다른 사람들은 소명을 조금 더 자기중심적 목표와 동기에 연결시켜서, 조금 더 전형적인 진로지향의 모습을 보이기도 한다. 이러한 접근방법은 일을 소명으로 보는 태도를 왜곡시키고, 최종적으로는 진정한 의미를 깎아내릴 위험이 있다. 이러한 문제를 해결하지 않는다면, 다음과 같이 왜곡된 소명에 관련된 증상들이 발생할 수 있다 : 직업 우상화와 일중독. 각 증상들을 차례로 탐색해본 다음에, 소명을 가진 사람들이 이 왜곡 증상을 피해갈 수 있는 전략들을 검토해보도록 하자.

직업 우상화

카메론 크로우(Cameron Crowe) 감독의 1973년 아카데미상 수상작, 올모스트 페이머스(Almost Famous)을 보면, 한 고등학생이 (가상의) 밴드인 스틸워터(Stillwater)[4]와 함께 여행하면서 롤링스톤즈 잡지를 위한 기사를 쓰는, 꿈같은 일을 하게 된다. 영화 속에서 그 밴드는 요란한 10대들의 하우스 파티에 참석한다. 끔찍할 정도로 많은 양의 술을 마시고, 약물도 많이 복용한 후, 밴드의 리드싱어인 러셀(Russel)은 아래쪽에 있는 수영장으로 뛰어내리고 싶어서, 그 집의 지붕으로 기어올라갔다. 한껏 흥분하기는 했지만, 좀 떨리기도 했었기 때문에, 러셀은 잠시 그 자리에 서 있었다. 그러다가 지붕 위를 쳐다보고 있는 사람들에게 자신의 "마지막 말"을 외치고 싶어졌다. 드디어 자존심이 이성적인 논리 수준을 넘어서자, "나는 황금 신이다!"라는 말을 여러 번 외치고 뛰어내렸다.

이 영화를 통해 러셀의 일 지향성에 대한 정보를 많이 알 수는 없지만, 친사회적 이상주의에 대한 생각과 성공에 대한 명확한 욕구를 고려했을 때, 아마 그는 '소명지향, 높은 진로지향 유형'에 속하는 것 같다. 지붕 위에 올라가서 수영장으로 뛰어내릴 때, 러셀은 "황금신"의 지위에 도달했다고 느꼈을 것이다. 정말 열심히 노력해서 큰 성공을 거두었고, 지금도 더욱 큰 명성을 얻고 있는 중이었으니 말이다. 사람들은 러셀의 이름을 알고 있었고, 노래를 들으면서 그를 숭배했다. 그는 팬클럽까지 가지고 있었다! 운좋게도, 그리고 운이 좋지 않게도, 이와 함께 따라온 것은 엄청난 찬사와 명성이었다.

따라서, 인정과 성공을 갈망했던 러셀이 실제로 그 꿈을 이루기 시작했을 때, 우리가 2장에서 이야기했듯이, 르네상스 시대의 철학자들이 언급했던 절대자 콤플렉스를 피하기는 어려운 일이었다. 확실히 그의 "황금 신" 선언에는 약물 복용이 큰 역할을 한 것 같지만, 그럼에도 불구하고 일이라는 것이 절대자의 지위를 얻는 데 있어서 하나의 경로가 되는 상황에서는, '일 그 자체'가 우상이 될 수 있다.

직업 우상화(job idolization)란 자신의 일을 삶의 맥락에서 가장 중요한 것으로 보는 시각이다. 일이란 그 어떤 인생의 역할보다도 더 중요하다고 생각하는 것이고, 그러한 시각은 건강한 일반 사람의 수준을 넘어선다. 한 사람의 일이 너무 중요해서 다른 역할과 책임들이 무시되고 버려지는 상황에서, 직업 우상화 증상은 일어난다. 우리가 3장에서 이야기했던「달과 6펜스」에 나오는 영국의 주식중개인, 그림에 대한 열정을 추구하기 위해 가족과 직업을 버리고 도망쳤던 사람을 기억해보자. 이전에 살펴보았듯이, 소명에 대한 신고전주의 시각은 의무와 친사회적 가치에 강조점을 두고 있어서, 소명이 인생에서의 다른 역할과 책임과 경쟁을 하는 것이 아니라, 보완적인 역할을 해야 한다고 생각했다. 아직까지는 직업 우상화에 대한 경험적 연구가 많이 이루어지지 않았지만, 많은 연구들에서는 일과 그 외의 역할 간의 균형이 건강과 웰빙을 더 잘 예측한다고 주장한다.[5] 또한, 어떤 연구들에서는 직업 우상화가 일중독과도 관련되어 있다고 이야기하므로, 함께 살펴보도록 하자.

일중독

일중독(workaholism)을 가장 간단하게 설명한다면, 일에 대한 탐닉(addiction)이라고 말할 수 있겠다. 행동특성으로 보면, 일중독자는 일을 좋아하는 사람, 일에 집착하는 사람, 오랜 시간 동안 일하고, 사적인 시간까지 일에 투자하는 사람이다. 일중독은 다른 중독 증상과 마찬가지로 시간이 지남에 따라 발전된다. 초반에는 일을 하는 것 자체가 기분을 좋게 만들고, 숙달감과 자신감을 느끼게 해준다. 성공과 권력에 대한 욕구를 만족시켜주며, 즐거움과 몰입감까지 제공해주기도 한다.

하지만 시간이 지나갈수록, 동일한 수준의 감정을 느끼려면 더 많은 일을 해야 한다는 것을 알게 된다. 어느 때가 되면, 일을 하면서 기분이 좋아지기는 커녕, 나빠지기 시작한다. 죄책감, 기회비용에 대한 집착, 스트레스에 대한 신체적 감정들이 생긴다. 이 패턴은 쾌락을 위해서가 아니라, 니코틴 금단 증상을 피하기 위해서 담배를 피는 것과 비슷하다. 다른 중독증상과 마찬가지로, 부정적인 결과-자신과 주위 사람들에게 심각한 영향을 미치는-는 너무나 손쉽게 다가온다.

하지만 일중독은 많은 신체적 중독증상들보다는 다소 복잡하다. 왜냐하면, 한 사람의 삶에 대해 긍정적이고 부정적인 영향을 동시에 미치는 복합증상이기 때문이다. 대부분 고용주들은 명확한 근거 때문에 일중독자를 고용하고 싶어한다. 일중독자들은 큰 규모의 프로젝트에 참여하는 것을 절대 두려워하지 않는다. 일이 잘 되도록 하기 위해서는 무슨 일이든 몰입해서 할 준비가 되어 있다. 그들은 다른 동료들이 "나도 경쟁에서 지지 않으려면, 같이 열심히 일하고 개인적인 생활에 대한 희생도 해야겠다"는 마음이 들게끔 하는 분위기를 만든다. 일중독자들은 종종 조직에서 자신을 계속 붙잡고 싶다면 높은 직급을 제공해줄 것을 요구하기도 하고, 강한 성격 때문에 때로 사람들 사이에서 갈등을 불러일으키기도 하지만, 대부분의 고용주들은 그 정도의 문제들쯤이야 별로 크게 생각하지 않는다. 그 결과, 일중독자들은 직장에서 존중받고, 높은 연봉을 받는 최우선순위의 승진후보자가 된다. 대부분의 경우, 그들은 자신이 대단히 많은 부분을 담당하고 있는 업무 과제를 즐기는 편이다. 하지만 침대에서 눈을 뜨는 순간부터 항상 일을 생각한다고 할 정도로, 일에 집착하는 태도를 보이기도 한다. 일중독자들은 항상 지나치게 긴 시간 동안 일을 하는 생활 습관 때문에 대인관계 네트워크가 빈약하며, 가족행사나 휴가 때문에 일을 못하게 되면 좌절감과 불편감, 스트레스까지 느끼곤 한다.

그렇다면, 어떤 유형의 사람들이 일중독자가 되는 것일까? 토마스 엔지(Thomas Ng), 켈리 소렌슨(Kelly Sorensen), 다니엘 펠드만(Daniel Feldman)과 같은 연구자들은 일중독자들과 일중독에 대한 연구들을 요약한 결과를 여섯가지로 정리하고 있다.[6]

첫째, 일중독자들은 일반 사람들보다 자존감이 낮은 경향이 있고, 삶의 영역들 중에서 본인이 유일하게(아마도) 긍정적으로 보고 있는 곳 - 경력 - 에 모든 시간과 에너지를 집중적으로 투자함으로써 자존감 문제를 해결한다. 이와 같이 정말 단순하고 명확한 보상 전략을 기반으로 하여, 일에 대해 비정상적으로 많은 투자를 하기 때문에, 그들은 일을 하는 데 있어서 긍정적인 피드백과 보상을 받을 가능성이 높다. 하지만, 일 이외의 인생 영역에 대해 관심을 가지는 행동은 서투르기 마련이다. 둘째, 일중독자들은 대부분 극단적인 성취지향적 성격을 가지고 있다. 그들은 집중적으로 성공을 향해 달려가며, 성공에 대한 판단기준이 되고 자신에게 성공을 가져다줄 수 있는 것은 일밖에 없다는 매우 명확한 규칙을 가지고 있다. 물론, 일에서의 성공은 그냥 쉽게 얻을 수 있는 것이 아니다. 당연히 노력이 필요하므로, 성공에 대한 가치를 두는 사람일수록, 기꺼이 더 많은 노력을 기울이려고 한다. 이렇게 성공에 대한 가치와 몰입의 수준이 아무런 방해를 받지 않고 상승된다면, 그리고 정상적인 균형을 잡기 위해 삶의 다른 영역들에 대해서도 투자를 하지 않는 상황이라면, 일중독이 되는 것은 너무나 자연스러운 결과일 것이다.

셋째, 엔지와 동료들은, 다른 중독증상들과 마찬가지로, 일중독은 역기능적인 가족 환경(가족구성원중의 한 명이 지나치게 많은 양의 시간과 에너지를 일에만 쏟게 만드는 환경)에 의해 영향을 받을 수 있다고 주장했다.[7] 잠시만 당신의 어린시절을 기억해보자. 우리 집은 어떤 분위기였다고 이야기하겠는가? 이상적인 가정환경이란 안정적이고 사랑이 가득찬 곳이겠지만, 그와 반대로 성장하면서 집에서 혼란과 무시, 독단적인 처벌을 경험했던 사람에게 젊은 나이에 일을 시작한다는 것은 집에서 벗어날 수 있는 방법들 중 손쉽고 사회적으로 용인되는 방법이고, 앞으로 일어날 일에 대해 예측이 가능하고 누군가의 지원이라는 것을 받을 수 있으며 어느 정도의 인정도 기대할 수 있는 환경에서 시간을 보낼 수 있다는 것을 의미한다. 자아가 아직 형성되는 중인 사춘기 시기에 가정이 제공할 수 있는 긍정적인 조력을 받지 못한 사람에게, 일이란 정말 중독되기 쉬운 대상인 것이다. 혹 안정된 가정에서 자랐다 하더라도, 어떤 가정에서는 가족 구성원이 건강하지 않은 수준으로 일에 몰입하도록 강화시키는 언어표현과 행동을 보여줄 수 있다. 대부분의 부모들은 열심히 일하는 것에 대한 가치를 자녀에게 알려주는 정도에서 그치는 데 반해, 일부 부모들은 지나치게 극단적으로 이 가치관을 강조하기도 한다.

당신의 학교 친구들 중에서는 보통 사람들이 인정하는 안정적인 환경에서 자랐지만, 안정성이란 '집에 항상 어머니나 아버지 한쪽은 없고, 부모님들이 주당 70시간 이상을 일하는 것'을 의미하는 친구가 한명쯤 있었을 것이다. 그 친구는 또래들 중에서도 매우 부유한 편이어서, 최고로 좋은 집에 살고 있었을 거다. 가장 비싼 차를 타고, 가장 좋은 옷을 입으며, 장난감도 최고 수준의 것만 가지고 노는 친구 말이다. 이와 같이 (경제적으로만) 안정된 가정에서 부모님의 충분한 보살핌을 받지 못한 경우, 관계적 결핍이 생길 가능성이 높고, 이러한 특성은 이후의 삶에서 일중독 증상의 기반으로 작용할 수도 있다고 보여진다.

나머지 세 개의 문제들은 직장 자체에서 겪은 특정 유형의 경험을 포함한다. 엔지와 동료들은 일중독 증상이 흔하게 일어나는 직장에서 일을 하거나, 일중독적 행동에 대한 보상이 이루어지는 업무환경일 경우, 사람들은 일중독에 빠질 가능성이 높아진다고 주장한다. 또한, 매우 경쟁적인 환경에서 일을 할 때에도, 특히 활용가능한 자원이 매우 제한적이어서 제로섬게임을 해야 하는 긴장 가득한 경쟁적 환경에서 일을 할 때, 사람들이 일중독자가 될 가능성은 커지게 된다. 함께 일하는 열 명의 동료들과 마찬가지로, 커미션이 주된 수입원인 자동차 영업사원을 생각해보자. 일을 하는 데 있어서 더 많은 시간과 에너지를 투자한다는 것은 수입 및 관리직으로의 승진과 직접적으로 연결이 된다. 대부분의 경우, 관리자들은 영업사원이 성과를 위해 투자하고자 하는 동기수준을 높이기 위해 가외의 인센티브(예: 무료 자동차 외장관리, 고화질의 텔레비전, 현금 보너스)를 제시한다. 이런 환경에서는 더 열심히 일하고 더 긴 시간 동안 일하라는 자극에 취하기 (intoxicating) 쉽다. '취한다'는 용어는 "중독"만큼 많이 등장하곤 한다.

마지막으로, 자존감의 문제와 유사하게, 일중독은 일을 하고 있을 때와 일과 관련이 없는 활동을 하고 있을 때, 자신감의 수준 차이가 큰 사람들에게서 발견될 가능성이 높다. 인간의 자연스러운 성향상, 우리는 자신이 잘하는 일에 시간과 에너지를 투자한다. 이러한 경향성이 일을 할 때 극대화된다면, 그 결과는 일중독이 될 수도 있는 것이다.

정리를 해보는 의미에서, 다음의 일중독 위험 요소 체크리스트에 응답을 해보자.

_____ 당신은 자존감이 낮은 편입니까?
_____ 당신은 성취욕구가 높은 편입니까?
_____ 당신은 불안정하거나, 일중독의 모델을 볼 수 있는 가정에서 성장했습니까?

    _____ 당신은 일중독에 대한 보상을 받을 수 있는 환경에서 일
하고 있습니까?
    _____ 당신은 심한 경쟁을 해야 하는 환경에서 일하고 있습니까?
    _____ 당신은 삶의 다른 영역들보다 일을 할 때 더 높은 자신
감을 느낍니까?

이 문항들은 당신이 가지고 있는 위험요소들의 수에 기반하여, 일
중독을 일으킬 수 있는 위험도를 평가하기 위해 설계되었다. 모든 문
항에 "아니오"라고 대답했다면 당신이 일중독자가 될 가능성은 없다
는 뜻이며, 마찬가지로 모든 문항에 "예"라고 응답했다면 이미 일중
독이 되었거나 앞으로 될 가능성이 높다는 의미이다. 그리고 점수가
높을수록 위험도는 더 높아진다. 한 문항에라도 "예"라고 대답했다면,
일중독의 요소가 당신의 삶에서 현재 어떤 역할을 하고 있는지에 대
해, 그리고 당신이 일에 접근하는 태도에 어떤 영향을 미치고 있는지
에 대해 생각해보기를 권하고 싶다.

물론 엔지와 동료들이 지적했듯이,[8] 일에 중독되었다는 것은 원인
뿐 아니라 결과일 수도 있다. 연구결과를 보면, 일중독이란 일에 대한
강한 만족도와 상관이 높으며, 일에서의 더 좋은 성과 및 성공과도
상관정도가 높았다. 적어도 단기적으로는 말이다. 일에서의 만족은
일중독을 강화하는 요소로 기능할 수 있으며, 높은 성과와 성공 또한
확실히 모든 고용주들이 좋아하는 것이다.

부정적인 면에서 보면, 일중독은 심리적 건강과 신체적 건강에 해
를 미치며, 직장 내외의 관계 문제를 악화시키기도 한다. 사람들이
일에 중독되면, 끊임없이 자신의 일에 대해 생각하기 때문에, 깨어있
는 동안에는 언제나 스트레스를 받게 된다. 또한, 일중독자들은 여가

활동이나 운동을 할 시간을 남겨두지 않는다. 이 두 가지 활동은 우리 모두 알고 있듯이, 심리적 건강과 신체적 건강을 촉진하는 방법인데도 말이다. 일중독자들이 지속적으로 자신을 돌보지 않고, 소진이될 때까지 일을 하면서 자신을 한계선까지 몰아붙이면, 그들의 건강이 얼마나 안 좋아질지에 대해서는 충분히 예상이 가능할 것이다.

일중독자들의 관계가 왜 풍요롭지 못한지에 대해서는 의문을 품을 필요가 없을 정도로 명확하다. 일을 하는 데 있어서, 일중독자들은 동료들을 믿거나 존중하지 못하는 경우가 많다. 더 좋은 자원을얻기 위해 그들과 경쟁해야 하고, 동료들이 일에 몰입하는 수준이 높아진다는 것은 자신이 인정받지 못한다는 의미라고 생각하기 때문이다. 이와 같은 불신과 비존중의 태도는 동료들이 일중독자를 바라볼때에도 마찬가지로 적용될 것이고, 이 또한 이해할 만하다. 우버(역주: 모바일 차량 이용 예약 서비스) 사업에서 성공을 해보려고 마음을 단단히먹은 사람은, 오히려 고객들로부터의 불만이 드높은 기사일 수 있으며, 동료들이 자신보다 더 좋은 고객 피드백을 받을 때 억울함을 참기 어려워할 것이다. 개인생활에서의 관계는 어떨까? 일중독자들은대부분의 시간 동안 일을 하기 때문에, 가족이나 친구들과 함께 있는경우가 드물다. 혹 가족이나 친구들을 만나게 된다 해도, 일에 관련된이야기를 주절대어 분위기를 엉망으로 만들기 일쑤이다 보니, 그들과의 심리적인 거리는 더욱 멀어지기 마련이다. 일중독자들이 일과 가족간의 갈등을 피할 가능성은 거의 없다. 간단한 산수로도 증명할 수있는 것이, 하루에는 제한된 시간이 있는데, 일을 하거나 일에 대해생각하고 말하는 데 쓰는 시간이 많아질수록, 친구 및 가족에게 투자하는 시간은 적어지는 것이 당연하니까 말이다. 결국, 일중독자의 심리적, 신체적 건강, 업무적인 관계, 가족과의 생활을 희생시켜서 생긴

결과는 누구나 상상할 수 있을 것이다. 물론, 일중독이라는 것은 단기
적으로 보았을 때 긍정적인 면(높은 만족도와 성과)이 있지만, 장기적
으로 보면 부정적인 폐해가 훨씬 더 크다.

일시적인 방황이 완전한 왜곡으로 변해버리는 것을 막기

　　일 역할 내에서 소명을 찾은 사람들은 다양한 이유 때문에 직업
우상화와 일중독을 경험할 가능성이 높은 편이다. 그들은 일을 하는
데 있어서 강한 열정을 가지고 있고, 일에 부여하는 가치와 중요성이
크며, 일을 하면서 좋은 기분을 느낀다. 이 모든 특성들은 매우 적응
적이고 바람직한 특성들이지만, 또한 직업 우상화와 일중독을 강화시
키는 역할을 할 수 있는 것들이다. 물론, 일중독자에게 있어서 소명
이란 최고의 쾌락을 선사해주는 일종의 약물일 수도 있다. 소명은 일
을 하는 데 있어서 의미와 중요성을 고양시킨다. 더 큰 선을 강화하
는 작업에 집중할 수 있게 해주고, 그 과정을 통해 개인적인 이득도
얻을 수 있게 해준다. 또한, 소명에 대해 고민하는 태도는 스스로뿐
아니라 다른 사람들에게도 존경할만하고 매우 도덕적인 태도로 보여
지기 때문에, 이는 매우 명확하고 타당한 설득논리가 될 수 있다. 일
중독자는 자기 자신의 가치에 대한 확신이 매우 클 수 있고, 다른 사
람들에게도 그 확신을 전달할 수 있다. 비정상적이고 건강하지 못한
수준으로 엄청나게 많은 시간과 에너지를 일에 투자하는 태도는 이해
할만한 것이고, 오히려 칭찬해야 마땅한 것이라고, 우리가 성취해야
하는 사회적 가치라고 말이다. 이런 식으로, 소명과 일중독은 위험스
럽게 연결이 될 수 있다.

　　그렇다면, 소명을 갖지 못하고 방황하는 과정을 통해, 자신의 일

을 우상화하고, 아예 일에 중독되어버리는 증상을 예방하려면 어떻게
해야 할까? 확신하건대, 가장 좋은 방법은 긍정적이고 적극적인 태도
이다. "그런 일이 일어나지 않게 해야 한다"와 같은 부정적 주문에
중점을 두기보다는, 보다 능동적으로 일과 다른 삶의 역할들간의 균
형을 잡기 위해 노력하는 것이 좋다. 8장에서 우리는 경력과 모성애
라는 두 가지 요구에 시달리고 있는 어머니들의 경험에 초점을 맞춘
연구를 검토해보았었다. 어떤 어머니들은 자신의 소명은 가족 프로젝
트로 이루어졌다고 이야기했다. 자녀와 배우자가 모두 적극적으로 자
신의 소명을 지원하기 위해 협력했으며, 그들 또한 자신으로부터 동
일한 수준으로 지지를 받게 될 거라는 것을 알고 있었다고 말이다.
이와 같은 상호적인 지지체계가 기능하도록 하기 위해서는, 개방적인
소통창구가 유지되어야 하며, 가족과 친구들에게 일을 하는 데 있어
서 자신이 현재 어떤 상황에 놓여 있는지에 대해 지속적으로 이야기
를 해주는 것이 좋다.

　가족 및 친구들과 지속적인 만남을 가지게 되면, 갈등이 생겼을
때 당신이 필요로 하는 지지를 그들이 제공해줄 것이고, 당신이 일을
하는 데 있어서 지나치게 소진되거나 지치지 않는지 그들이 항상 살
펴줄 것이다. 적극적으로 균형을 잡는 작업을 한다는 것은, 중요하지
만 일과 관련되지 않은 활동들에 다음과 같이 시간과 에너지를 투자
하는 것을 의미한다 : 격주 1회씩 저녁에 배우자와 데이트를 한다거
나, 아이들 중의 한명을 데리고 나가서 같이 식사를 한다거나, 친구
를 만나는 것과 같이 의도적으로 관계에 투자하기 위한 시간을 만들
기, 자기돌봄 활동들, 신체적인 운동이나 여가활동과 같은 자기돌봄
을 위해 시간을 빼놓기, 영성을 강화하기 위한 시간을 만들기, 일주
일에 한번은 하루를 통째로 비워서(안식일과 같이) 긴장을 풀고 쉬면

서 재충전을 하고 진정으로 중요한 것에 다시 초점을 맞추는 작업을 하기. 이와 같은 접근법들은 균형을 잡는 작업을 촉진해주고, 일 이외의 인생 역할에서 소명을 추구할 수 있는 기회를 제공해주며, 당신이 활기차고 기분좋은 상태를 유지할 수 있게 해준다.

두 번째 제안은 당신의 일을 바라보는 데 있어서 적절한 시각을 유지하기 위해 노력을 하는 것이다. 스티브 잡스(Steve Jobs)의 전기를 보면, 저자 월터 아이작슨(Walter Isaacson)은 컴퓨터부터 음악, 영화, 휴대폰까지, 인간 경험의 넓은 스펙트럼에 족적을 남긴 사람의 초상화를 그리고 있다.[9] 애플 컴퓨터를 개발했던 바로 그 사람이 선봉에 서서 회사를 '토이 스토리', '카(Cars)', '메리다와 마법의 숲(Brave)'과 같은 영화 시장까지도 몰고 간 것이다. 잡스는 직업 우상화에 빠질 가능성이 매우 높은 사람이었다. 애플社를 운영하던 젊은 시절, 일중독자의 모습, 자기중심적 태도, 독단적인 규칙을 요구했던 모습은 전설로 남아 있다. 하지만 시간이 지나면서, 그의 형편없는 대인관계 경향성은 부드러워졌다. 자신의 삶에 대해 더 통합적인 시각을 가지게 된 것이다. 결혼을 해서 아이를 가졌고, 불교의 가르침을 받아들였으며, 자신의 부와 권력을 이용해서 다른 사람들을 돕는 데에 집중하기 시작했다.

그의 엄청난 업적과 그에 대해 쏟아진 찬사에도 불구하고, 잡스는 직업 우상화의 전형적인 증상인 경력에만 집중하는 좁은 시각을 피할 수 있는 방법을 찾아냈다. 시장에 깔려 있는 돈을 걷어들이기 위해 설계된 프로젝트나 자신의 고집을 굳히기 위해 더 효과적인 도구들을 만드는 데에만 초점을 맞추는 자기중심적 시각을 사용하기보다는, 자신의 직업이라는 것이 한 개인을 만족시키는 수준을 넘어서는 것이라는 생각을 하게 된 것이다.

당신 또한 잡스를 따라서, 당신의 소명이 전체적인 삶의 역할들의 순환 내에서 어떤 위치를 차지하는지에 대해 지속적으로 점검하고, 당신의 소명을 활용해서 다른 사람들에게 어떻게 도움을 줄 것인지에 대해 생각해보기를 권하고 싶다. 한 사람의 일이 (소명이든지 아니든지에 상관없이) 에너지를 소비하는 수준에서 그치지 않고, 그 사람의 관계 네트워크와 다른 삶의 역할들을 지지하며 서로 상호보완적인 역할을 하도록 할 때, 건강과 웰빙 수준은 높아지게 마련이다. 소명을 추구하는 데에만 지속적으로 시간과 에너지를 투자하느라 일 이외의 영역에서의 관계와 열정이 감소되고 있다면, 일이 당신의 삶에서 기능하는 역할과, 일이 자기가치감에 관련된 정도를 재점검해보기 바란다. 소명이란 강한 정체성을 만들어갈 수 있도록 도와주지만, 너무 강한 자기의식이 소명 내부에서 똘똘 뭉쳐지게 되면, 직업 우상화와 일중독 증상을 곧 만나게 될 수 있다.

마지막으로(우리가 매우 확신하는 부분이다), 직업 우상화는 결국 소명이 공동의 선과 타인들의 웰빙에 초점을 맞추는 정도를 감소시킨다. 우상화 증상을 가진 사람은 일을 바라보는 데 있어서 공동의 선이나 사회적인 웰빙을 개선시키기 위한 도구라기보다는, 목적 그 자체(예: 일보다 더 중요한 것은 없다는 믿음)라는 시각을 가질 수밖에 없다. 반대로, 소명의 가장 핵심적인 특성인 타인중심의 시각을 가진 사람들은, 일이란 삶의 맥락에서 더 건강한 역할을 해야 한다고 생각한다. 한 사람이 일을 통해 얼마나 많은 것을 성취하든지 간에, 다른 사람들의 욕구는 언제나 완벽하게 채워지지 않는 것이 사실이기 때문이다. 스스로에게 한번 질문을 던져보자. "내가 하고 있는 일은 다른 사람들의 삶을 더 좋게 만드는 데 있어서 어떤 역할을 하고 있는가?" 선뜻 대답이 잘 나오지 않는다면, 자신의 재능을 활용하여 어떻게 다

른 사람들을 도울 것인지에 대해 더 크고 더 넓은 시각을 가져보도록
스스로에게 도전과제를 주어보기를 권하고 싶다.

소명의 취약성

우리가 아는 한, 업무행동분야의 그 어떤 전문가도 뉴욕의 포드햄
대학의 경영학과 교수인 샤샤 도브로우(Shasa Dobrow)보다 십대 트
럼펫 연주자 조시 프랭크를 더 잘 이해하지는 못할 것이다.

그녀는 현재도 로드아일랜드 필하모닉에 소속되어 브로드웨이와
카네기홀에서도 공연을 한 경험이 있는 전문적인 바순 연주자이다.
도브로우 교수의 연구 중에는 유망한 음악가들 중에서 특히 자신의
일을 소명이라고 생각하는 사람들의 어려움에 초점을 맞춘 것이 있었
다. 그녀의 소명에 대한 정의는 "현대적" 시각("하나의 분야에서 사람들
이 경험하는 엄청나게 강렬하며 의미있는 열정"[10])에 더 가깝기 때문에,
우리의 것과는 다소 다르지만, 그 내용을 보면 소명이 일으킬 수 있
는 하나의 취약점이 눈에 띈다. 소명과 반대되거나 소명을 위협할 수
있는 좋은 진로에 대한 조언을 무시할 가능성 말이다.

문화의 범위가 넓어짐에 따라, 클래식 음악에 대한 양가감정 또한
점점 더 커지고 있는 현재와 같은 상황에서, 음악으로만 생계를 유지
한다는 것은 최고의 클래식 음악가에게도 힘든 도전과제이다. 그렇다
면 최고 수준의 음악가가 아닌 사람들에게는 어떨까? 뉴욕의 3대 음
악학교들은 연간 500명 정도의 졸업생을 배출한다. 전문 오케스트라
에서 연주하고 싶은 희망을 가지고 직업시장에 뛰어드는 미국 전역의
음악 전공 졸업생들 또한 3,000명 정도가 된다. 하지만 매해 자신이
기대하는 직업을 가질 수 있는 졸업생의 수는 150명 정도밖에 되지

않는다.[11] 정말 어려운 상황이다. 최근 도브로우(Dobrow)와 제니퍼 토스티-카라스(Jennifer Tosti-Kharas)는 엘리트 고등학교에 다니는 음악전공 학생 450명을 대상으로 연구를 진행하였다. 연구자들은 이 학생들에게 누군가 이렇게 어려운 진로를 선택하지 않아도 된다고 말해준 적이 있을까 궁금해서, "만약 내 개인 음악선생님이 내가 전문적인 음악가가 되는 것을 반대한다면, 나는 그의 조언을 따라서 다른 일을 해볼 것이다"라는 항목에 어느 정도 동의하는지를 알아보았다. 조사 결과, 매우 강한 소명의식을 가진 학생들은 다른 학생들보다 신뢰하는 멘토의 조언을 무시하는 경향성이 더 높았으며, 이러한 경향성은 연구가 진행될 당시와 마찬가지로 7년 후에도 동일했다! 연구자들은 이 결과에 대해, 강한 소명의식은 긍정적인 효과를 내지만, 동시에 유연하지 않은 목표와 진로에 대한 좁은 비전(career tunnel vision)과도 상관관계가 있다고 해석하였다.

특정한 진로경로를 추구하는 데 있어서 열정적인 태도를 가지는 것이 존중받아 마땅하고 고무적인 것이 분명하지만, 실용주의자들은 이런 점을 지적하기도 한다. 진로에 대해 지나치게 단순한 산술적 계산만을 하는 태도를 가질 경우, 결국은 너무 많은 기회비용을 지불하게 될 수도 있다는 것이다. 조시 프랭크와 같이 몇 년 동안 엄청난 노력을 했지만, 정작 직업을 찾는 시기가 되자 반복해서 거절만 당하게 되는 경우가 있으니 말이다. 이와 같은 상황에 처한 사람들에게 우리는 도브로우와 제니퍼 토스티-카라스가 제안했듯이, 타인의 피드백을 받고자 하는 학습 지향적 태도를 가질 것을 권하고 싶다. 이와 같은 학습경향성을 가지고 있는 사람은, 자신이 신뢰하고 가치를 둘 수 있는 의견을 주는 사람들로부터 부정적 피드백을 받는 것까지도 환영한다. 왜냐하면, 그들은 그와 같은 피드백을 받게 되면 앞으

로의 성장과 재능의 탐색, 희망이 있는 진로를 찾아내는 데에 도움이
된다는 것을 알고 있기 때문이다. 이와 같이 적극적으로 자기자각을
하고자 하는 태도는 성장을 하는 데 있어서 매우 유용한 마음가짐이
며(10장 참고), 소명의 신고전주의적 해석과 같이, 자신의 재능과 목적
의식을 다른 사람을 돕는 데 사용하고 있는지 스스로의 진로경로를
지속적으로 평가하는 데에 중점을 두는 모습이다. 따라서, 자신의 소
명을 외부보다는 내부에서 찾는 경우에는 이러한 태도를 갖기가 다소
어려울 수 있다. "의미있는 열정"이 마음속에서 솟아오르기를 바라는
경우, 외부에 대한 관심을 줄여버리기 때문에, 이 열정의 방향성이
맞는지에 대한 근거를 찾는 작업을 소홀히 할 수도 있기 때문이다.

또 소명이 만들어낼 수 있는 또 다른 핵심적인 취약성을 고려해
보기 위해, 강한 소명의식을 가지고 있는 동물원 사육사, 리치(Rich)
를 한번 만나보자. 리치는 동료들과 마찬가지로, 학사 학위를 가지고
있지만, 연봉 3만 달러가 채 안될 정도의 낮은 임금을 받는다. 이는
미국 직업의 임금 수준 중에서 최하위 25%에 속하는 수준이다. 리치
는 아프리카 사바나 지역에서 발견된 희귀 동물들을 돌보기 때문에
사람들의 관심을 받지도 못한다. 그가 맡고 있는 대부분의 업무는 단
순하며, 사람들이 꺼리는 일쪽에 속한다. 코끼리의 배설물을 치우고,
자극적이고 불쾌한 냄새가 나는 콘크리트 울타리를 문질러 닦는 일들
을 하고 있다.

그럼에도 불구하고, 리치는 정직원이 되기 전에 18개월 정도 동물
원에서 자원봉사를 했었고, 현재 하고 있는 일을 그만둘 생각은 없다
고 말한다. 이유가 뭘까? 동물들과 함께 일하는 직업은 그의 천직이
라고 생각하기 때문이다. 리치는 정말 어렸을 때부터 동물들을 돌보
는 일을 원했었고, 언제나 동물원은 그가 가장 좋아하는 장소였다. 그

는 사육사라는 직업이 자신에게는 운명이며, 정확히 설명할 수 없지만 어떤 힘 때문에 이 직업으로 오게 되었다고 생각하고 있었다. 사육사라는 직업이 정말 그에게는 소명인 것이다. 리치는 이 사실을 명확하게 느끼고 있었으며, 자신의 일의 의미는 매우 크며 정말 중요하다고 생각하고 있었다. 그의 성인 인생중 최고의 순간들은 돌보고 있었던 동물들이 출산을 했을 때였으며, 근처 학교에 다니는 어린이들이 아기 동물들을 보면서 "오오!" "와아!"라고 감탄하는 소리를 들을 때만큼 즐거운 순간들은 없었다.

　리치의 일이 그에게 엄청나게 큰 기쁨을 줌에도 불구하고, 낮은 임금이나 불편한 물리적 환경보다 더 힘든 점들이 있었다. 그는 동물들에게 최고의 생활환경을 제공해야 한다는 도덕적 의무감 때문에 부담을 느낄 때가 종종 있었다. 그가 이상적으로 생각하는 수준의 사육환경을 만들기 위해, 자신의 개인시간을 내어 근무시간 외에 일어나는 일들을 처리하곤 했기 때문이다. 하지만, 리치는 4년 동안 한번도 연봉인상을 받지 못했다. 그 동물원의 방문자 수는 기록적으로 많았고, 새로운 기부금과 보조금도 계속 받고 있었는데도 말이다. 리치만큼 일을 아주 잘하는 사람은 아니었지만, 동료 사육사 한 명은 공식적으로 낮은 임금에 대해 항의를 하였고, 한 달 후에 임금인상을 통보받았다. 리치도 임금에 대해 의견을 제시하였지만, 기금상황이 넉넉하지 못해서 상황이 좋아질 경우 내년에 임금인상이 가능할 것 같다는 이야기만 들을 수 있었다. 리치는 본인이 가지고 있는 약점에 대해 잘 알고 있었다. "동물원 사람들은 제가 이 일을 얼마나 사랑하는지를 알고 있어요. 그래서 제가 돈을 받지 않는다 해도 맡은 일을 할 거라고 믿죠. 이런 상황에서 어떻게 연봉인상을 우선순위로 삼을 수 있겠어요?"

이 상황에서의 문제점은, 리치를 가장 우수한 모범사원으로 만드는 태도가 고용주가 그를 착취대상으로 만드는 태도와 동일하다는 데에 있다.

관리자들은 리치에게 항상 고마운 마음을 가지고 있겠지만, 임금 문제에 대한 결정을 내려야 할 때가 되면 그에게 추가적인 보상을 해야겠다는 생각은 하지 않을 것이다. 그러한 보상이 없이도 리치는 벌써 본인이 해야 하는 범위를 넘어서서 많은 일을 하고 있으니 말이다. 때로는 삐걱거리는 소리를 내는 바퀴만 기름칠을 하게 되는 것과 마찬가지로, 관리자들은 다른 동료와 같이 연봉인상을 해주지 않더라도, 리치는 언제나처럼 열심히 그 자리에서 일하고 있을 거라고 생각할 것이다. 그리고 동물원에서 사람들이 꺼리는 일을 해야 할 때, 관리자들이 누구를 찾을 것이라고 생각하는가? 지속적으로 불평을 늘어놓고 있는 동료직원일까(그것도 그가 거부하지 않는 경우에만), 아니면 의무감에 불타는 리치일까?

스투 번더슨(Stu Bunderson)과 제프 톰슨(Jeff Thompson)은 리치가 가지고 있는 태도를 '소명이 가지고 있는 양날의 검'[12]이라고 부른다. 리치는 최근에 진행한 연구에서 인터뷰했던 동물원 사육사들의 전형적인 모습이었다. 번더슨과 톰슨이 소명으로서의 일을 연구했었던 것은 아니었지만, 연구에 참가한 사육사들은 매우 강한 소명의식을 가지고 있어서, 소명은 인터뷰 자료에서 가장 빈번하게 코딩된 범주로 나타났다. 이에 따라, 연구자들은 동물원 사육사들이 본인의 일을 어떻게 소명으로 생각하는지를 이해하기 위해 보다 심층적인 추후 연구를 기획하였다. 연구결과에 따르면, 소명은 한편으로는 일에 대한 강한 정체성과 의미, 목적의식을 불러일으켰지만, 다른 한편으로는 도덕적 의무, 개인적 희생, 리치가 경험했던 것과 같이 고용주로부터의 착취대상이 될 위험성들도 같이 가져다주었다. 번더슨과 톰슨은 '양날의 검'을 소명으로부터 오는 의무감의 논리적 결과로 해석하였다. "신고전주의적 소명은 더 큰 희생을 동시에 요구하지 않고서는 더 큰 의미를 고양시키지 못합니다."[13]

착취에 대한 취약성이 소명추구에 당연히 따라올 수 있는 결과라 할지라도, 착취 자체를 용납할 수는 없다. 우리는 리치와 같은 경험을 하고 있는 사람들에게는, 공정하게 수용가능한 범위를 명확하게 지킬 것을 제안한다. 이를 위해서는 지혜와 주장성, 때로는 요령이 필요할 것이다.

번더슨과 톰슨의 연구에 참여한 어떤 사육사들은 의도적으로 고용주에게 자신의 기여 수준을 명확하게 보여주지 않는 경우가 있었다. "나는 내가 이 일을 얼마나 열심히 하고자 하는지에 대해 관리자들에게 이야기하지 않을 거에요. 그러면 그 사람들은 나에 대한 약점을 하나 잡게 될테니까 말이에요. 만약에 관리자들이 일에 대한 내 사랑을 알게 되면, 곧바로 내 연봉을 삭감할 겁니다."[14] 공정성, 공평함, 법적형평성에 대해 인사담당자나 변호사와 솔직하게 이야기를 하는 것도, 이와 같은 상황에 있는 사람들이 고려할 수 있는 방법이 될 것이다.

왜곡된 소명의 파괴적 기능

자신이 소명이라고 생각하는 일에 압도적으로 많은 시간과 에너지를 투자할 때 생길 수 있는 결과는 일중독과 직업 우상화이다. 주위에서 제공하는 유용한 피드백을 무시하고, 고용주의 착취대상이 될 수 있는 가능성을 높이는 것 또한 소명에 따라오는 유해한 결과이다.

소명이 가져올 수 있는 이 모든 문제와 위험요소들은 근로자 본인뿐 아니라, 가족과 친구, 주위 사람들에게도 부정적인 영향을 미칠 수 있다. 하지만, 이러한 부정적인 결과는 사람들이 소명이라는 이름을 내세워서 의도적으로 다른 사람들에게 해를 입히는 경우에 비교한다면, 눈에 잘 안 띄는 것이 문제이다. 예를 들어, 더글라스 셔만(Doublas Schuurman)의 저서, 「직업 : 삶에서 소명 찾기(Vocation : Discerning Our Callings in Life)」에서 보면, 9.11 사태의 비행기 납치범들은 테러 행위를 준비하는 데 있어서 오랫동안 기도를 했다고 묘사된다. 그들의 입장에서 자신의 행동은 알라신이 허락해준 것이고, 그들은 신의 뜻에 순종하여 움직이는 것이었다. 셔먼은 존 드 그런치(John de Grunchy)가 기술한 또 다른 비극의 예를 들었다

　　1989년 5월 25일, 23세의 아프리카너(역주 : 남아프리카 네덜란드계 백인)인 바렌드 스트라이덤(Barend Strydom)은 여덟명의 흑인을 살해한 혐의로 체포되었으며, 프리토리아(Pretoria) 대법원에 의해 사형선고를 받았다. 그는 그날 아침, 프리토리아 시내에서 눈썹 하나 까딱하지 않고 피해자들에게 총을 난사했다. 네덜란드 개혁교회(Nederduitse Hervomede Kirk)의 장로인 스트라이덤의 아버지는 다음과 같이 증언했다. 그의 아들은 신실한 기독교인이며, 범죄를 저지른 날 이전의 3일 밤낮 동안 명상과 기도를 하면서, 자신이 신의 의지를 실행하고 있다는 것을 확신했다고 말이다.[15]

　스트라이덤은 그의 행동은 신의 뜻이라는, 명확한 소명을 느꼈다. 우리가 다른 사람들에게 소명의 정의에 대해 이야기할 때, 회의적인 사람들은 대부분 위와 같이 소명을 가지고 있었지만, 결국 터무니없

이 끔찍하고, 비도덕적이고, 정당화될 수 없고 파괴적인 행동을 한 사람들의 유명한 사례들을 제시한다. 히틀러는 소명을 가지고 있었을까? 핵심을 설명하기 위해 굳이 그렇게 극단적으로 갈 필요까지도 없을 것이다. 어떤 사람들은 담배산업이나 담배제조사를 위해 로비를 하고, 포르노 영화를 제작하는 일을 하는 소명을 가지고 있다고 말할 것이다. 장 칼뱅(John Calvin)은 이미 몇 세기 전에, 포주와 도둑, 간통자들을 위해 일하는 사람들을 비판하는 발언을 하였다.[16] 이 모든 사례에서는, 소명의 가장 중요한 부분이 빠져 있다. 다른 사람들의 웰빙과 더 큰 선을 위해 기여하는 것 말이다. 소명이 공동의 선이나 타인의 웰빙과 관련되어 있지 않다면, 적어도 신고전주의적인 시각에서는 소명이라고 말할 수 없는 것이다.

물론 우리도 인정한다. 친사회적 기여도를 기반으로 하여 소명을 평가하게 되면 상황이 금방 복잡해진다는 것을 말이다. 히틀러의 끔찍한 세계관에서 보았을 때, 그는 자신의 정책들이 공동의 선을 발전시키기 위해 설계된 것이라고 생각하지 않았을까? 물론 선량한 사람들을 살해한 사람에게 소명이 적용될 수 없다는 것은 그 누구도 반박할 수 없는 진실일 것이다. 하지만, 사실 이 부분도 항상 명확하지는 않다. 미국의 자유를 수호하기 위한 소명을 가지고 군대에 복무하는 용감하고 이타적인 마음을 가진 수많은 여성과 남성들에게 우리는 뭐라고 이야기할 수 있을까?

만약 이 군인들이 전쟁터에 배치되면, 결과적으로 선량한 시민들이 죽을 수 있는 미션을 수행해야 하는 상황에 마주할 수 있을 것이다. 그 미션이 더 많은 사람들의 생명을 보호하기 위한 목적을 가지고 있다면, 정당화할 수 있을까? 그렇다면, 그 미션으로 인해 희생될 시민의 생명을 정당화하기 위해, 얼마나 많은 생명들이 보호된다는 것이 보장되어야 하는 것일까? 이 장에서 다룬 내용 외에도, 이와 같은 딜레마를 해결하기 위한 윤리적 결정체계를 구축해야 할 상황이 많이 존재한다. 이 작업 자체가 어려운 도전과제라는 것은 너무나 명확하다.

9.11 테러리스트, 바렌드 스트라이덤, 히틀러, 포르노 영화 제작자들, 포주, 도둑, 간통하는 사람들을 보면, 모두 소명의 핵심을 왜곡하고 있다는 것을 알 수 있다. 솔직히 말해서, 우리가 소명의 의미가 어디까지 용납될 수 있는지에 대해 토론하는 것을 좋아하기는 하지만, 누군가를 살해하고 싶은 마음이 소명으로 간주될 수 있는지에 대해 심각하게 이야기해볼 수 있는 기회란 많지 않다. 그럼에도 불구하고, 위의 사례들은 현실에서 실제로 일어난 일들임에는 분명하다. 그러한 일들은 예방할 수 있었던 것일까? 그렇다면, 어떻게 해야 했었을까? 모든 극단적인 사례들에서 발생을 예방할 수 있었던 경고 상황을 충분히 찾아볼 수는 없겠지만, 여기에서는 소명이 파괴적이지 않고 생산적으로 사회에 관여하는 문화를 만들기 위한 간단한 제안점 세 가지를 제시하고자 한다.

첫째, 소명을 명확하게 알아볼 수 있고, 커뮤니티 안에서 생산적으로 소명을 실천할 수 있는 상황을 찾아내기. 우리는 당신의 재능이 의미있는 방향으로 공동의 선에 영향을 미치게 하는 방법을 생각하도록 도와줄 수 있는 멘토를 찾는 일이 얼마나 중요한지를 강조해왔다. 연구결과에 의하면, 사회적 네트워크와 모델링이 중요하고 효율적임을 강조하면서 진로에 대해 좋은 결정을 하는 데 있어서 그 요소들이 큰 도움이 된다고 한다. 그뿐 아니라, 건강하고 지지적인 관계를 자연스럽게 맺을 수 없어서, 외로운 늑대같이 생활하며 관계적 공백을 느끼는 경우, 자기파괴적인 결정을 내릴 가능성이 높다는 연구결과도 있다.[17] 이상적으로, 소명을 찾아내고 소명을 실천하는 여정은 서로를 배려하고, 서로의 삶의 방향을 긍정적으로 잡아가도록 조력하는 관계에서 이루어지는 대화의 공통적인 주제가 될 것이다. 유해한 요소를 예방하는 보호적 기능은 이러한 관계에서 얻을 수 있는 부차적인 혜택이지만, 역시 중요한 결과라고 할 수 있다.

두 번째 제안점은 소명의 친사회적 혜택을 평가하기 위한 기준에 초점이 맞추어져 있다. 우선은 사랑의 도덕적 기준을 고려해야 한다. 사랑은 고객과 경쟁자에게 보여주는 존중으로부터, 공격적인 동료에 대한 용서, 보호관찰명령을 어긴 사람에게 제시하는 규칙까지 정말 다양하게 표현될 수 있는 것이다. 셔먼의 주장에 따르면 "사랑이란 다양한 직업분야를 통해 나타난 기대사항과 사람들의 욕구에 따라 다양한 형태를 취한다."[18] 하지만, 어떤 경우에도 사랑은 건전한 도덕적 기반을 제공해준다. 사랑에 반대되는 동기는 그 어떤 것이라도, 소명의 친사회적 특성, 즉 소명의 핵심을 파괴하는 것이다. 그리고 사랑은 소명의 도덕적 기준인 반면, 샬롬(shalom)이라는 히브리어 단어는 "지향하는 이상(orienting ideal)"을 뜻한다.[19] 샬롬은 모든 것들이 원래 계획했던 대로 이루어지고, 즐거움과 기쁨과 함께 평화로움을 느낄 수 있는 상태를 말한다. 샬롬은 전체성과 풍요로움, 정의, 탄압(천국에서의 생활과 반대의 상황)에서의 자유를 의미하는 것이다. 하지만 소명에 적용했을 때 더 중요한 것은, 샬롬의 상태에 도달하는 최종결과보다, 샬롬을 위해 노력하는 과정이다. 당신의 소명은 샬롬의 비전을 향해 갈 수 있도록 도와주는가? "원래 계획했던" 방향으로 나가기 위한 영향력 범위 내에서 움직이고 있는가? 소명의식과 함께, 강한 개인적 욕구를 가지고 있을 경우, 흔한 상황은 아니지만 끔찍한 결과로 이어질 수도 있다. 우리가 이 장에서 살펴보았던 악명 높은 사례들에서,

사랑과 샬롬이라는 평가기준에 의해, "이와 같은 파괴행위가 소명이 될 수 있는가?"라는 질문을 해본다면 명확한 답을 찾을 수 있다. 파괴행위는 어떤 상황에서도 소명을 사라지게 만들어버릴 것이다.

소명의 복잡성

이 장에서 우리는 대단히 중요한 주제 하나를 강조해왔다. 소명을 실천하는 데에는 위험요소가 반드시 존재한다는 것이다.

소명은 직업 우상화와 일중독이라는 왜곡적 형태로 변형되는 것이 가능하다. 소명은 유용한 피드백을 무시하거나, 당신의 웰빙과는 상관없는 가치를 가진 고용주의 착취 대상이 될 수 있는 취약성을 가지고 있다. 소명은 다른 사람들에게 해를 가하기 위한 근거자료로 사용될 때, 스스로를 완전히 파괴할 수 있는 능력도 가지고 있다. 우리의 연구에 참여했던 요세프(Youssef)는 학부생이었을 때 심리학에 대한 소명을 찾았다. 많은 사람들에게 자문을 구하고, 자신의 재능을 명료화하고, 기회들을 탐색하면서, 비교적 젊은 나이에 심리학 분야가 자신에게 꼭 맞는다는 결론을 내릴 수 있었다.[20] 그는 자신의 소명이, 천가닥의 실로 짜여진 태피스트리 같다고 묘사했다. 태피스트리는 전체적인 심리학 분야를 상징하고 있었고, 우리가 인터뷰를 했을 당시에 그가 붙잡고 있었던 실은 심리학 교수였다. 교수로서 요세프의 직업은 엄청나게 큰 의미와 만족을 주었다. 그는 학생들의 멘토역할을 해주는 것에 대해 높은 가치를 두고 있었고, 학자로서의 활동을 하면서 일에 몰두하였다. 표면적으로, 요세프는 어떻게 소명을 찾아내고 소명을 실천하는지에 대한 선구자로 보였다. 적극적으로 소명에 대한 탐색을 하고 있었고, 그 탐색과정을 지속적으로 해야 한다고 생각하고 있었으며, 시간이 지나가면서 성장해 나가려고 노력하였기 때문이다.

하지만, 요세프에게 소명을 추구하는 일은 그만큼의 값을 치러야 하는 것이었다. 일에 대한 열정과 소명을 따라가고자 하는 의지 때문에, 그는 전국의 여러 지역들에 있는 다양한 직장들로 옮겨다녔고, 그럴 때마다 요세프의 가족들은 엄청난 혼란을 겪어야 했다. 그는 죄책감 때문에 부담스러워하는 듯이 보였다. "제가 아내에게 조금 더 나은 삶을 줄 수 있었다면 얼마나 좋았을까 라는 생각을 해요." 요세프는 정말 슬픈 표정을 지으며 이야기를 이어나갔다.

"이건 제가 개인적으로 가지고 있는 컴플렉스에요. 저는 아내를 여기저기로 끌고 다녔어요. 이상하게도 옮겨다닐 때마다 더 추운 지역으로 가게 되었는데, 아내는 추운 날씨를 정말 싫어하거든요. 게다가 저는 그녀의 일에도 나쁜 영향을 미쳤어요. 이 부분에 대해서는 정말 크게 죄책감을 느끼고 있어요. 아내의 경력이 지금보다 훨씬 더 근사해질 수 있었거든요.

우리는 새로 옮겨갈 지역을 정할 때에, 둘 중에서 한사람이라도 반대를 하면 움직이지 않기로 했었어요. 그런데 제가 (아내의 경력개발을 위해) 제 경력을 포기해야 할까를 고민해야 하는 상황이 몇 번 있었던 것 같아요."

요세프의 이야기를 들으면서 명확하게 알 수 있는 것은, 아내가 해야 하는 희생에 대해 느끼는 미안함보다, 자신의 소명에 대한 열정과 흥미, 의미에 대해 더 많은 중요성을 부여하는 것에 어려움을 느꼈다는 것이다.

그리고, 조시 프랭크에게는 어떤 일이 생겼을까? 별로 놀라운 일이 아니지만, 조시는 줄리아드에서 학위를 받았고, 지금은 세계적으로 유명한 교향악단에서 트럼펫을 연주하고 있다. 우리는 조시를 다시 만나면서, 누나의 "미국인의 삶" 라디오 방송 이후 십여년 동안 더 좋은 균형감을 갖게 되었다는 것을 발견했다. 그 후에 중요한 삶의 경험들이 많았다. 조시는 사회적 네트워크과 음악적 성장을 모두 얻을 수 있는 커뮤니티에서 다른 음악가들과 친구관계를 맺기 시작했다. 음악에 대한 그의 열정을 이해하고 공유해주는 여성과 결혼도 했다. 그리고 시간을 좀 덜 쓰면서도 연습할 수 있는 방법을 배웠는데, 이는 경험과 필요성에 의해 개발한 기술이었다. 간단히 말해서, 조시는 자신의 소명을 추구하면서도, 지지적이고 보완적인 삶에 적응하는 방법을 배운 것이다. 그는 일에 투자하는 시간을 줄이면서 직업 우상화와 일중독의 위험성을 감소시키고, 더 현명하고 능숙하게 일과 삶을 통합시켰다.

소명을 추구하며 살아간다는 것은 고독한 삶의 방식을 의미하는 것이 아니다. 소명은 원래 관계적인 특성을 가지고 있다. 소명추구의 삶은 당신의 일 이외의 삶뿐 아니라, 주위 사람들의 삶에 대해서도 좋든 나쁘든 어떠한 영향을 미치게 된다. 조시와 요세프에게, 소명을 따라가는 인생은 갈등을 불러일으켰고, 때로는 고통까지 안겨주었다. 하지만 그들은 그 도전과제를 피하려 하지 않고, 대신에 그 과제를 다루는 법을 배웠다. 어려움을 만났을 때 소명을 포기하고 더 편한 길로 가는 것이 아니라, 인내하고 나아가려 노력했다. 소명이란 만병통치약도 아니고, 문제가 존재하지 않는 삶으로 갈 수 있는 길도 아닌 것이다. 오히려 위험요소들이 산재해 있는 곳이라고 할 수 있다.

하지만 균형을 잡는다면, 적절한 시각을 발전시킨다면, 공동의 선에 집중한다면, 지속적으로 스스로의 모습을 점검한다면, 피드백에 대해 열린 마음으로 배우려고 하는 태도를 가진다면, 사회적 공정성이라는 확고한 경계를 유지한다면, 지원을 받을 수 있는 네트워크를 유지한다면, 사랑과 샬롬을 위해 노력한다면, 당신은 분명히 이 과제를 해결할 수 있을 거라는 자신감을 가지고, 장애물을 예측하고 극복하면서 소명을 추구해나갈 수 있을 것이다.

변화하는 일 세계에서의
소명의 역할

A Role for Calling in the Changing World of Work

변화하는 일 세계에서의
소명의 역할

A Role for Calling in the Changing World of Work

요즘 사람들의 관심을 끄는 주제는 '변화하는 일의 세계(the changing world of work)'이다. (방금 구글에서 이 문장을 검색해보았더니 결과가 5억 개 이상이나 나왔다 - 레이디 가가(Lady Gaga), 아메리칸 아이돌(American Idol), 팀 티보(Tim Tebow)(역주: 미식축구리그(NFL) 쿼터백 출신의 미식축구선수) 등을 검색한 결과보다 더 많은 숫자이다.) 물론 일의 세계는 한 번도 안정적인 적이 없었다. 일터는 사회적, 경제적 변화와 맞물려 늘 변화해왔다. 하지만 서서히 선형적으로 발전하던 과거의 모습은 예측할 수 없이 들쭉날쭉 변화하는(대개는 갑자기 발생하고 이전과는 다른 모습인) 모습으로 바뀌었다. 많은 연구들에서도 이제는 일터에 있어서 새로운 시대가 도래했다는 이야기를 하고 있다. 천천히, 착실하게, 신중한 발전을 하려는 기업의 성장 전략은 신속하고 결단성 있게 적응하는 사람들이 가장 잘 생존하고 번창하는 풍조로 바뀌었다. 기업뿐만 아니라 근로자 개인도 마찬가지이다. 우리는 점점 커지는 세계 시장(global market)에서 살고 있다. 세계 시장에서는 인터넷으로 인해 지리적인 거리가 문제되지 않고, 기술이 필요 없는 직업은 감소하고 서비스 분야는 증가하였으며, 급속도로 기술이 진보하고, 노동인구의 특성에서도 거대한 변화가 일어나고 있어서 이제 진로경로는 예측할 수 없음과 부단한 변화(unpredictability and constant transition)가 특징이 되었다. 이러한 "뉴 노말(new normal: 시대 변화에 따라 새롭게 부상하는 표준으로, 위기 이후 5년~10년 간 세계 경제를 특징 짓는 현상시사경제용어사전)"에 대한 매스컴의 보도가 끊이지 않고 있으며, 종종 과장되게 다루어지기도 한다. 그럼에도 불구하고, 대부분의 노인들은 오늘날의 일 환경을 지배하는 규준들에 대해 잘 모를 것이다. 이런 상황을 생각하면 불안해지지 않을 수가 없다. 새로운 일의 세계에서 기대할 수 있는 것 중 하나가 변화라고 한다면, (리 하디(Lee Hardy)의 표현인) 세상 구조(the fabric of the world)라고 하는 것도 또한 끊임없이 변하고 있는 것 같다.

　지금과 같이 유동적이고, 피할 수 없이 항상 변하고 있는 일의 세계에서, 소명이라는 낡은 개념은 어떤 역할을 할 수 있을까? 이 장에서는 그 문제를 살펴보려고 한다. 이 주제를 포괄적으로 다루기는 어렵기 때문에, 우리는 소명의식이 현대 일의 세계에서 가장 중요한 이슈 세 가지를 어떻게 설명하고 있는지에 초점을 맞출 것이다. 세 가지는 가진 사람들과 가진 것 없는 사람들 간의 강제적인 분열, 일터에서의 인구통계학적 변화, 그리고 개인의 진로발달에서 갈수록 증가하고 있는 이행에 필요한(transition-laden) 규준이다.

고난

최근호 타임지는 표지에 가로대가 부러진 사다리 이미지와 함께 "미국에서 당신은 여전히 위로 올라갈 수 있습니까?"라는 질문을 달아놓았다. 표지 기사에 실린 사진은 레슬리 페레즈(Lesley Perez)가 뉴욕의 자기 아파트 침대에 앉아있는 것이었다. 24세의 레슬리는 아직도 부모와 같이 살고 있다. 사실은 다시 부모님의 집으로 들어와 사는 것이다. 그러지 않으면 살 수가 없기 때문이다. 유치원 교사인 그녀의 월급은 1년에 23,000달러밖에 안되는데다 대학 학자금으로 받은 35,000달러의 대출도 있다. 미국에는 레슬리 같은 사람들이 계속 늘고 있기 때문에, 이 질문을 보면 심장이 쿵하고 떨어지는 것 같다. 이 주제에 대한 라나 포루하(Rana Foroohar)의 논문은 미국의 능력주의(meritocracy) - 기회의 땅에서는 원하는 것에 집중하여 열심히 일하기만 하면 무엇이든 할 수 있다는 생각 - 가 이제는 많은 경우, 신화에 불과하다는 것을 보여주는 강력한 사례이다.[1] 포루하는, 1970년에 출생한, 사회경제적 지위가 하위 5%인 사람들은 성인이 되었을 때 상위 2/5 안에 포함될 가능성이 17%에 불과할 것이라고 하는, 퓨 채리터블 트러스트(Pew Charitable Trusts: 1948년에 설립된 비영리단체 - 위키백과)의 경제신분 이동성에 관한 연구(Economic Mobility Project)를 인용하고 있다.

물론 다른 사람들에 비해 더 큰 가능성을 갖고 있는 사람들도 있다. 직업심리학자인 나디야 푸아드(Nadya Fouad)와 존 바이너(John Bynner)는 "사람들은 출생 당시의 성별, 사회경제적 지위, 인종이나 지리적 위치와 같은 구조적 요인들의 제한을 받는다. 특히 경제적인 고난은 젊은이의 포부와 꿈을 좌절시키고, 교육 제도에 있어서 그리고 성인기의 삶에 있어서, 기회의 부족과 발전의 제한을 가져올 수 있다."[2] 눈에 보이는 자원은 퍼즐의 한 조각에 불과하다. 한 아이가 태어난 사회 계층에 수반되는 문화적 환경은 부모가 제공할 수 있는 정서적, 교육적, 사회적 자원의 전 범위에 퍼져있다. 한 부모 가정에서 자라는 아이를 생각해보자. 그 부모는 기본 생필품을 마련하기 위해 두 개의 직업을 가져야 한다. 학교의 예산은 지역사회의 소득세나 재산세와 결부되어 있다. 그렇다면, 이 아이들은 재정이 부족하여 수준 높은 교사들을 데려올 수 없는 학교에서, 원하는 일을 할 수 있는 기회에 대한 기대가 낮은 또래들과 함께 공부하고 있을 것이다. 이 아이는 미래를 생각하면서 어떤 종류의 삶을 상상하고, 어떻게 그 미래상에 맞는 자신의 목표를 설정하게 될까? 이 아이는 커다란 포부가 있어도, 인턴십의 기회를 주선해주거나 높은 성과를 내는 화이트 칼라 전문직 같이 성공한 사람의 모델을 보여주는, 인맥 좋은 부모의 혜택을 받지는 못할 것이다. 여기에서 분명히 말하지만, 합법적인 일의 영역은 모두 존엄하고 의미가 있다. 우리는 "당신이 꿈을 갖기만 하면, 그 꿈은 이루어질 것이다"라는 말은 사람들의 출발점이 모두 다르다는 현실을 간과한, 너무나 단순한 이상이라고 생각한다. 특정 직업보다 "더 좋은" 직업이 있다고 말하는 것이 아님을 강조하고 싶다.

부자는 계속 부유해지고 가난한 자는 계속 가난해지는 것을 설명해주는 경제적 불균형이 현실이지만, 이는 전체상황의 일부일 뿐이다. 경제학자 알렉 레빈슨(Alec R. Levenson)은 최근 몇 십년간 *동일 분야의 노동시장에서* 임금 격차가 커지고 있다는 점을 지적한다. 같은 직업을 가진 사람들이 지금은 이전의 그 어느 때보다 더 "임의적으로 보이는 보상(arbitrarily different compensation)을 받게 된다"는 것이다. 레빈슨은 다음과 같은 사례를 보여준다. "30대의 백인 남자

변호사 두 명이 있다. 한 세대 전이라면 둘은 거의 동일한 보상을 받았을 것이다. 하지만 1990년대로 오면, 조직에 따라 그리고 같은 조직 내에서도 개인별로 다른 보상을 주려고 하기 때문에, 두 명의 수입은 매우 달라질 수 있다."[3] 레빈슨은 이러한 차이들이 임의적이다 라고 기술하였지만, 체계적인 보상의 차이는 성별에 따라 그리고 피부색깔에 따라 오랫동안 있어왔던 일이다. 지난 30년간 일하는 여성은 70% 이상 증가하였지만 - 현재 25세부터 55세 사이의 여성 중 75%가 일하고 있다 - 성별에 근거한 임금 차이는 거의 변화가 없다. 현재 여성들은 동일 직종에 종사하는 남성 임금의 약 75%를 받고 있다. 그리고 정규직 근로자 중에서, 유색인은 교육, 직업, 지역, 경력이 동일해도, 백인 근로자의 평균 임금에 비해 상당히 적은 임금을 받고 있고, 성적 소수자와 장애인들의 경우 그 차이는 훨씬 더 커진다.[4] 보스턴 대학 교수인 데이비드 블러스테인(David Blustein)이 강조한대로, 일터는 사회적인 상호작용의 주요 원천이고, 그러한 역할로 인해 사회적 억압의 중심이 될 수도 있다.[5]

바로 미국이 그런 곳이다. 많은 곳에서 아주 암울한 상황이 펼쳐지고 있다. 전 세계 70억 인구의 1/3이 하루에 2달러 이하의 소득으로 근근이 살아가며, 현대판 노예라고 할 만한 상황에서 고통을 겪고 있다. 이 정도의 빈곤은 대개 자유에 대한 심한 구속과 기준에 못 미치는 주거 환경, 열악한 건강 상태, 영양실조, 문맹 및 모든 형태의 착취와 인권 학대를 동반한다.[6] 아이오와 주립대학 명예교수인 프레드 보르겐(Fred Borgen)은 이런 사실들을 가지고, 사람들에게 진로발달은 어떤 의미인가에 대해 몇 가지 중요한 질문을 하였다.

얼마나 많은 십대들이 현실감을 가지고 "나는 진로에 대한 꿈을 가지고 있다"라고 말할 수 있을까? 그들 중 얼마나 많은 아이들이 열정을 가지고 있는 진로를 자유롭게 선택하고, 큰 사회적 장애물 없이 추구하여, 그 진로에서 만족과 의미를 찾을 수 있을 거라고 생각할까? 슬프게도, 그 숫자는 전체 십대 인구의 10%도 안 된다. 현재 지구상에 살고 있는 전 연령층에서 (서구인들의 전형적인 정의대로) 진로에서 자기실현을 할 것이라거나 또는 했다고 하는 사람들은 5억 명 정도이며, 훨씬 더 적어질 수도 있다. … 우리가 현재 알고 있는 직업심리학은 대부분의 나라에서는 잘 적용되지 않는다. 우리가 주로 미국에 대해서 이야기하고 있다면 반드시 "잊혀진 절반(forgotten half)"에 대해 언급해야 한다. … 그리고 전세계에 대해 이야기 하고 있는 거라면, 반드시 "잊혀진 9/10"에 대해 논의해야 할 것이다.[7]

누구를 위한 소명인가?

프랜시스 포드 코폴라(Francis Ford Coppola) 감독의 영화 포와카시(Powaqqatsi)는 브라질의 금광 장면으로 시작된다. 땀에 젖어 얼룩진 누더기 러닝셔츠와 반바지를 입은 수백 명의 노동자들이 부대자루를 짊어지고 노천광의 위험하고 가파른 길을 올라가는 모습이 보인다. 노동자들은 뜨거운 열기 속에서 힘들게 일하고 있다. 대부분 줄담배를 피우고 있고, 모두가 수척하고 탈진하여 금방이라도 쓰러질 것 같이 보인다. 어느 순간, 카메라는 두 명의 노동자가 동료 광부를 어깨에 메고 있는 것에 초점을 맞춘다. 그 남자는 고통으로 몸을 꿈틀댄다. 떨어지는 바위에 머리를 찍혔던 것이다. 동료들이 가방을 옆으로 메고 그를 광산 꼭대기로 데려간다. 짐작하건대 그곳에 그를 내

려놓고, 돌아서서 내려와, 또다시 정상까지의 힘든 여정을 시작할 것
이다. 다른 노동자들은 아무도 눈치 채지 못했고, 속도를 늦추지도 않
았다. 브라이언은 상담심리학 박사과정 학생들의 진로발달 수업을 할
때, 처음 몇 주 동안은 진로선택 및 발달에 관한 주요 심리학 이론들
을 다룬다. 거의 모든 이론들이 사람들은 비교적 제한 없이 어떤 유
형의 일을 추구할지를 선택할 수 있다고 가정한다. 브라이언은 학생
들이 이론들에 익숙해졌을 즈음, 포와카시의 이 장면을 보여주고 질
문한다. "이 이론들은 진정 누구를 위한 것일까요?"

"이것은 누구를 위한 것인가?"라는 질문을 소명으로서의 일 개념
에 적용하면 훨씬 더 가슴이 아프다. 소명을 갖는 것은 제한 없이 진
로를 선택할 만큼 충분한 혜택을 받은 일부분의, (보르겐에 의하면 10%
에도 못 미치는 사람들의) 사치에 불과한 것일까? 그저 생존을 위해 애
쓰고 있을 때, 겨우 생필품을 살 정도의 수입으로 근근이 살아가고
있을 때, 자녀들에게 더 나은 삶을 살게 해주고 싶어서 남은 것을 저
축할 때, 과연 사람들이 소명을 추구할 수 있을까? 무수히 많은 제약
들이 일을 소명으로 접근하는 데 방해가 될 수 있으며, 그 제약들은
평등하지도 않다. 분명히 어떤 사람들은 다른 사람들보다 더 많은 장
애를 만나게 된다. 그런데 역설적으로, 적어도 어떤 환경에서는 실업
과 억압에 직면한 사람들에게 소명이 가장 필요하고, 소명을 더 쉽게
이룬다는 증거도 있다.

실업

라이언(Ryan)은 대학 2학년 첫 학기를 마치자마자, 겨울 방학을
보내기 위해 텍사스 달라스에 있는 집으로 갔다. 그는 기분이 좋았다.

새로운 연인과 달콤한 연애를 시작했고, 기말고사가 완전히 끝났기 때문에, 3주 동안 아무 것도 하지 않고 집에서 빈둥거릴 생각이었다. 그날 아침, 아버지는 라이언을 태워 데니스 식당으로 아침식사를 하러갔다. 연한 커피를 앞에 놓고, 칵테일을 두 잔 주문한 후에 라이언의 아버지는 늘 하던 질문을 했다. "학교는 어떠니?" 기분이 좋았던 라이언은 열아홉 살에게 기대되는 "좋아요"라는 대답 대신에 자신의 연애와 성적 향상에 대해 상세하게 설명하였다. 15분 정도 이야기한 후 약간 지친 라이언이 아버지에게 되물었다. "그런데 아버지는 잘 지내세요?"

"글쎄, 오늘이 블록버스터에서의 마지막 날이구나." 라이언은 그 말에 허를 찔린 느낌이었다. 라이언의 아버지 마이크는 지난 7년간 블록버스터 비디오(Blockbuster Video)의 영업부에서 고객들에게 쿠폰과 할인, 신상품을 홍보하는 메일을 만들고 보내는 일을 해왔다. 벽돌공이었던 아버지와 주부였던 어머니는 마이크가 여섯 살 때 영국에서 미국으로 이민을 왔다. 마이크는 고등학교 졸업장만 가지고, 30년 넘게 열심히 일하며 승진하여, 소위 아메리칸 드림을 성취할 수 있었다. 결혼했고, 세 아이와 교외에 있는 침실 네 개짜리 집을 가진, 높은 급여를 받고 있는 중간 관리자로서 아큐라 SUV와 골든 래브라도까지 가질 수 있었던 것이다. 물론 그 꿈에는 돈이 많이 들었다. 연간 8만 달러를 대출 받아서 라이언과 그의 누나는 일류 사립대학에 다녔고, 라이언의 여동생은 청각 장애를 치료받았다. 마이크는 왜, 그리고 어떻게 블록버스터에서 "해고"되었는지를 자세하게 설명하였지만, 라이언은 거의 듣지 못했다. 그만큼 충격이 컸던 것이다. '아빠가 해고되었다고?' 절대로 일어날 수 없는 일이었다. 그는 아버지가 일하는 것을 너무나 당연하게 생각했기 때문에, 아버지의 실업이 가져올 결과를 충분히 이해하지 못했다.

라이언은 한 걸음 물러나서 생각해보고 말했다. "아버지는 어떠세요?" 아버지의 대답은 간단하고 신속했다. "글쎄다, 열다섯 살 이후로 실업자가 되기는 처음이라서." 대부분의 미국사람들처럼, 마이크에게 일은 정체성뿐만 아니라 가족에게 자신이 누리지 못했던 기회들을 제공한다는 만족감을 느끼게 해주는 것이었다. 실직과 – 정체성부터 삶의 양식까지 – 그로 인해 겪게 되는 엄청난 변화들이 너무 두려워서, 그는 거의 마비가 될 지경이었다.

이것은 바로 오늘날 미국에 사는 수백만의 사람들이 겪고 있는 일이다. 지금 당장 겪지 않더라도 많은 사람들이 곧 겪게 될 것이며, 몇 번씩 실업을 경험하는 사람들도 있다. 실업이 정신건강에 미치는 영향에 대한 연구들에서는 자존감, 관계 갈등, 약물복용 외에도 상당히 많은 정신건강 문제들이 지속적으로 나타나고 있다.[8] 독일에서 수행된 한 연구에서는 실업이 사람들의 웰빙 수준을 낮춘다는 것이 발견되었다. 연구 참여자들은 실직 후 삶의 만족도가 현저하게 낮아졌고, 재취업한 후에도 이전 수준으로 회복되지 않았다.[9]

소명이 일과 개인의 정체성 및 목적의식을 연계시키는 점을 고려하면, 일을 소명으로 경험하던 사람들이 실직하면 많이 힘들 것이라고 생각할 수 있다. 아직 직접적으로 이 문제를 조명한 연구는 없지만, 우리는 구체적인 직업이 소명의식과 밀접하게 관련된 사람들에게서 실업의 부정적인 결과가 악화되지 않을까 의심하고 있다. 현재 하고 있는 일을 자기의식의 핵심으로 생각하는 사람들은 실업자가 되었을 때, 일을 자기의 정체성과 덜 연관 짓는 사람들에 비해서, 정신건강이 유의미하게 더 나빴고 삶의 만족도는 더 낮았다.[10] 하지만 소명은 일 중심적 태도와 같은 것이 아니다. 3장에서 검토한 바와 같이,

소명의식은 대개 특정 직업의 수준을 넘어선다. 예를 들면, 동물의 건강을 증진시키고 고통을 경감시키라는 부름을 받았다고 느끼면서, 동물병원에서 하는 일이 그 소명을 추구하는 데 매우 중요하다고 생각하는 보조 수의사가 있을 수 있다. 그 일을 그만두게 되더라도, 그녀는 소명의식을 상실해서가 아니라 소명을 실천하는 주요 도구를 잃어버릴까봐 걱정할 것이다. 또 다른 직업이 그녀의 소명을 지원해줄 수 있으며, 그 직업을 찾을 때까지는 임금을 받지 않지만 소명을 실천할 수 있는 다른 일을 할 수도 있다. 그렇게 할 수 있다면, 소명의식이 실직의 부정적인 결과를 완화해주어, 사람들이 실업으로 인한 고난에 대처하는 데 도움이 될 것이다. 간단히 말하면, 개인의 직업이 소명 그 자체가 아니라 소명을 실천하는 수단이라면, 그 직업을 잃는 것이 소명을 잃는 것은 아니라는 것이다.

어떤 상황에서는, 실업이 전에는 소명이 존재하지 않았던 곳에서 소명의식을 발화시킬 수도 있다. 진로상담에서 만났던 많은 사람들은, 일이 싫기는 하지만 임금과 복지("황금 수갑(golden handcuffs)") 조건이 너무 좋아 쉽게 그만둘 수가 없기 때문에, 꽉 막힌 느낌이라고 했다. 실직과 해고가 긍정적일 수는 없지만, 그들은 그 상황에서 황금 수갑을 벗어버리고, 소명의식이 나타날 수 있는 새로운 가능성에 마음을 열 수 있게 된다. 더글라스 홀(Douglas T. Hall)은 던 챈들러(Dawn Chandler)와 함께 조직행동연구(Journal of Organizational Behavior)에 기고한 논문에서, 실업자들에게서 이것이 어떻게 전개되는지를 설명하고 있다.

최근에 실업에 관한 연구를 수행하면서 다양한 배경을 가진 사람들이 자신의 소명의식에 대해 말하는 것을 들을 수 있었다. 자신들의 자원이 다 떨어져서 "밑바닥에 이르렀을 때", 비로소 진정한 소명을 알아차릴 수 있었다고 하는 사람들도 있었다. 전문직 실업자 집단과의 토론에서는, 자원이 있으면 자기탐색과 다양한 일을 해보고 싶은 동기가 없어질 수 있기 때문에, 경우에 따라서는 소명을 찾는 데 방해가 될 수 있다는 의견이 공통적이었다. 사람들은 실업수당을 받기 위해, 전에는 생각조차 해보지 않았던 다양한 일들(정규직과 비정규직)에 지원해야 했으며, 어쩔 수 없이 꼭 해야만 했던 탐색과 시도 덕분에 열정을 가지고 있던 일을 찾을 수 있었다고 했다.[11]

소명을 추구할 때 필요한 경제적인 자원들은 다양할 것이다. 의지할 수 있는 소득원이 있다면, 기본 욕구 해결을 염려하지 않고, 재능을 의미 있게 사용하여 더 큰 선에 기여하는 방법을 자유롭게 탐색할 수 있을 것이다. 하지만 홀과 챈들러가 지적한 것처럼, "특권층은 일에 대해 진지하게 생각할 기회를 갖지 못해서, 소명을 알아내는 데 필요한 자기탐색과 다양한 일을 시도해보는 활동을 해보지 못할 수 있다."[12] (실업상태에서 소명을 실천하는 것에 대해서는 Q&A 12 참고)

억압

물론 실업은 사기를 떨어뜨리지만, 오히려 취업에 대한 대가를 치러야 하는 사람도 있다. 앞에서 우리는 고용에 대한 보상이라는 것이 집단에 따라 공정하게 분배되지 않는다는 것을 지적했었다. 좀 더 자세히 살펴보도록 하자. 미국 통계청(U.S. Census Bureau)에 따르면, 2010년 학사학위가 있는 정규직 근로자의 평균 소득은 백인 여성

45,223달러, 백인 남성 71,958달러였다.[13] 이와 대조적으로 아프리카
계 미국인 여성과 남성의 소득은 각각 41,653달러와 48,068달러였다.
반면에 히스패닉/라틴계 미국인 여성과 남성의 소득은 각각 39,321달
러와 56,774달러였다. 직업심리학자인 루스 패신저(Ruth Fassinger)는
유색인에게는 승진의 기회도 "쉽지 않다"고 했다. 백인 남성은 거의
1/3(29.2%)이 관리자이거나 전문직인데, 아프리카계 미국인 남성은
18.5%, 히스패닉/라틴계 미국인 남성은 11.4%에 불과했다. 여성의
경우, 관리자와 전문직의 비율이 백인 여성 33.4%, 아프리카계 미국
인 여성 24.8%, 히스패닉/라틴계 미국인 여성 17.8%였고, 남성, 여성
모두 합한 아프리카계 미국인과 히스패닉/라틴계 미국인의 경우, 각
각 CEO의 3%와 3.8%를 겨우 차지했다.

　임금과 승진의 불균형 면에서는 여성과 유색인들이 상대적으로 협
소한 범위의 직업과 일 역할, 특히 보상이 낮은 쪽에 몰려있는 경향
이 있다. 미국의 경제력과 글로벌 리더십에 매우 중요한, 고성장의 수
익성 높은 STEM(과학 science, 기술 technology, 공학 engineering, 수학
math) 분야에서는, 이 직업들의 9/10를 백인(77.1%)과 아시아계 미국
인(11.2%)이 점유하고 있다. 미국의 노동 인구 중 대학 졸업자의 반이
여성임에도 불구하고, 여성은 STEM 인력의 1/4, 유색인 여성의 경우
는 4%에 불과하다. 물론 이 숫자들 중 일부는, 훨씬 더 큰 맥락에 존
재하는 다른 장애물들로 인한 것일 수 있다. 교육, 보건, 훈련 기회,
일에 접근할 수 있는 기회와 같이 사회 구조에 깊이 뿌리박혀있는 불
평등들이 이러한 집단 간의 차이를 영속시키고 있는 것이다. 패신저
는 많은 아프리카계(27%)와 히스패닉/라틴계(13%) 미국인 청소년이
"매우 빈곤한" 환경에서 살고 있으며, 그러한 빈민 지역에 사는 아동
들은 경제적으로 혜택 받은 지역에 비해 학교교육을 덜 받을 뿐만 아

니라 학교교육의 질도 훨씬 낮다는 점을 지적하였다.[14] 이 아이들은 대학진학이 가능할 만큼의 충분한 교육을 받지 못하는 것이다.

어느 곳이든 앞으로 불평등을 영속시킬 수 있는 자원 분배의 불평등은 거시적 수준의 주제들로서, 의심의 여지없이, 복잡하고 다면적인 해결책이 필요한 것들이다. 실제 일의 세계에서 사람들은 이러한 상황을 어떻게 경험하고 있을까? 유색인들은 직업선택과 고용에서 자주 차별을 경험한다. 경제학자인 마리안느 버트랜드(Marianne Bertrand)와 센딜 물레이나탄(Sendhil Mullainathan)은 보스턴과 시카고 신문들에 난 "구인" 광고에 가상의 이력서를 보내는 연구를 통해, 아주 창의적으로 이를 입증하였다. 그 이력서들은 이름만 다르고 나머지는 모두 동일한 것이었다. 어떤 사람은 아프리카계 미국인처럼 들리는 타미카, 라키샤, 자말, 타이론 같은 이름이었고, 다른 사람들은 백인처럼 들리는 제프리, 토드, 메레디스, 캐리 같은 이름이었다. 무엇을 알게 되었을까? 백인 이름의 이력서는 아프리카계 미국인 이름의 이력서보다 거의 50% 이상이 면접에 오라는 답신을 받았다. 기억할 것은 그 이력서들은 이름 외에는 다 똑같았다는 것이다. 그 다음 연구자들은 높은 수준의 이력서들, 즉 더 많은 경험, 훈련된 전문성과 기술을 갖춘 지원자들의 이력서들을 보내보았다. 역시 이름 외에는 모두가 동일했다. 믿을 수 없지만, 백인 이름의 수준 높은 이력서들의 회신률은 통계적으로 유의미하게 높았던 반면에, 아프리카계 미국인 이름의 이력서 회신률은 수준이 높고 낮음의 차이가 없었다.[15] 불행하게도 장애물은 취업 후에도 지속된다. 많은 연구들이 유색인들은 정보와 지지망에서 심하게 배제되고, 멘토와 역할모델이 상대적으로 적으며, "명목상의(token)" 소수집단이 되는 것 때문에 종종 압력과 고립감을 느낀다는 것을 보여주고 있다.[16]

이러한 문제는 유색인 여성에게서 더 크게 나타난다. 여성들은 전반적으로 진로 관련 장애물도 상당히 많이 경험한다.[17] 이 연구에서는 예를 들면, 많은 교육 및 노동 현장이 여성에게 "차갑고" 우호적이지 않으며, 아주 많은 사람들이 성추행을 경험해왔고 (한 연구에서는 대학생의 2/3[18]), 여성의 행동과 성취에 대해서는 자주 이중 잣대를 들이대며(예 : 여성의 강점과 주장성 표현은 인정받지 못하지만 남자는 인정됨), 일과 가정생활을 병행하는 것이 남성보다 여성에게 더 복잡한 것으로 기술하고 있다.

더 중요한 점은 일의 세계가 모든 사람들을 똑같이 대하지 않는다는 것이다. 어떤 사람들은 자신이 통제할 수 없는 특징들 때문에, 훨씬 더 가파른 길을 올라가야 한다. 다시 말하지만 이 논의는 미국에 초점을 맞춘 것이다. 일과 관련된 억압은 다른 나라, 즉 노동자들이 한 달에 15달러를 벌기 위해 사탕수수밭에서 고된 노동을 하고,[19] 아이들이 하루에 3달러를 벌기 위해 학교를 떠나 너무나 위험한, 감독도 없는 폐탄광에서 일하는 곳[20]에서는 완전히 다른 의미를 갖게 된다. 그런 환경에서 소명은 어떤 역할을 할 수 있을까?

강제 노동과 빈곤 같은 심하게 억압적인 조건들은 소명의식을 추구하고 경험하는 것과는 정반대의 환경이다. 부와 웰빙의 관계에 대한 최고의 연구결과를 보면, 행복은, 충분한 음식과 밤에 잘 수 있는 안전한 장소 같이 생존에 필요한 기본 조건들을 걱정해야 하는 빈곤한 사람들에게서 더 낮게 나타난다. 하지만 일단 생존의 욕구가 충족되면, 소득과 웰빙 간의 연결고리는 사라진다.[21] 매슬로우(Maslow)의 욕구 위계는 먼저 생존과 안전이라는 기본 욕구가 충족되어야 소속과 자존감 같은 상위 욕구가 중요해진다는 것인데, 우리에게 기본 욕구가 충족되고 나면 그때는 소명이 중요해진다는 유용한 법칙을 알려준다. 진로상담에서 해고당하기 직전이거나, 자녀들이 몇 주째 라면만 먹고 있다는 내담자를 만나면, 소명이라는 주제가 떠오르기는 어렵다. 그런 경우에 우리는 가능한 한 빨리, 그 가족이 안전하고, 따뜻하며, 잘 먹을 수 있는 방안을 마련하는 데 집중한다.

경제적인 고난과 마찬가지로, 착취나 편견적인 관습이 생계를 지배하는 규준이 되어 개인의 자유를 제한하는 경우도, 소명의식의 실천을 강조할 상황은 아닌 것 같다. 일의 세계에 만연한 너무나 심란한 불평등은 소명의식을 지지하는 것이 아니라 거스르고 있다. 직업심리학자인 엘렌 맥휘터(Ellen McWhirter)와 동료들이, 1973년 시작된 아우구스토 피노체트(General Augusto Pinochet) 독재 치하의 가난한 여성들의 이야기라고 소개한 칠레의 아르삐예라스(arpilleras : 칠레의 독재 치하에서 여성들이 모여서 만들었던 화사한 색깔의 패치워크 그림 - 위키백과)에 대한 이야기를 살펴보자.

살해되거나 고문을 당하거나 실종된 사람들의 아내와 어머니, 딸이었던 이 여성들은 공포 분위기에서 살고 있었지만, 검열이 심해 외부 세상에서는 이런 사실을 모르고 있었다. 이 여성들은 생계를 위해 함께 모여 거친 안감을 대고 바느질한 천 조각으로 수공예품을 만들어 팔고 있었다. 생존을 위해 만든 수공예품이 강력한 항의의 수단이 되었다. 그들은 밝은 색깔로 매일 이웃에서 경험하는 잔인한 정권의 모습을 묘사했다. 가난한 여성들의 단순한 작품은, 독재자의 주목을 받지 않고 무사히 다른 나라로 수출되어, 칠레에서 무슨 일이 벌어지고 있는지를 강렬하게 증언해주었다. 힘없는 여성들이 국제 사회의 눈을 열어주었던 것이다.[22]

이 연구는 심한 억압과 가난 속에서 일하는 사람들이 어떻게 소명의식을 경험하는지, 얼마나 많은 사람들이 소명을 중요하다고 느끼는지에 대해서는 별로 알려주는 것이 없다. 그렇지만, 아르삐예라스 이야기는 소명과 비슷한 방법으로 일에 목적을 부여하는 것은 매우 효과적인 회복탄력성의 원천이 되며, 그 일을 존엄과 의미로 가득 채울 수 있음을 보여주는 좋은 예이다. 그런 상황에서는 소명이 정말로 의미 없는 것일까? 어쩌면 그런 상황이야말로 소명의식이 가장 필요할 때일지도 모른다.

노동인구의 변화

미국을 비롯한 대부분의 선진국에서는, 노동인구의 세대 구성이 급속히 바뀌고 있다.[23] 2차 대전 참전세대(the Greatest Generation)의 자녀들인, 1946년과 1964년 사이에 태어난 베이비붐 세대가 최근 65세 은퇴연령에 도달하기 시작했다. 하지만 많은 사람들이 계속 일하고 싶어 한다. 경기침체로 투자한 것이 실패해서든지 일을 즐겨서든지 (또는 둘 다든지), 지난 10년간 65세 이상의 미국인 근로자 수는 거의 1/3이나 증가했다. 55세~64세 근로자의 수는 같은 기간 동안 50% 이상 증가했고, 평균 은퇴 연령은 64세이지만, 은퇴자의 75%는 은퇴 후에 새로운 진로를 계획한다.[24] 2016년이면 노동인구의 35% 이상이 55세 이상이 될 것이다.[25] 어쨌든 지금까지, 이런 현상으로 베이비붐 세대는 일터의 지배적인 연령대가 되었다. 베이비붐 세대의 영향력은 1979년과 1994년 사이에 태어난 Y세대인 "밀레니얼 세대(the Millennial Generation)"와 비슷하다. 베이비붐 세대와 Y세대의 수는 이 두 세대 중간에 있는 X세대(1965년 ~ 1978년 출생자)의 거의 두 배에 이른다.

베이비붐 세대와 Y세대, 연대하다!

베이비붐 세대와 Y세대 근로자의 수는, 의도하든 아니든, 그들이 함께 일터의 규준을 만드는 사람들이라는 것을 의미한다. 세대차가 크다고 하는데 특히나 이 세대 간은 차이가 크다. (Y세대는 베이비붐 세대보다 "레이디 가가"나 "아메리칸 아이돌"을 더 많이 검색한다. 어느 세대가 팀 티보를 더 좋아하는지는 모르겠다.) 세대차라는 주제는 특히 일터에서는 뜨거운 주제라서, 많은 컨설턴트들이 회사 내부의 세대차를 좁혀주는 훈련 프로그램들을 만들어내고 있다. 일반적으로 Y세대는, 사회적인 통념에 의하면, 멀티태스킹을 좋아하고, 기술에 집착하며, 원하는 것은 무엇이든 꼭 가져야 하고, 다양한 가치에 관대하다. 베이비붐 세대는 일중독 경향이 있고, 회의를 좋아하고 직접적으로 소통하며, 계속 그들에게 떠안겨지는 새로운 기술에 적응하고, 무엇을 기대할 수 있는지를 알고 싶어 하는 경향이 있다.

몇 가지 예에 지나지 않지만, 이러한 차이에도 불구하고 - 대부분 사실이고, 몇 가지는 과장된 것이다.[26] - Y세대와 베이비붐 세대는 중요한 점들을 공유하고 있다. 하버드 비즈니스 리뷰(Harvard Business Review)의 논문에 의하면, 이 두 세대의 일터에 대한 관점과 가치가 상당히 유사하다고 한다.[27] 논문 저자들은 한 조사 결과를 인용하였는데, 이 조사에서 Y세대와 베이비붐 세대는 경제적인 이익이 일할 곳이나 계속 일할지의 여부를 결정하는 데 가장 중요한 동기가 아니고, 두 세대의 85% 정도가 좋은 일터의 중요한 특징은 사회에 환원할 수 있는 기회라는 관점을 공유하는 것으로 나타났다. (X 세대의 75% 이상도 이런 가치를 표현하였다.) 이 조사는 또 Y세대 근로자들이 X세대 근로자들보다 더 베이비붐 세대의 멘토링에 가치를 두고 있으며, "부모

님 말을 잘 들으면 자다가도 떡이 생긴다(trust those over fifty)"는 속
담을 믿고 있는 것처럼 보인다고 했다. 베이비붐 세대는 Y세대를 키
퍼스(Kippers: Kids in Parents' Pockets Eroding Retirement Savings. 부
모의 은퇴 비용을 좀먹는 주머니 속 아이들의 약자) 라고 부르면서도, 젊
은 동료들에게 자신의 지혜를 나누어주는 것이 즐거운 것 같다.

요약하면, 오늘날 노동인구에서 가장 많은 수를 차지하는 두 세대
는 (1) 자신의 일자리를 평가할 때 경제적인 이익에 대한 고려는 두
번째이고, (2) 사회에 긍정적으로 기여하는 것에 우선순위를 두며,
(3) 서로 함께 일하기를 즐기는 것 같이 보인다. 이 결과를 이전에
보았던 '생각보다 소명의식에 관심을 가지는 사람들이 많다'는 연구
결과에 비추어 보지 않을 수 없다. 일터의 의미 및 목적의식에 관한
논의가 조직에서 점점 많아질 때가[28] 바로 구성원들에게 일과 삶에서
자신의 소명을 찾아 실천하는 데 투자하도록 격려하기 좋은 때인 것
같다. 4장에서 간단히 언급한 바와 같이, 구성원들이 가치를 두는 공
동의 비전을 효과적으로 소통하여, 구성원들의 목표와 포부를 확장시
키는 변혁적 리더십 스타일은 지도자들이 소명의식과 심리적 건강을
촉진할 수 있는 중요한 통로이다. 또 한 가지 전략은, 전 연령대의 근
로자에게 미치는 멘토링의 이익과 가치를 고려하여, 공식적으로 멘토
링 관계를 수립하거나 비공식적으로 만들도록 격려하고 일에서 소명
을 찾고 실천하는 것에 대해 논의하도록 지원해주는 것이다. 일터에서
소명의식을 촉진하는 다양한 전략들에 대한 더 많은 정보는 www.
makeyourjobacalling.com에서 찾아볼 수 있다.

소명과 은퇴

베이비붐 세대는 일터를 주도하며 남아있고, 은퇴를 미루고 있는

사람이 많지만, 그럼에도 불구하고 엄청난 수가 곧 은퇴할 준비를 하고 있다. 은퇴하거나 일을 계속하겠다는 결정은 재정, 건강, 여가와 자원봉사에 대한 관심, 관계 및 일에 대한 태도와 같은 여러 가지 요인을 포함하는 것이기 때문에, 아주 복잡하다. 실제 은퇴 과정은 여러 요인들 간의 복잡한 상호작용 여부에 따라, 평탄할 수도 있고 아닐 수도 있다. 연구에서 일관되게 나타난 결과는 근로자가 자기 일에 깊이 동일시할수록 은퇴 과정이 더 어려울 수 있다는 것이다.[29] 이 말은, 실업의 경우에서처럼, 일을 소명으로 접근하는 사람들이 은퇴할 때 갈등이 더 많을 것 같다는 의미일까?

아직 이 문제에 대한 연구는 수행되지 않았기 때문에, 그저 짐작할 수 있을 뿐이다. 소명은 있는데 일이 없어 고통을 겪는 사람들에 대해 짐작했던 것처럼, 우리는 소명을 좁게 구체적인 직업과 연결 짓는 사람들이 특히 은퇴를 원치 않았던 경우에, 가장 힘들게 은퇴 위기를 겪을 것이라고 생각한다. 하지만 이 경우에도, 소명감이 자원으로 기능하여 은퇴 이후의 길을 평탄하게 닦아줄 수 있다. 소명이 특정 직업수준을 넘어서는 것이라면, 은퇴는 소명을 실천하는 새로운 방법을 추구할 수 있는 기회이다. 어떤 사람들은 새로운 고용방식을 통해 소명을 실천할 것이다. 즉 숙련된 노동자가 부족해져서, 재능 있는 사람들이 필요한 고용주들에 의해 "가교고용(bridge employment)" -정규직 고용과 완전 은퇴 사이의 과도적 단계-이 장려되는 다음 세대에는, 이러한 새로운 고용방식을 통해 소명을 실천하는 사람들이 많아질 것이다. 또 어떤 사람들은 정규직으로 일하면서 소명을 실천하기가 어렵기 때문에, 완전히 새로운 길로 갈 수도 있다. 어느 길이든지, 은퇴를 소명을 실천할 수 있는 새로운 기회로 활용한다면, 틀림없이 자유롭고, 충만하며, 의미 있게 살 수 있을 것이다.

인터뷰 당시 65세였던 래리 키에프트(Larry Kieft)는, 콜로라도 포트 콜린스에 있는 성공적인 산부인과 공동경영자로서의 경력을 회고하면서, 자신의 소명 실천은 다른 사람들을 위해 재능을 사용할 수 있는 새로운 방법을 계속해서 찾고 발견해가는 과정이었다고 하였다. 미시간의 그랜드 하벤에서 신앙이 돈독한 노동자 부모로부터 태어난 래리는 처음에는 교사가 되기를 원했었다. 그런데 래리의 과학적 재능이 그의 관계를 중시하는 가치관을 지원해줄 수 있을 거라고 생각한 한 교사가, 그에게 의료 선교를 통해 신앙을 실천하는 것을 고려해보라고 제안했다. 존경하는 교사의 격려는 래리의 마음을 사로잡았고, 다양한 경험들(예: 하계 선교 워크숍, 신앙을 삶 전반에 어떻게 적용할지를 강조하는 기독교 대학교 입학, 성인기의 유럽 무전여행)을 하면서, 의학 기술을 사용하여 봉사할 수 있겠다는 생각이 확고해졌다. 환자의 삶에서 가장 두려운 시기를 공유할 수 있다고 생각했기 때문에 산부인과를 택했고, 35년여 동안 4,500명에 가까운 아기들을 받아냈다.

래리는 분명하게 자기 일을 소명이라고 생각했기 때문에 신앙은 부가적인 것이 아니었다. 의료 선교가 그의 계획대로 되지는 않았지만, 신앙은 그의 직업의 모든 면에 깊이 내재해 있었다. 그는 "소명에 대해서는 아무 거리낌이 없었어요. 가족들은, 특히 아이들이 어렸을 때는 포트 콜린스에 사는 데 별 지장이 없었어요. 어디에 있든지 봉사할 수 있다고 생각했지요"라고 했다. 그는 소명을 실천하기 위해 진료실 밖으로 나갔다. 산부인과 치료를 받을 수 없는 여성들을 위한 태아기 프로그램을 만들도록 도와주었다. 그는 적극적으로 나서서 여러 의사들을 참여시키고 병원 재단과 협력하여, 건강보험이 없는 사람들도 치료를 받을 수 있게 해주었다. 아동병원의 기금 모금을 도와주기도 했다. 의료 혜택을 받지 못하는 사람들을 위한 콜로라도 연합 위원회

(the board of the Colorado Coalition for the Medically Underseved)에 서 봉사하면서, 모든 사람이 의료보험의 혜택을 받도록 노력하였다. "이 모두가 소명이라고 생각하고 한 일들이었지만, 사실 편안한 길은 아니었습니다. 그저 나의 신앙에 따라, 신이 나에게 준 기회를 가지 고, 내가 해야 할 올바른 일들을 한 겁니다."

래리의 직업은 그에게 중요했고, 재능을 사용하여 봉사할 수 있는 기회를 주었지만, 그의 소명의식은 의사가 되는 것으로 끝나지 않았 다. "의사가 되는 것에 대해 회의가 전혀 없었던 것은 아니에요. 봉사 할 수 있는 다른 방법도 있다고 생각했었죠. 의사가 되는 것은 좋았 지만 그것이 저를 속박하지는 않습니다. 제 소명은 끝없이 다음엔 무 엇이 있는지, 내가 어디로 가고 있는지를 생각하게 만들었습니다. 불 만이 있어서가 아니라, 어딘가 다른 곳에 아직도 제가 해야 할 일이 있기 때문입니다." 은퇴할 때가 되었을 때, 래리는 재능을 사용할 수 있는 가능성에 대해 생각하고, 대안들을 탐색해보았다. 그는 의료 서 비스가 부족한 지역에 대한 뉴스를 읽고 자기가 도울 수 있는 방법이 있는지를 알아보았다. 래리는 방글라데시, 말리, 나이지리아로 가서, 그곳에서 개발도상국의 가슴 아픈 의료 현실을 목격하였다. 아이들은 설사와 호흡기 감염으로 죽어갔고, 여성들은 필요한 조치를 받지 못 해 출산하다 죽어갔으며, 1,200명의 학생이 있는 의대의 중환자실에 는 심장 모니터가 단 한 대밖에 없었다.

래리는 이러한 상황을 본 후에 "은퇴" 후의 계획을 세웠다. 미국 과 개발도상국의 의대와 레지던트들을 연계하여 아프리카의 문화와 자원에 맞게 의학 교육을 향상시키는 것이었다. 그렇게 하면 성취할 수 없는 기술에 압도당하지 않고 이미 가지고 있는 기술기반 위에 더 많은 것을 구축해나갈 수 있을 것이다. 래리는 이 꿈을 실현하기 위한 첫 단계로 국제공공보건 석사 과정에 등록했다. 그는 소명이 이끄는 곳이면 어디든 가기로 했다. "저는 건강합니다. 주위에 사람들이 있고 해야 할 일이 있어요. 기술도 있습니다. 개발도상국의 요구는 현실적이고 중요한 것입니다. 30년을 더 살 수도 있을 겁니다. 그 시간을 어떻게 사용해야 할까요?"

래리의 경험은 소명의 본질에 대해 몇 가지를 강조하고 있다. 첫째, 소명은 한 순간의 사건이 아니고 시간이 가면서 나타나는 지속적인 과정이다. 래리의 말처럼, "소명은 단 한 번의 거래가 아닙니다. 당신에게는 또 다시 듣고 새로운 것을 할 수 있는 기회가 더 많이 있습니다." 둘째, 소명은 대개 특정 직업을 초월한, 포괄적인 것이다. 래리는 재능을 의미 있게 사용하여 충분히 서비스를 받지 못하는 사람들에게 봉사할 수 있는 방법들을 끊임없이 찾고 있었고, 은퇴 후의 꿈도 이런 전체 진로 패턴과 연관되는 것이었다. 은퇴의 장점은 이제 곧 병원 근무에서 벗어나서 자신의 계획들을 펼쳐나갈 수 있게 된다는 것이다. 셋째, 소명의식과 은퇴 후 웰빙의 관계를 연구해보지는 않았지만, 새로운 진로경로를 계획하는 사람들 중에서 래리 만한 에너지를 가지고 흥분하는 사람은 많이 만나보지 못했다는 사실은 분명히 말할 수 있다. 소명의식이 있고 은퇴를 계획하는 사람들을 위한 교훈은 바로 이것이다. 당신의 은퇴를, 업무의 구속을 받지 않고 당신의 소명을 실천할 수 있는 새로운 기회로 만드는, 새로운 시작으로 바라보고 접근하라는 것이다.

프리 에이전시 시대의 소명

베이비붐 세대가 일제히 은퇴하게 되면 일터를 떠나는 근로자의 수가 진입하는 근로자의 수보다 많아질 것이다. 경제학자들은 이러한 변화가 필연적으로 노동력 부족을 야기하여, 아마도 더 많은 단기간의 고용관계, 더 많은 파견직, 더 많은 독립 계약직 같은 방식들을 만들어낼 것이라고 한다.[30] 승진 경로를 따라 직선으로 올라가는 진로 이동은, 지난 반 세기 동안 고도로 개별화된 진로경로를 수반하는 "프리 에이전시(free agency)" - 지향의 환경으로 대치되었다. 많은 경제학자, 심리학자 및 경영학자들은 이러한 변화가 급속히 증가하였고, 계속 증가할 것이라고 예측한다.

이러한 변화에 적응하는 방법은 더글라스 홀(Douglas T. Hall)과 동료들이 말한 프로틴 경력 지향(protean career orientation)을 개발하는 것이다.[31] 홀은 *프로틴 경력*에 대해 "조직이 아니라 개인이 책임지는 것이고, 핵심 가치는 자유와 성장이며, 성공에 대한 기준은 주관적인 것"이라고 정의하였다.[32] 프로틴 경력 지향은 진로 단계에 따라 (예를 들어, 대학생과 대학원생, 중간관리자 간에) 달라지는 것이 아니고, 직업 유동성(mobility)과도 관련이 없으며, 새로운 경험에 개방적이고 자신의 목표를 성취하려는 동기가 있는 사람들에게 좀 더 많이 나타난다.[33] 프로틴 경력 지향을 가진 사람들은 자기 주도적으로 자신의 가치에 따라 움직이며, 자기 재능을 표현하고 개인의 성장을 촉진시키는 길을 추구하려고 한다. 프로틴 경력 지향은 소명과 동일한 개념은 아니지만, 프로틴 태도가 목적의식, 그리고 자기 재능이 더 큰 선을 촉진할 수 있다는 자각과 결합되면, 두 개념은 만나게 된다.

소명의식은 어떻게 프로틴 전략을 지원하여 요동하는 직업 세계에서 진로를 관리할 수 있게 해줄까? 홀과 챈들러는 이 질문에 대해 두 가지 중요한 *메타역량*(metacompetencies : 좀 더 구체적인 다른 기술들의 개발을 장려하는 중요한 기술)을 지적하였는데, 바로 자기자각(self-awareness)과 적응력(adaptability)이다. 높은 자기자각 능력을 가진 사람들은 일터에서의 자기 모습에 대한 다른 사람들의 피드백을 잘 듣고, 그 피드백을 활용하여 자신의 강점과 약점에 대한 정확한 감각을 개발하며, 새로운 정보에 따라 자기에 대한 지각을 바꿀 수 있다. 이런 맥락에서 적응력이란 개인이 직면하는 상황의 요구에 적응하는 능력을 의미한다. 적응력이 높은 사람들은 변화하는 능력뿐만 아니라 그렇게 하려는 동기도 있다. 이 두 가지 메타역량을 갖춘 사람들은 현실적이고 겸손하며 상황을 앞서서 주도하고, 자기 자신을 실제보다 더 좋거나 더 나쁘게 생각하지 않는다. 그들은 기술을 업데이트해야 할 때를 알 수 있고, 배우는 것을 좋아하기 때문에, 그렇게 하는 데 능숙하다. 소명의식은 자기 일에 대한 목표와 동기를 명확하게 해주기 때문에, 소명을 가지고 있다는 것은 세상의 요구에 자기의 재능을 잘 맞추기 위해 계속해서 방법을 찾는다는 의미가 된다. 홀과 챈들러는 프로틴 경력은 소명을 갖는데 필요하긴 하지만 충분조건은 아니라고 한다.[34] 우리도 이에 동의하며 이것의 중요한 의미를 지적하고자 한다. 소명을 계발함으로써, 당신은 계속 진화하고 있는 프리 에이전시 지향의 일 환경에 적응하는 데 도움이 되는 메타역량이 특징인, 프로틴 접근을 자동적으로 개발하고 있는 것이다. 그렇기 때문에, 소명의식은 변화하는 일의 세계에서 성공하는데 도움이 되는 것이다.

소명의 미래

우리는 새롭게 밝아오는 변화의 시대를 살고 있다고 하는 논평자들의 말을 요약하면서 이 장을 시작했다. 일의 세계의 미래는, 예측할 수 없는 복잡한 요인들에 달려있는 것이어서, 정확하게 예측하기가 매우 어렵지만, 변화가 올 것이라는 것은 분명하다. 덜 조직 지향적이고 더 개인 지향적인 일의 세계로의 이동처럼, 어떤 변화는, 앞절에서 요약했던 이유들 때문에, 소명의식에 도움이 될 수 있다. 경제적인 불균형과 불공평의 심화 같은 변화는 소명의식을 위협할 수도 있다. 그럼에도 불구하고, 일에 소명으로 접근할 수 있다는 개념은 여전히 남아있다. 사람들이 "소명"이라는 용어를 사용할 때 그 의미는 다양할 수 있지만, 역사적으로 보면, 소명에 대한 신고전주의적인 접근은 이미 반세기 동안 문화적, 경제적 변화를 견뎌낸, 확고한 것이다.

앞에서 소개했던 일과 삶에서 소명을 찾아 실천하고 있는 다양한 사람들에게로 돌아가 보자. 사람들을 안전하게 지켜준 건설현장의 신호수, 성직자가 된 경찰관 로저, 재난 구조원이 된 전 창고 관리인 로힛, 조경 전문가로 부름 받은 마리아, 내담자를 돕도록 부름 받은 심리치료사 에밀리, 지금은 심장병의 새로운 치료법에 대해 일하고 있는 엔지니어 셰릴, 아픈 아이들을 도와주는 청소원 매기, 교수이며 유기농 농장주인 폴, 은퇴 후 개발도상국의 보건환경을 개선하도록 부름 받은 래리, 그리고 그 밖의 많은 사람들. 이 사람들은, 최근의 사회과학 연구 돌풍 및 수백 년 동안 이어져온 학문들과 함께, 소명을 갖는다는 것의 의미에 대해 많은 것을 가르쳐주었다. 소명은 특정 직업이나 급여를 받는 고용을 넘어서는 것일 수 있다. 소명은 시간에 따라 바뀔 수 있고, 삶의 어떤 역할 속에서도 찾을 수 있는 것이다. 소명에는 어두운 면이 있어 위험요소를 가져올 수도 있지만, 동시에 고난이 있을 때 지지해주고, 삶의 변화를 감당할 수 있게 해주며, 점점 더 불안정해지는 일의 세계에서 일관성과 안정성을 유지할 수 있게 해준다. 소명은 일과 삶에서, 깊은 웰빙감을 느낄 수 있게 해준다.

당신은 자신의 소명을 알아차리기 위해 무엇을 하고 있는가? 당신의 재능과 주변 세상의 요구 및 기회가 매칭되는 환경에서 느껴지는 소명의식에 대해 어떻게 반응하고 있는가? 소명의 미래에 대해 또 한 가지 확실한 것은 미래의 일의 세계가 어떻게 전개된다 하더라도, *당신의* 미래에서 소명의 역할은 당신 자신에게 달려있다는 사실이다.

Q & A

Questions and Answers

[Q&A 1]

사람들이 "소명"이라는 단어에 그렇게 다양한 의미를 부여한다는 것을 알고 정말 놀랐습니다. 어떤 경우에 소명은 다른 사람들을 도울 수 있는 방향으로 일에 접근하게 하는 것을 촉진하는 외부적 원천으로부터 생기고, 또 다른 경우에, 소명은 자기실현을 위한 내부적인 욕구인데요. 왜 이와 같은 차이가 생길까요?

우리는 이와 같은 질문에 대해 몇 가지 방법으로 대답하곤 합니다. 첫 번째 접근방법은 심리적인 렌즈를 통해 재구조화를 하는 것입니다. 소명의 신고전주의적 시각을 가진 사람들(예: 초월적 부름, 목적과 의미감, 친사회적 가치)과, 현대적 시각을 가진 사람들(자기실현을 향한 내적 욕구)을 구분하는 개인적인 특성은 무엇일까요? 우리가 아는 한, 이 문제에 대해 직접적으로 답을 찾기 위해 노력한 연구는 아직 없지만, 이 문제의 해결에 도움을 줄 수 있을만한 유사한 질문에 대해 탐색을 한 연구들은 몇 가지가 있습니다. 독일 심리학자 안드레아 허쉬(Andreas Hirschi)의 연구에서는, 자신의 일을 소명으로 생각한 사람들을 세 가지 집단으로 나눌 수 있다는 것을 발견하였습니다. 자기 발전에 초점을 두는 집단, 강한 친사회적 가치관을 가지고 있으며 신 앙심이 두터운 집단, 현재 하고 있는 일이 자신의 삶에 있어서 중요 하다고 생각하기는 하지만 매우 다양한 가치관을 가진 집단(명확한 패 턴이 발견되지 않음).[1] 자기발전 집단은 다른 두 집단보다 일의 역할 에 매우 높은 수준의 중요성을 부여하고 있는 동시에, 스스로에 대해 서는 다소 부정적인 시각을 가지는 모습을 보였습니다.

(허쉬는 이에 대해 다음과 같이 설명했습니다. "확실히, 이 집단은 자기 중심적이고 일의 주된 목표는 개인적인 이득을 얻는 것에 두는 불안정한 학 생들로 구성되어 있었다. 이는 매우 특이한 소명의 유형으로 보인다."[2]) 우 리가 생각하기에는 스스로의 모습에 대해 부정적인 시각을 가지는 태 도 때문에 자기발전에 대해 많은 욕구를 갖게 되고, 그 때문에 소명 이란 자기발전으로 갈 수 있는 길이라고 보는 것 같습니다. 하지만, 이러한 해석은 조금 더 많은 연구들이 이루어진 후에야 명료화 할 수 있을 것입니다. 차이점이 존재하기는 하지만, 세 가지 집단 모두는 진 로개발에 있어서 꽤 앞서 있는 것으로 보였습니다. 정체성 확립, 자신 감, 일에 대한 몰입도가 모두 높게 나타났습니다.

허쉬의 연구를 보면, 신고전주의적 시각은 더 강한 종교적 신념과 친사회적 가치관을 가진 사람들, 물질주의적 시각이 별로 없으며, 더 상냥하고 성실하며, 다른 사람들보다 경험에 대한 개방성이 더 높은 사람들에게 더 맞다고 주장한 우리의 연구를 증명할 근거를 보여준 것 같습니다. 그러나, 사람들이 "소명"에 대해 정의하는 방법이 매우 다양하기는 하지만 어느 정도는 공통적인 부분이 있는데도, 연구자들

은 아직 소명이 무엇인지, 그리고 소명과 진로개발 및 웰빙간의 관계
를 이해하는 다양한 방법들 사이에서 일관적인 차이를 발견하지 못하
고 있습니다. 되풀이해서 하고 있는 이야기이지만, 이것은 상당히 놀
랍기도 하고 중요한 내용이기 때문에 다시 한 번 언급하고 싶습니다.
사람들의 진로개발과정과 일반적인 웰빙을 예측할 때, 어떤 소명의
정의를 사용하는지는 별로 중요하지 않은 문제로 보입니다.

또 다른 접근법은 소명이라는 단어를 여러 가지 방법으로 사용하
는 사람들의 특성보다는, 단어 그 자체에 초점을 맞추고 있습니다. 언
어학자들, 특히 의미론을 전공한 사람들이 이 접근법을 사용하고 있습
니다. 우리는 언어학자도 아니고, 의미론을 전공하지도 않았지만, 전
문가가 아니더라도 소명이라는 개념이 어떤 흐름(state of flux) 속에
있다는 것은 쉽게 알 수 있습니다. 현재 매우 분명한 것은, 소명이라
는 단어가 일에 적용될 때에는 매우 다양한 의미를 가진다는 사실입
니다. 빌 브라이슨(Bill Bryson)의 저서 「유쾌한 영어수다(The Mother
Tongue)」를 보면, 저자는 단어라는 것이 어디로부터 오는지, 그리고
왜 지금과 같은 의미를 가지는지에 대해 탐색하는 내용으로 한 장을
구성하고 있습니다.[3] 이 장에서 네 번째로 언급한 내용은, 단어들은
어떤 특별한 일이 일어나지 않아도 변화한다는 것입니다. 뭐라고 설명
하기는 정말 힘들지만, 단어의 의미는 시간이 지남에 따라 변화합니다.

종종, 단어들은 정반대의 의미로 해석되기도 합니다. 빌은 "counter-
feit(위조하다)"라는 단어가 한때는 합법적인 복제(legitimate copy)를
의미했고, "brave(용감한)"는 한때는 겁쟁이를 가리키기도 했다고
설명하였습니다. 의미에 있어서 이와 같은 변화가 일어나는 것을 설

명하는 기술적 용어는 "catachresis(말의 오용)"라고 합니다. 브라이슨은 이에 대해 "도대체 왜 그런지 궁금할만큼 자주 많이 일어나는 현상"이라고 언급하였습니다. 아마 "소명(calling)"이라는 단어도 말의 오용 대상이 되어버린 것 같습니다. 그 이유는 무엇일까요? 모든 문화들이 갈수록 세속화되어가기 때문일까요? 아니면, 우리 사회의 가치가 공동선의 웰빙으로부터, 개인의 최대 이익이라는 것으로 옮겨갔기 때문일까요? 분석할 수 있는 자료들이 충분치 않기 때문에, 역시 이 부분도 뭐라고 명확하게 말하기가 쉽지 않습니다.

물론, "소명"이라는 단어가 사람들마다 다른 의미를 가진다고 해서, 모든 정의들이 다 정확하다고 믿어야 한다는 것은 아닙니다. 우리는 소명을 이렇게 정의하고 있습니다. 목적의식이나 의미를 얻을 수 있는 방법으로 특정한 삶의 역할에 접근하는 초월적 부름. 이는 타인 중심의 가치와 목표에 의해 동기부여될 수 있습니다. 왜냐하면, 소명의 역사적 활용과 문헌에서의 의미를 탐구해 보았을 때, 이 변인들은 매우 유용하고 신뢰로우며 중요하다는 것을 알 수 있었기 때문입니다. 우리와 다른 기준들에 가치를 두고 있는 사람들과 이야기할 때, 우리는 때때로 우리의 정의는 "맞는" 것은 아닐지라도 최소한 좋은 것이기는 하다고 주장하곤 합니다. 하지만, 심리학자로서 우리는 사람들이 소명에 대해 어떻게 생각하고 있고, 그러한 생각의 차이가 삶을 사는데에 어떻게 영향을 미치는지에 대해 이해하는 것에 가장 큰 관심을 가지고 있습니다. 따라서, (모든 연구에서 그러지는 않았지만) 대부분의 연구를 진행할 때, 우리는 우리가 만든 정의를 사람들에게 강요하기보다는, 연구참가자들이 실생활에서 사용하는 정의가 어떤 것이든지 상관없이, 사람들의 의견을 들을 수 있도록 열린 질문을 사용하곤 했습니다.

[Q&A 2]

저자분들은 "소명"을 정의하는 방식에 몇 가지 가정을 갖고 계신 것 같습니다. 그 부분에 대해 말씀해 주시겠습니까?

물론입니다. 깊이 들어가기 전에 먼저 가정이 무엇인지에 대해 생각해 보겠습니다. 가정(assumptions)은 사람들이 갖고 있는 믿음이지만, 그것을 지지하는 근거를 반드시 제시할 필요가 없는 것입니다. 가정은 사람들이 당연하다고 생각하는 것들로서 그 위에 다른 믿음들을 구축할 수 있는 기초가 됩니다. 우리 학문 분야에서는 처음부터 아주 분명한 가정을 세우려고 하는데, 사람들로 하여금 짐작하게 하는 것보다 이것이 훨씬 더 도움이 된다고 생각하기 때문입니다. 심리학 분야의 중요한 연구지인 *Counseling Psychologist* 최근호에, 우리가 소명을 이해하는 접근법의 배경이 되는 다섯 가지 가정을 제시하였습니다. 다음과 같이 설명해 보겠습니다.

1. *우리는 사람들이 적극적인 행위자라고 가정합니다.* 다시 말하면, 우리는 사람들이 의도적으로 선택하는 데 필요한 자유 의지를 가지고 있다고 가정합니다. 우리는 사람들이 미리 가능한 결과에 대해 숙고하고, 자신의 이익을 위해 그 능력을 사용할 수 있다고 가정합니다. 이는 사람들이 자기 자신의 행동을 조절하고, 자기성찰을 통해 자기의 행위를 평가하여 필요한 변화를 고려할 수 있다고 가정한다는 것을 의미합니다. 간단히 말하면, 사람들은 로봇이 아닙니다. 사람들에게는 자기 자신을 위해 생각하고 선택할 수 있는 능력과 자유, 책임이 있습니다. 하지만 이와 함께, 우리는 사람들의 행동의 자유는 생

물학적, 환경적, 영적 영향에 의해 중요한 방식에서 제한된다는 가정
도 합니다. 이러한 영향의 예를 하나 들면, 우리 둘 다, 아동기 때 한
두 번, 프로선수가 되겠다는 열망을 가진 적이 있었습니다. 불행하게
도 우리의 생물학적인 운동 능력은 (비록 시도하는 것을 즐기기는 했지
만), 궁극적으로 수행해야 하는 수준에는 턱없이 모자란 것이었습니
다. 또 다른 예를 들면, 사랑을 주지 않는 방임적인 부모 밑에서 자
란, 현재 관계에서 너무나 끔찍한 선택들을 하는 친구를 생각해볼 수
있습니다. 그 선택들은 그가 한 것이고 그에게 책임이 있지만, 아마도
정신분석가가 아니더라도, 사람들은 그의 어린 시절 경험이 그의 이
후 결정에 영향을 주었을 것이라고 생각할 것입니다. 사람들은 의도
적으로 결국 자신에게 책임이 있는 선택을 하지만, 그 선택들은 절대
로 진공 상태에서 이루어지는 것이 아닙니다 - 또는 그렇다고 우리는
가정합니다.

2. *우리는 사람들이 의미를 만든다고(meaning—makers) 가정합
니다.* 의식적으로 그리고 잠재적으로, 사람들이 자기 경험을 생각할
때, 그들은 그 경험들을 이해할 수 있도록 일반적으로 그리고 구체
적으로 의미를 구성합니다. 전형적으로, 이러한 의미 만들기는 사람
들이 상황을 회고할 때 나타납니다. 그 당시에는, 현재 일어난 사건
이 다음에 어떻게 될지를 보지 못하지만, 과거 경험을 돌아보면서
상황들을 연결하는 실을 찾아 큰 그림을 이해하는 것은 아주 잘 합
니다.

3. *우리는 사람들이 삶에서 다양한 역할과 책임들을 갖고 있으며,
이 역할들은 대개 복잡한 방식으로 상호작용한다고 가정합니다.* 일은

이러한 삶의 역할 중의 하나일 뿐이고, 우리는 "일(work)"을 사회나 조직의 욕구를 충족시키기기 위한 무엇을 수행하거나 생산하는, 임금을 받거나 받지 않는, 모든 활동 또는 노력을 포함하는 것이라고 폭넓게 정의합니다. 삶에는 일 외에도 많은 것들이 있고, 일과 일이 아닌 것의 차이는 아주 모호합니다. 때때로 동일한 활동을 한 가지 이상의 역할 렌즈를 통해서 볼 수 있는데, 가령 장애가 있는 가족을 돌보는 경우가 그렇습니다.

4. *우리는 사람들이, 필연적으로, 공동의 욕구와 상호적 서비스로 연결된 사회에서 살고 있다고 가정합니다.* 그리고 그렇기 때문에, 일과 관련된 활동들(work role activities)은 대개 다른 사람들을 위한, 어떤 차이를 만들게 됩니다. 그 영향은 크거나 작을 수 있고, 직접적이거나 간접적일 수 있지만, 일반적으로 말하면, 모든 합법적인 직업은 일종의 사회적인 영향력을 갖고 있습니다.

5. *우리는 사람들이 일의 의미와 목적에 방해가 되는 모든 종류의 장애물을 처리해야 한다고 가정합니다.* 개인 수준에서, 조직 수준에서, 그리고 사회적인 수준에서. 하지만 우리는 또 이 장애물들이 변화시킬 수 있는 것들이라고 가정합니다. 항상 쉬운 것은 아니지만, 변화는 가능한 것입니다.

포괄적인 가정을 한 것은 아니지만, 우리가 "소명"을 정의하고 소명에 대한 이슈들을 숙고할 때 갖고 있는 믿음이라는 점에서, 큰 가정일 수도 있습니다. 이 가정들을 다양하게 조합하여, 이 책에서 다양한 관점으로 제시하였습니다.

[Q&A 3]

소명은 매우 서구적이고 기독교적인 개념으로 보여집니다. 저자분들은 한 가지 종교적 전통을 기반으로 해서 교육을 하고, 그것을 모든 사람에게 적용하려고 하시는 것인지 궁금합니다.

간단히 말하자면, 대답은 '그렇습니다'입니다. 하지만, 조금 더 자세히 이야기를 해보도록 합시다. 이 질문을 받았을 때 두 가지 이슈를 다뤄보는 것이 적절할 것 같습니다. 첫 번째 이슈는, 특정한 문화적/종교적 전통이 소명과 같은 개념에 대해 독특한 정의를 가지고 있는지의 문제입니다. 그리고 두 번째 이슈는 한 가지 전통이나 세계관으로부터 개념을 도출할 수 있을까의 문제입니다. 그 전통을 경험하지 않은 사람들이나 해당 세계관을 가지고 있지 않은 사람들을 대상으로 적용을 할 수 있을지 잘 모르겠으니 말입니다.

첫 번째 이슈에 대한 대답을 할 때, 우리는 매우 명확한 태도를 보여왔습니다. 소명이라는 개념(적어도 신고전주의 해석에서는)은 서구적이고 기독교적인 배경에서 생겼다고 말입니다. 2장에서 설명했듯이, 소명에 대한 신고전주의적 해석은 유럽의 종교개혁 때부터 시작되었습니다. 물론, 일과 직업에 대한 정통 가톨릭계의 가르침도 본질적으로 같은 접근법을 취하고 있지만 말입니다. 많은 사람들이 이 전통을 따르고 있는데, 특히 미국인들 중에서 본인이 기독교인이라고 말하는 사람들의 약 80%가 그렇습니다.[4] 그러나, 다른 전통의 학자와 종교지도자들도 대부분 이와 같은 접근법을 받아들이고 있습니다. 예를 들어, 시카고 로욜라대학교에서 이슬람세계연구를 총괄하고 있는 마르시아 헤르만센(Marcia Hermansen)은 소명이라는 개념 자체는 이슬람 신학에서 중점을 두는 부분은 아니지만, "인간의 합목적성과 이 세상의 일에 대해 관심을 가지고 탐구하는 질문을 하는 것은… [이슬람] 신학의 내용에서도 많이 언급되는 부분이다"[5]라고 이야기합니다. 코란, 이슬람 철학과 신학, 신비주의, 현대 이슬람 작가들의 작품들을 포함해서 말입니다.

이 문헌자료들을 보면 다음과 같은 가르침을 얻을 수 있습니다.

▶ 다양한 재능과 능력은 알라신의 계획에 포함되어 있는 것이다
▶ 사람들은 협동을 통해 일을 해야 하는 상황에서 느끼게 되는 상호적인 욕구에 의해 가까워진다
▶ 삶의 모든 영역은 신성한 것이다
▶ 모든 업무적 행동에는 윤리와 가치가 기반되어야 한다
▶ 모든 일은 핵심적인 사회적 문제들을 고려하면서 이루어져야 한다
▶ 영적인 의미찾기는 성직자나 명상자에게만 국한된 이야기가 아니다
▶ 모든 사람들은 자신의 목적을 발견하고 키워나가야 한다

어떤 공통점이 발견되십니까?

또 다른 실례를 들어보도록 합시다. 마샤 시네타(Marsha Sinetar)와 같은 작가는 사람들이 자신의 능력과 열정을 통해 일과 직업을 구성해나가는 자연스러운 과정을 설명할 때, 불교의 "바른 생활(right livelihood / 正命 - 역주)"이라는 개념을 적용하였습니다.[6] 이 개념은

소명에 직접적으로 연결되는 것처럼 보이지 않을 수도 있겠지만, 달라이 라마(Dalai Lama)가 소명 연구의 결과를 소개할 때를 기억해보면, 그는 부처의 가르침이 소명지향을 어떻게 지지하는지에 대해 설명하였고, 자신의 일을 소명으로 바라보는 시각이 스스로와 다른 사람들에게 미치는 좋은 영향력의 범위를 넓히게 될 것이라는 독특한 가설을 제시하였습니다.[7]

여기에서의 핵심은 소명에 대한 우리의 접근법이 범세계적으로 적용가능한 것이고, 어떤 종교를 가진 사람에게라도 동일하게 좋은 효과를 낼 수 있다는 것이 아닙니다. 우리는 단 한 번도 이러한 주장을 한 적이 없습니다. 하지만, 우리가 생각하기로는, 소명이라는 개념의 범위는 충분히 넓어서 다양한 종교와 비종교적 시각들을 포함할 수 있다고 보여집니다.

그러면, 두 번째 이슈에 대해 다뤄보도록 합시다. 한가지의 전통에서 생성된 개념을, 그러한 시각을 가지고 있지 않은 사람들에게도 적용할 수 있을 만큼 일반적으로 사용하는 것이 가능할까요. 아이디어라는 것은 어느 순간에 갑자기 생겨나는 것이 아니다. 특정한 맥락에 뿌리를 두고 있는 경우가 대부분입니다. 그렇다면, 특정한 전통에서 만들어진 아이디어는 해당 전통을 지키는 사람들을 위해서만 사용되어야 하는 것일까요?

우리는 이와 같은 생각이 그다지 유용하지 않다고 보고 있습니다. 물론, 명확성을 위해서라면 그 아이디어가 손쉽게 잘 이해되는 문화적, 종교적 맥락에서만 사용되는 것이 좋을 수도 있습니다. 하지만,

궁극적으로 − 물론, 이상적인 이야기일수도 있겠지만 − 아이디어라는 것은 얼마나 가치가 있느냐에 따라 살아남기도 하고 없어지기도 합니다. 이 아이디어는 유용한가? 내가 더 풍요로운 삶을 살 수 있도록 도와줄 수 있는가? 내가 더 효율적인 행동을 할 수 있게 해줄 수 있는가? 우리는 자신의 일을 소명으로 생각하는 시각을 존중하고 있기 때문에, 이 질문에 대한 대답은 대부분의 사람들에게 '그렇다'라고 생각합니다. 연구결과들 또한 간접적으로라도 이 결론을 지지하고 있습니다. 결국, 이 질문들에 대답을 해야 하고, 우리가 이 책에서 제시한 아이디어들이 얼마나 유용한지에 대해 스스로를 대상으로 실험과 평가를 해봐야 하는 사람은 당신 자신인 것입니다.

[Q&A 4]

소명에 대한 경험적인 연구를 함으로써, 본질적으로는 영적인 개념을 택해 그것의 영적인 의미를 제거하고 과학적인 설명과 원리로 축소시킨 것은 아닙니까?

그렇게 하는 것이 우리의 목표였다고 해도, 과학적인 용어로 소명을 모두 설명할 수 있는 수준까지 가지는 못했습니다. 하지만, 그것은 우리의 목표가 아닙니다. 사물을 이해하는 데는 다양한 방식이 있습니다. 철학자들은 사람들이 대상을 이해하는 주된 방식에는 권위와 사유, 경험, 직관 또는 영감이 있다고 말합니다. 심리학은 과학적인 방법을 사용하여 알아가는 방식으로서, 경험에서 도출하는 것인데, 분명히 인간의 행동을 이해하는 중요한 전략으로 사용하고 싶은 것입니다. 우리는 연구를 통해 사람들이 어떻게 자기 일을 소명으로 접근하는지, 그리고 진로발달과 일터에서의 행동에서 소명이 어떤 차이를 만들어내는지를 조금씩 더 분명하게 이해하려고 애쓰고 있습니다. 하지만 과학적인 수준에서 어떤 현상을 철저하게 설명한다고 해도, 그 현상에 대한 영적인 설명이 거짓이라거나 불필요하다는 것을 의미하지는 않습니다.

이 이슈는 종교와 영성 심리학 같은 심리학 내의 다른 분야에서 훨씬 더 많이 발표되고 있습니다. 이 분야에서 가장 흥미 있는 연구들은, 영적인 경험 중의 뇌 기능을 보는 것과 같은 것입니다. 연구자들은 뇌의 다양한 영역에서 혈류량(rate of blood flow)을 측정하는 기능적 자기공명영상(fMRI)으로, 기도 중인 프랑스의 수녀들과 명상에 빠진 불교 승려들을 검사해보았습니다. 집중적인 기도나 명상을 하는 동안, 혈류량은 강한 집중 및 정서적 경험과 관련된 뇌 부분에서 증가하고, 감각 정보 지각과 관련된 부위와 물리적 공간 영역에서는 감소했습니다.[8] 어떤 분석가들은 이 결과가 모두 생리학적인 용어로 설명될 수 있기 때문에, 진짜 종교적이거나 영적인 경험과 같은 것은 아니라는 근거로 해석합니다. 하지만 이러한 결론은 학자들이 "지나친 단순화의 오류(the fallacy of nothing-but-ery)", 즉 영적인 경험을 자연적인 가정을 사용하여 그것을 "단지(nothing but)" 자연적인 현상에 지나지 않는다고 설명해버리는 잘못된 가정입니다. 과학은 자연주의적인 용어로 사물을 설명하며, 일반적으로 우리는 그런 설명에 매우 높은 가치를 부여합니다. 하지만 과학은 정의 그대로, 자연의 외부에 존재하는 영향력을 조사할 수는 없습니다. 따라서 특정 현상에 적절한 과학적 설명은 그 현상에 수반될 수 있는 자연적인 과정을 이해하는 데는 유용할지 모르지만, 그것이 일에 영적인 요인이 없다는 것을 의미하는 것은 아닙니다.

요약하면, 우리는 소명에 대한 과학적인 이해가 소명의 의미를 제거하거나 그 개념의 영적인 이해를 성의없이 설명한다고 생각하지는 않습니다. 이 책에서 우리는 심리과학과 이론이라는 렌즈를 통해 이 주제에 접근하고 있기는 하지만, 이 접근이 이 주제에 대해 포괄적으로 이해하게 해준다고 말하는 것은 아닙니다. 소명에 대해서는 매우 풍성한 종교적, 영적 접근이 있고, 이 개념에 대해 철저하게 이해하기 위해서는, 그것들을 통합하여 이 주제를 역사적, 철학적, 사회학적, 경제학적으로 다루어야 합니다. 우리는 포괄성을 원하는 독자들이 이 주제와 그것의 개인적인 적용을 모든 수준에서 연구하기를 바랍니다.

[Q&A 5]

제 고용주는 저의 개인적 가치관을 일과 통합하기 위한 행동은 부적절하다고 생각하는 것 같습니다. 이 문제를 어떻게 해결해야 할까요?

이분과 같이 소명에 대해 두려움을 가지고 있는 분들이 있다는 것을 우리도 알고 있습니다. 소명이란 개인적인 가치관과 매우 강한 상관관계를 가지고 있기 때문에, 믿기 힘들지만 직장이란 가치중립적인 지역이어야 한다고 생각하는 사람들이 여전히 존재하는 상황에서는 소명에 대해 논하는 것이 부적절할 수도 있을 것입니다. 중요한 것은, 소명의 원천에 대해 탐구하며 질문을 해보고, 어떻게 그것을 표현할 것인지에 대해 고민하는 것입니다. 사람들이 소명을 지각하는 원천들은 매우 많이 다를 수 있습니다. 하지만, 그 원천이 어떤 것인지와는 상관없이, 소명을 표현하는 방법은 대부분의 경우 동일합니다. 일을 통해 의미감과 목적의식을 표현하거나 찾아내고, 이 과정의 기반에는 다른 사람들에게 도움이 되고 싶다는 욕구가 있는 것입니다. 우리가 생각하기에, 소명의 원천은 대부분의 경우 가치관의 통합에 대한 공포가 생기는 바로 그곳인 것 같습니다. 특히, 자기를 넘어선 외부적 원천일 경우(예: 더 높은 지위나 권력을 위해서, 조국을 위해서) 말입니다. 만약에 당신이 신으로부터 받은 소명을 가지고 있는 경우, 당신의 상사나 동료들이 왜 이 직업을 선택했느냐, 왜 지금과 같은 시각으로 일을 바라보느냐라고 묻는다면 어떻게 대답할 수 있을까요? 당신이 대답을 했을 때 어떤 반응이 나올 것 같습니까?

외부적 소명의 원천에서 볼 때 일을 잘못된 방향으로 하게 될 것 같이 생각된다면, 이 부분에 대해 진지하게 검토해보고, 건강한 시각으로 다시 한 번 상황판단을 해보는 것이 필요할 것 같습니다. 모든 구성원들이 개방적으로 자신의 진로경로의 기반이 되는 가치관에 대해 이야기할 수 있도록 격려하며, 어떤 가치관이 이상적인 것이라고 판단하지 않는 업무환경이 이상적이기는 하지만, 이와 같은 환경은 안타깝게도 흔하게 볼 수 없지 않습니까. 우리가 조언하고 싶은 바는 조금 더 현명해질 필요가 있다는 것입니다.

적절한 상황을 선택하는 것이 좋겠습니다. 당신의 소명의 원천에 대해 당신을 지지해줄 수 있는 사람들, 아니면 적어도 당신을 이해해 주고 존중해줄 수 있는 사람들을 주위에 불러모으도록 합시다. 하지만, 그러는 와중에 당신의 소명이 가지는 가치관을 일과 통합시키는 작업을 게을리하면 안 됩니다. 현재와 같은 상황에서 일을 하는 것이 왠지 통합이 되지 못하고 조각이 난 듯한 느낌을 받을 수는 있겠지만, 적극적으로 자신의 일을 의미있게 만드는 데에 관심을 가지고, 더 큰

선을 위해 노력을 하는 구성원이라면 그 어떤 고용주에게도 우수한
직원으로 여겨지기 마련이니 말입니다. 직장에서의 핵심인재들에 대해
수십년 동안 연구해온 학자들은 이 가설을 지지하고 있습니다. 이 구
성원들은 다른 사람들보다 "조직 시민 행동(organizational citizenship)"
에 걸맞는 행동에 몰입하는 경우가 많다고 하는데, 이 때의 행동은
다섯 가지 유형으로 나뉩니다. 이타주의, 시민적 덕성(civic virtue), 일
터에서의 성실성, 예의바름, 스포츠맨 정신. 메타 분석이라고 알려진
기술을 사용하여, 다양한 유사 연구 결과들을 하나의 거대한 계량적
요약(quantative summary)으로 정리해보는 과정에서, 연구자들은 조직
시민행동에 몰입하는 구성원들이 그렇지 않은 사람들보다 일을 하면
서 더 행복감을 많이 느끼고, 조직에 더 많은 헌신을 하며, 리더의 행
동에 대해 더 지지적인 태도를 보인다는 것을 발견했습니다.[9] 당신이
다른 사람들을 돕고 일을 통해 의미를 찾는 행동에 중점을 둔 가치관
을 가지고 있다면, 그 가치관을 적극적으로 표현하도록 합시다. 고용
주들은 당신의 행동에 대해 매우 기뻐할 것입니다.

[Q&A 6]

저는 "초월적인 부름"이라고 하는 것을 경험해보았지만, 지금은
그것이 진짜인지 아니면 상상에 지나지 않는 것인지 의심이 됩니다.
어떻게 알 수 있을까요?

이 질문에 대해 일반적인 대답을 하기는 어렵습니다. 이런 경험들
은 상황마다 매우 다르기 때문입니다. 많은 사람들이 소명을 경험할
때 불타는 가시나무 사건 같은 것을 기대하지만, 대부분은 그들이 희
망하거나 기대하는 사건을 경험하지 못합니다. 3장에서 살펴보았듯

이, 소명을 찾을 때 삶을 변화시키는 계시와 같은 경험은 전형적인 것이 아니고, 그런 사건을 추구하는 것이 우리가 권하는 전략도 아닙니다. 그럼에도 불구하고, 그런 일이 일어나고 있는 것은 사실입니다. 이전에 우리는 극적으로 목사로 부름 받은 경찰관 로저 비스커(Roger Visker)와 노스 다코타의 임시 구세군 센터에서 지게차 운전을 하던 창고 관리인 로힛(Rohit)의 이야기를 나누었습니다. 로저는 자신의 다른 책무들을 고려해볼 때, 변화를 만들기 위해서는 매우 많은 것들을 고려해야 하기 때문에, 신중하게 응답했습니다. 탐색과 자기탐구 기간을 거친 후에야, 목회가 자신이 해야 할 일이라는 결론을 내린 것입니다. 반면에 로힛은 거의 바로 부름에 응답하여 큰 변화를 만들어 냈습니다.

우리는 극적이라고 할 정도로, 그 경험의 타당성에 대해 의심의 여지가 없는 초월적인 부름 경험들에 대해 들었습니다. 하지만 정말 놀라운 일 같이 보이긴 해도, 알고 보면 소진이 되었다거나, 카페인, 알코올, 혹은 더 강력한 것을 심하게 마시는 것, 정서적으로 강렬하거나 낯선 상황에 대한 반응, 또는 그런 경험을 너무나 간절히 바라는 것과 같은 것에 기인한 경험일 수도 있습니다. 부름 같다고 느끼지만 타당성을 의심하고 있는 상황에 있는 사람에게, 우리는 로저처럼 접근하라고 강력히 권했습니다. 우리는 소명이 삶의 좀 더 큰 목적에 맞게 더 큰 선을 증진하는 방식으로, 그 사람의 재능과 의미 있게 일할 수 있는 기회를 조정해준다고 가정합니다. 이 가정이 당신에게도 타당하게 보인다면, 스스로에게 다음 질문들을 해보십시오.

▶ 내가 소명이라고 느끼는 길이 내가 가장 관심을 갖고 있는 영역들과 일치하는가? 그것이 내가 가장 가치를 두는 것과 잘 맞는가?

그것은 나의 능력이나 기술 영역들을 활용하는 것인가? 나의 일에서 나 자신이 되게 해 주는 것인가?

▶ 이런 진로 변화를 내가 존경하고, 나를 잘 알고, 객관적이며 나의 유익을 염두에 두는 사람들과 의논한다면, 그들은 무슨 말을 할까?

▶ 이런 변화는 삶의 다른 책무들을 수행하는 나의 능력에 어떤 영향을 미칠까?

▶ 내가 이와 같은 변화를 만든다면, 내 일을 통해 주위의 공동체나 세상의 어떤 요구에 긍정적인 영향을 미칠 수 있을까?

성찰할 시간을 내어 이 질문들을 철저하게 (그리고 신앙이 있는 사람이라면 기도하며) 검토해보십시오. 이 과정을 통해 소명이라고 느끼는 길이 당신의 재능에 맞고, 당신이 신뢰하는 주변 사람들로부터 지지를 받을 수 있고, 당신의 다른 역할 및 책무와도 잘 맞고, 세상에 긍정적인 차이를 만들 수 있는 수단을 제공하며, 다가가기 편한 것이라는 강한 확신을 준다면, 이는 그 경험의 타당성을 지지해주는 것이라 하겠습니다. 위 질문 중 어떤 것이라도 재고할 이유가 있다면, 무시하지 말고 신중하게 생각해보기 바랍니다.

[Q&A 7]

저는 현재 도매상으로 일을 하고 있지만, 미술에 대한 열정을 가지고 있기 때문에, 화가라는 직업에 대한 소명을 느끼곤 합니다. 하지만, 직업 화가로 살게 되면 생계를 유지하기가 어려울 것 같아 매우 걱정이 됩니다. 이렇게 하면 기본 생활비를 충당할 수 없을 거라고 확신이 드는 상황에서, 저는 어떻게 소명을 추구해야 할까요?

우리가 평소에 매우 많이 듣게 되는 질문입니다. 특히 미술과 같이 적절한 수입을 가지기가 매우 어려운 분야에 관심을 가진 사람들에게 말입니다. 9장에 우리는 조쉬 프랭크에 대해 이야기를 했습니다. 줄리어드에서 교육을 받았고 국제적으로 이름을 떨치고 있는 트럼펫 연주자이지만, 여전히 음악전문가들의 세계에서 경제적으로 어려움을 겪고 있는 사람 말입니다. 현재 조쉬는 약간 사업가적인 방법을 활용하면서 문제를 해결하고 있고(예 : 아파트에서 스카이프를 통해 트럼펫 레슨을 하면서 버는 돈으로 연주자의 적은 수입을 보완함), 아이가 없으며 배우자도 직업을 가지고 있는 상황 때문에 재정적 책임감이 많지 않다는 긍정적인 조건도 가지고 있습니다.

물론, 가능한 방법 중 하나는 신념에 따라 지금 하고 있는 일을 그만두고, 바로 직업화가의 길을 걷는 것입니다. 그렇다면, 이 길을 걷기 전에, 이득과 손실을 한번 따져보도록 합시다. 지금 바로 화가가 되지 않는다면, 미래에 뒤를 돌아보았을 때 적어도 한번 해보기라도 할 걸이라고 후회할 것 같으십니까? 화가가 되는 선택을 했지만 원하는 대로 이루어지지 않았을 때, 그 결과는 어떤 것이 될 것 같습니까? 한 가지는 분명합니다. 시도해보지 않는다면, 직업 화가로서 절대 성공할 수가 없다는 것입니다. 알프레드 테니슨경(Alfred Lord Tennyson)에게는 미안한 이야기지만, 핵심적인 질문은 이것일 것 같습니다. 시도를 해보고 실패한 후, 깨끗하게 포기하는 것이 더 나을까요? 이 질문에 대한 대답이 '그렇다'라면, 그때부터 무엇을 해야 할지에 대해서는 쉽게 알 수 있을 것입니다.

사실 당신이 사랑하는 일을 하게 되면 돈이라는 것은 자동적으로 따라오게 될 거라고 보장하고 싶은 마음이 굴뚝 같습니다. 하지만, 여기에서 우리는 실용주의자가 되어야 합니다. 게다가, 우리는 재능이 많은 예술가들이 질문을 한 사람과 정반대의 길을 선택한 경우를 정말 많이 알고 있습니다. 경제적인 의무를 다하기 위해, 직업 예술가로서의 길을 포기하고 "일반적"인 직업을 찾는 어려운 결정을 내리는 사람들 말입니다. 배우자를 경제적으로 뒷받침하지도 않고 자녀도 없는 조쉬와는 달리, 가정을 책임져야 하는 대부분의 예술가들에게 소명을 추구하는 일을 기본적인 수입원으로 삼는다는 것은 위험부담이 너무 큽니다. 하지만, 당신이 이와 같은 상황에 처해 있다 해도 희망의 끈을 놓을 필요는 없습니다. 우리는 이 문제에 대해 좀 더 다양한 시각에서 접근해보기를 제안하고 싶습니다.

첫째, 돈을 벌든 못 벌든 간에, 예술에 관련된 일에는 시간과 에너지를 투자하여 부업으로 하도록 합시다. 사실 부업이란 그에 따라오는 규정들과 의무들, 일을 통해 인정을 받기 위해 해야 하는 다양한 요구들이 없다면, 당신이 예술에 관한 일을 하는 시간은 그 외에 해야 하는 일에 의해 방해를 받게 되기 십상입니다. 따라서, 이 시간을 진짜 일을 하는 것같이 운영하도록 합시다. 예술에 몰입하는 시간을 정확하게 명시해서 지속적으로 지킬 수 있는 시간표를 만들고, 그 시간 약속을 꼭 지키는 겁니다. 예를 들어, 화요일과 목요일 저녁 7시부터 10시는 반드시 비워놓고, 가족과 친구들에게도 알려주십시오. 직장에서 보내기로 약속한 시간을 지키듯이 그 시간을 반드시 지키기 바랍니다.

사람들에게 당신의 일정을 알려주고, 스스로와 한 시간 약속을 잘 지킬 수 있도록 도움을 요청합시다. 이 체계를 튼튼하게 잘 만들게 되면, 예술에 대한 당신의 소명을 추구하는데 필요한 경계선을 유지할 수 있게 될 것입니다.

두 번째로, 당신이 예술에 대해 소명을 가지는 일에는, 당신의 재능을 의미있게 사용해서 더 큰 선을 위한 일을 하는 방법을 찾는 과정이 포함될 거라 생각됩니다. 당신의 본업을 할 때, 이와 같은 접근법을 사용해본 적이 있습니까? 이렇게 되면, 당신의 소명이 도매업으로 바뀌지는 않겠지만, 적어도 본인이 원하는 방향으로 움직일 수는 있을 것입니다. 우리가 7장에서 이야기했던 다양한 잡크래프팅 전략들을 다시 한 번 읽어보고, 당신의 창의성과 예술적인 능력을 본업에도 활용할 수 있는 기회를 찾아보도록 합시다. 어쩌면 당신의 독창성을 보여줄 수 있는 방식으로 기존의 과제들을 조금 변형시키거나, 뭔가를 추가할 수 있을 것입니다. 직속 상사에게 찾아가서, 그동안 숨겨져 있었던 예술에 대한 열정을 보여줄 수도 있습니다. 그리고, 당신의 재능을 활용해서 현재 진행하고 있는 프로젝트를 개선시키거나, 조직의 목표를 더 잘 달성할 수 있는 기회를 얻을 수 있는지를 문의할 수도 있을 것 같습니다.

예술에 관련된 사례는 아니지만, 이 이야기를 한번 살펴봅시다. 라이언(Ryan)은 대학원에 재학 중이던 마지막 해에 대학상담센터에서 풀타임 심리치료사로서 일하고 있었습니다. 그는 자신의 일을 좋아하는 편이었지만, 매일 해야 하는 일들이 많아서, 연구중심의 삶을 살고 싶은 자신의 소명을 추구하기가 쉽지 않았습니다. 상반기가 지나갈 무렵, 이와 같은 내면적인 갈등을 자각하게 된 라이언은 상사에게 자신이 연구에 대해 매우 많은 관심을 가지고 있으며, 일을 하는데 있어서 그의 연구능력을 활용할 수 있는 기회를 얻을 수 있다면 정말 기쁘겠다는 것을 알려주기로 마음먹었습니다. 사람들과 함께 작업하는 것에 대해 큰 열정을 가지고 있는 치료사들이 대부분이었기 때문에, 라이언의 상사는 통계수치를 가지고 작업을 하고 싶다는 직원이 나타난 것에 대해 놀랐지만 매우 기뻐했습니다. 아주 간단한 대화를 나누었지만, 결과적으로 라이언은 상담센터의 목표 달성을 위한 두 개의 연구프로젝트에 참여하게 되었습니다.

한 가지는 상담센터에서 진로상담을 받는 사람들의 자료를 분석하는 것이었고, 또 하나는 상담자들이 지역사회의 상담자들에게 학생 상담자들을 더 잘 연계할 수 있도록 온라인 데이터베이스를 만드는 것이었습니다. 이 경우는 원래 상담센터와 라이언 모두가 윈-윈할 수 있는 상황이기는 했지만, 라이언이 자신의 생각에 대해 적극적으로 상사에게 이야기를 하지 않았다면 절대 일어나지 않았을 상황이기도 했습니다.

[Q&A 8]

큰 그림에서는 내 직업이 소명인 것 같지만, 이따금 일상의 단조로운 일이 따분하게 느껴집니다. 일을 할 때의 상황이 정말로 힘들어질 때, 어떻게 하면 의미를 좀 더 많이 경험할 수 있을까요?

거의 모든 사람들이 일을 하면서 때때로 따분함을 느끼지 않을까 생각합니다. 이 질문에 포함된 차원들을 좀 더 이해하기 위해, 한 가지 연구 사례를 보겠습니다. 라이언과 그의 학생들이 최근에 저명한 심리학자 집단에 대한 연구를 수행하였는데, 이들은 25년 이상 그 분야에 종사하여 정교수의 위치에 올랐으며, 동료들이 그들의 학문적 업적을 최고라고 평가한 사람들입니다. 이들은 자기 직업에 대해 아주 열정적이었고 자기 일의 중요한 부분은 타인을 돕는 것이라고 생각했습니다. 하지만 학생 평가에서부터 대학원 과정의 자격 유지를 위해 수백 페이지의 자료를 정리하는 것까지, 끝이 없는 행정 업무에 대한 불평도 똑같이 있었습니다. 따분한 일에 대한 이야기였습니다! 이 학자들은 자기 직업에서 지루하고 시간소모적인 부분들을 어떻게 견디는 것일까요? 그들은 체념한 듯 분개하지 않았습니다. 그렇습니다. 시간이 가면서 그들은 이런 힘든 과제들을 참기는 어렵지만, 애써서 해내는 것을 배웠습니다. 그런 끔찍한 과제들은 그저 "일을 하는 대가"로 여겨졌습니다.

아주 성공한 학자 집단을 언급한 것은 첫 번째 주장을 설명하기 위해서입니다. 원래 모든 직업에는 따분한 과업이나 기간이 존재합니다. 자기 일에서 100% 소명을 실천한다고 생각하는 사람들만 있는 직업이 존재할 수도 있겠지만, 아직 들어본 적은 없습니다. 따라서 직업과 소명에 대한 당신의 기대가 현실적인지를 확인해볼 필요가 있습니다. 가장 절실하고 심오한 소명이라 할지라도 가끔은 즐겁지 않은 과업들을 요구할 것입니다.

하지만, 당신이 일터에서 완전한 즐거움을 기대하는 것은 아니어도, 따분한 일이 일시적으로가 아니라 매일 쏟아지고 있다고 가정해봅시다. 몇 달 동안 상황이 개선되기를 기다려보았지만, 그렇게 되지 않은 적도 있을 것입니다. 이런 경험이 있다면, 당신의 큰 그림인 소명이 지금 하고 있는 일과 얼마나 잘 맞는지를 평가하는 것부터 시작하십시오. 이 책에서 우리는 소명들이 어떻게 유동적인지를 강조하였습니다. 일터에서 요구하는 것들이 변하듯이, 소명도 시간이 가면서 변합니다. 아마도 당신의 소명의식, 직업 요구, 또는 두 가지가 다 변해서 더 이상 일치하지 않을 수도 있고, 당신이 느끼는 갈등은 더 큰 변화가 필요하다는 암시일 수도 있습니다.

당신이 이와 비슷한 상황에 있다면, 당신의 소명에 맞도록 현재 하고 있는 일을 크래프팅하는 현실적인 조망을 가져보십시오. 아마도 따분한 일이 무엇에 대한 것인지를 평가하는 것이 좋은 출발점이 될 것입니다. 업무, 근무시간, 상사, 동료들, 아니면 이들의 어떤 조합과 관계가 있는 것인지 생각해보십시오. 문제의 원천이 무엇이든, 이런 장애물을 뚫고 항해할 수 있는 크래프트 능력을 평가해보기 바랍니다. 당신의 업무와 환경을 바꿀 수 있는 아이디어에 불을 붙이도록, 7장을 읽고 잡크래프팅 연습을 해보십시오.

잡크래프팅으로도 따분함이 사라지지 않는다면, 당신의 소명의식에 더 잘 맞는 직업들을 찾아 평가해보십시오. 어렵긴 하지만, 직업에서의 변화는 누구에게나 일어날 수 있는 일입니다. 대부분의 변화는 실패를 암시하는 것이 아니라 새로운 시작으로 보아야 합니다. 따분한 일로부터 좀 더 소명에 적절한 직업으로 이동한다는 것이, 어떤 사람에게는 동일한 직업을 유지하지만 좀 더 잘 맞는 새로운 환경을 찾는 것을 의미합니다. 다른 사람에게는, 어떤 직업을 완전히 떠나서 새로운 일을 얻는 것을 의미할 수 있습니다. 이런 과정을 생각할 때 좀 더 고려할 점은 6장을 읽어보기 바랍니다. 진로궤도의 완전한 수정을 생각한다면 두렵고 겁이 날 수도 있지만, 우리가 인터뷰했던, 직업 변화를 위한 지침으로 자신의 소명을 활용했던 사람들은 모두가 그 과정을 매우 즐겼다는 이야기를 했습니다.

[Q&A 9]

저는 어린 자녀를 두 명 둔 어머니입니다. 우리 아이들이 성장했을 때, 일을 통해 소명을 찾을 수 있도록 도우려면 어떻게 해야 할까요?

모든 부모들이 이 질문을 해왔으면 하는 것이 우리의 바램입니다. 평소에 부모역할에 대해 자주 조언을 하는 심리학자는 아니지만, 브라이언의 개인적 경험과 발달 및 직업심리학자로서의 관찰에 기반하여 몇 가지 제안을 할 수는 있을 것 같습니다. 간단하게 네 가지의 지침으로 정리해보았습니다.

1. 아이들이 갖고 태어난 재능을 개발할 수 있도록 도와주기

존 로크(john Locke)에게는 좀 미안한 얘기지만, 아이들은 태어났을 때에도 '아무 글도 쓰여 있지 않은 백지(blank slates)'가 아닙니다. 그들은 많은 것을 가지고 태어나는데, 그 중에 싹트기 시작하는 재능셋트(흥미, 능력, 성격, 욕구)도 포함되어 있습니다. 질문을 하신 분도 벌써 이와 같은 재능의 증거들을 보셨을 것입니다. 연령대에 따라 다소 다르겠지만, 어떤 아이들은 자연스럽게 핑거페인팅, 플레이 도우(Play-Doh / 역주 - 점토)를 통해 자신을 표현하고, 뭔가를 만들고, 다양한 창의적인 활동을 즐기는 반면, 어떤 아이들은 달리고, 레슬링을 하고, 흙먼지를 뒤집어쓰며 밖에서 노는 소란스러운 모습을 보입니다. 어떤 아이는 동물에 푹 빠지지만, 어떤 아이들은 스도쿠와 같은

숫자 퍼즐에서 눈을 떼지 못하기도 합니다.

다양한 모습을 보이기는 하지만, 모든 아이들은 지속적으로 자신을 표현하고자 하는 특정한 경향성을 가지고 있고, 이는 자연적으로 타고난 것으로 보입니다. 질문을 하신 분은 아마 이 경향성에 따라 부모가 아이들을 돌보는 방법이 달라진다는 사실을 알고 계실 것입니다. 스스로 동물에 푹 빠져 있는 아이에게 동물모양의 장난감을 사주고, 숫자를 좋아하는 아이에게 퍼즐책을 사주고 있다는 것을 느낀 적이 있습니까? 이와 같이 개인 특성 맞춤형 선물은 그들의 특정한 흥미를 더 강화시키게 됩니다. 이러한 환경조성은 매우 자연스럽게 이루어집니다. 당신의 자녀가 가지고 있는 관심을 충족시켜주고 싶다면, 그들이 매력을 느끼거나 적성을 보이는 활동을 더 할 수 있는 기회를 만들어주는 것이 좋습니다. 이렇게 아이를 키우다보면, 그들을 독특하게 만들어줄 재능을 더욱 발전시키도록 조력해줄 수 있을 것입니다. 이와 같이 아이의 선호도, 능력, 성격, 욕구를 파악해보고, 그 재능들을 더 개발할 수 있는 기회를 만들어주는 과정은 적응적이기도 하고 중요하기도 합니다. 아이가 스포츠를 좋아한다면, 지역 리그팀에 등록을 해주고, 공원에서 함께 운동을 하도록 합시다. 아이가 음악을 사랑한다면, 피아노 학원에 등록을 해주고, 함께 앉아서 노래를 불러봅시다. 이와 같은 강화작업은 아이들의 잠재력 개발에 도움이 되고, 자기자신을 독특하게 만들어줄 것이 무엇인지에 대한 자각능력을 강화하는 데 있어서 중요하므로, 지속적으로 관심을 가져줍시다. 자각능력이 높아지게 되면, 결국 인생에서의 소명을 파악하는 데에 도움이 될 것입니다.

2. 아이들이 자신의 재능을 확장하고, 주위 세상을 탐색할 수 있
도록 조력하기

아이들의 재능을 파악하고, 그 재능을 개발할 수 있는 환경을 조
성해주는 것이 중요하기 때문에, 부모들은 이 원칙에 지나치게 집착
하는 경우가 있습니다. 우리는 아이가 가지고 있는 특정한 스킬을 발
견한 후, 아이의 모든 능력을 쥐어짜기 위해 엄격하게 제한된 환경을
설계해서 오히려 아이를 압도시켜버리는 부모들을 만나곤 합니다. 아
무리 부모가 좋은 의도를 가졌다 해도, 11살짜리 아이에게 완벽한 테
니스 실력을 갖추도록 하기 위해, 다른 활동은 하나도 못하게 하고,
학원에서 매일 6시간 이상 운동을 하게 한다면, 긍정적인 효과보다는
오히려 아이에게 해를 입히게 될 가능성이 더 높아질 것입니다.

수십년 동안의 연구결과를 보면, 흥미와 성격과 같은 핵심 개인특
성은 아동기나 사춘기에 완성되는 것이 아니라, 초기 성인기에 안정
되기 전까지 매우 큰 폭으로 변동을 거듭한다는 것이 증명되고 있습
니다. 이 결과에 기반하여, 우리는 중고등학교 학생들에게 지나치게
빨리 특정한 진로를 정하고 그 준비과정에 너무 몰입하는 것이 좋지
않다는 조언을 하는 편입니다. 그렇게 하면, 아이가 자신의 재능에 더
잘 맞을 수 있는 다른 기회들을 파악할 기회가 닫혀질 가능성이 있습
니다. 따라서, 우리는 부모들에게 아이가 관심을 가지는 다양한 활동
들을 탐색할 수 있도록 도와주라는 조언을 합니다. 그리고, 새로운 활
동과 경험을 할 수 있도록 해주고, 다방면에 걸쳐 자신을 발전시킬
수 있게 조력하고, 항상 가능성을 열어둘 것을 조언합니다. 아이를 동
물원뿐 아니라, 미술관과 자연과학관에도 데려가자. 야구경기도 보여
주고, 지역극단의 공연도 보여주도록 합시다. 다양한 분야의 직업을

가지고 있는 역할모델들을 만날 수 있게 해줍시다. 이와 같이 여러 가지 경험을 해보게 되면, 아이는 다른 것보다 더 매력적이고 재미있는 무엇인가를 찾아내게 될 것입니다. 그리고 동시에, 아예 발견하지 못할 수 있었던 흥미와 능력들도 함께 발휘할 수 있는 방법을 자연스럽게 배우게 될 것입니다.

3. 아이들이 지역사회와 세계의 타인들에 대한 배려능력을 개발할 수 있도록 도와주기

아이가 성장하고, 재능을 확장하고, 주위 세상을 탐색함에 따라, 호기심과 미래에 대한 관심이 높아지기 시작합니다. 자기자신에게 다양한 역할의 옷을 입혀보면서, 그 일을 하게 될 경우 어떨까에 대해 상상해보게 됩니다. 이 과정을 경험하면서, 아이들의 호기심이 발전하게 됩니다. 주위 세상과의 관계가 없는 아이들의 호기심은 자기자신에게만 초점이 맞춰지기 마련입니다. 하지만, 낯선 곳을 방문한 아이들은 일상에서 벗어나서 친구들과 새로운 관계를 맺게 되고, 현재 운이 별로 없는 사람들의 곤경도 경험하게 되어, 다른 사람들의 경험을 더 잘 이해하는 쪽으로 동기수준이 높아지게 됩니다. 아이들과 함께 새로운 곳으로 짧은 기간이라도 봉사 여행을 가서, 현지 사람들을 만나봅시다. 아이들로 하여금 무료 급식소, 노숙자 쉼터, 지역 병원이나 노인 원호 생활 시설에서 자원봉사를 해보도록 합시다. 사람들을 만나고 그들의 이야기를 들어보도록 하는 겁니다. 아이들과 함께 어려움을 겪고 있는 사람들과 이야기를 해봅시다. 이와 같은 경험을 통해 당신의 아이들은 지역사회와 세상의 사람들이 어떤 것을 필요로 하는지에 대한 민감성을 개발할 수 있게 될 것입니다. 아이가 성장함에 따라, 이와 같은 타인-중심의 시각은 공동의 선과 다른 사람들의

웰빙을 위해 자신의 재능을 어떻게 활용할지에 대해 알 수 있게 해줄 거라 생각됩니다.

4. 소명을 실천한다는 것은 어떤 의미인지에 대해 역할모델이 되어주기

당신의 아이들은 자연스럽게 첫 번째 역할 모델로서 부모를 바라보게 됩니다. 부모가 자신의 직업이나 다른 삶의 역할들을 소명으로 생각한다면, 그들은 그 시각을 받아들이게 될 것입니다. 그런데, 자신의 부모가 인생을 살아가고, 일을 하는데 있어서 어떤 가치를 가지고 있는지에 대해 알고 있는 사람이 거의 없다는 것은 정말 놀랄만한 사실입니다. 그래서, 우리는 소명을 실천하며 산다는 것이 어떤 의미인지에 대해 역할모델이 되어주는 것과 동시에, 당신의 아이들이 부모의 경험과 동기에 대해 이해할 수 있도록 좀 더 적극적인 조력을 할 것을 제안하고 싶습니다. 당신이 인생에서 어떤 것을 중요하게 여기는지, 큰 인생목표를 어떻게 그리고 있는지, 당신이 몰입하고 있는 일이나 활동을 통해 어떤 것을 얻고 싶어하는지에 대해 아이들과 좀 더 자주 이야기합시다. 만약 당신이 현재의 직업을 좋아하지 않고, 그 일은 소명과 전혀 일치하지 않는다고 생각하고 있다면, 그에 대해서도 아이들에게 이야기해줍시다. 당신이 좋아하는 것과 희망하는 것은 현재의 경험과 어떻게 다른지에 대해 이해할 수 있도록 해줍시다. 최근에 브라이언은 한 중학교 상담교사와 함께 학생을 위한 부모 인터뷰 과제를 설계하는 작업을 한 적이 있었습니다. 아이들은 한 시간 동안 부모에게 자신의 일을 어떻게 생각하고 있는지에 대해 질문을 하라는 과제를 받았습니다. 추후 진행된 포커스 그룹에서, 이 인터뷰를 수행한 학생들은 중요한 것을 깨달았다고 이야기하였고, 언젠가 해보고

싶은 것에 대해 더 생각할 수 있게 되었다고 하였습니다.[10]

아이의 진로개발과 소명감 발전에 부모가 미치는 영향력은 다음과 같은 경우에 최적화될 수 있습니다. 부모가 자신의 일, 목표, 동기에 대해 아이와 이야기를 나누면서, 아이가 자유롭게 자신의 재능을 발전시키고, 주위 세상을 탐색하며, 다른 사람들에 대한 배려능력을 키울 수 있는 지지적인 환경을 만들어주기 위해 지속적으로 노력하는 경우입니다. 이러한 기회들을 많이 만들어서 아이를 참여시키고, 부모가 보여준 행동들을 배울 수 있도록 도와주도록 합시다.

[Q&A 10]

구글에서 "진로 상담"을 검색해보았더니, 상담자, 심리학자, 진로코치에 대한 정보가 나와서 혼란이 되었습니다. 이것들의 차이가 무엇인가요? 저에게 잘맞는 진로상담자는 어떻게 선택해야할까요?

당신의 어려움을 이해합니다! 전국진로발달협회(National Career Development Association) 회장인 리히 펠러(Rich Feller)에 따르면, 실제로 진로 상담 서비스를 제공하는 사람들의 타이틀이 35개나 되었다고 합니다![11] 세 가지 유형 간의 차이를 정리해보도록 하겠습니다.

상담자(counselors)는 대개 석사 학위가 있고 국가가 인증한 진로상담자(Nationally Certified Career Counselor: NCCC), 국가가 인증한 상담자(Nationally Certified Counselor: NCR), 또는 공인 전문 상담자(Licensed Professional Counselor: LPC)와 같은 자격을 갖고 있습니다. 상담 석사학위를 받는 데는 대개 2, 3년 정도 걸립니다. NCCC 자격

312 나의 일을 의미있게 만드는 방법

증은 진로 상담에 관해 전문화된 훈련과 경험을 인정해주는데, 더 이
상 자격검정을 시행하지 않아 NCCC 상담자가 점점 없어지고 있습니
다. NCCC와 LPC 자격증은 일반적인 상담 훈련과 전문성을 인정해주
며, 진로상담 훈련을 반드시 요구하지는 않습니다.

　　진로 상담 심리학자(psychologists)는 대개 PhD(철학 박사)나 PsyD
(심리학 박사) 등 박사 학위가 있고, 심리학 서비스를 할 수 있는 주립
자격증을 가지고 있습니다. 박사학위는 대개 5년에서 7년 사이의 대
학원 과정(석사학위 과정 포함)을 요구합니다. 심리치료 서비스를 제공
하는 심리학자들은 상담심리학자나 임상심리학자일 수 있지만, 대개
는 상담심리학자들이 진로상담을 합니다. (심리학의 이 두 영역은 상당
히 많이 겹치지만, 역사적으로 임상심리학은 아픈 사람들이 회복되는 데 초
점을 맞추고, 상담심리학은 사람들이 더 성장하도록(flourish) 돕는 것을 강
조합니다. 대부분의 상담심리학 과정에서는 학생들에게 진로 평가와 상담 훈
련을 시키지만, 대부분의 임상심리학 과정에서는 그렇지 않습니다. 진로상담
을 전문으로 하는 상담심리학자들은 '직업심리학자'라는 타이틀을 사용할 수
도 있습니다. 이 용어는 학위나 자격증이 아니라 그가 강조하는 영역을 묘사
하는 것입니다.)

　　진로 코치나 라이프 코치는 판단하기가 더 어렵습니다. 석사 수
준의 상담자 훈련이나 박사 수준의 심리학자 훈련을 받고도 "코치
(coach)"라는 타이틀을 선호하는 사람들도 있지만, 주말 세미나 수준
의 훈련 정도를 받은 사람들도 있습니다.[12] 후자의 경우, 실제로는 그
렇지 않더라도, 이론적으로는 비교적 간단한 문제들(예. 목표 설정이나
이력서 재작성)을 성공적으로 다루고, 좀 더 복잡한 사례들은 진로상담

자들이나 심리학자들에게 의뢰하도록 훈련된 준－진로상담자들입니다. 우리가 접촉했던 많은 코치들은 똑똑하고 따뜻하고 지지적이며, 아주 숙련된 사람들이었습니다. 하지만, 물론 고소득을 약속하는 인터넷 배너 광고를 보고 (높은 수익을 기대하며) 이 직업에 진입한 사람들도 있긴 합니다. 대부분의 주(states)에서는, 진로 및 라이프 코치와 전문 상담자 및 심리학자 간에 관리 규정상 차이는 별로 없습니다.

우리가 할 수 있는 최선의 조언은 당신의 과제에 잘 맞는 전문가를 선택하는 것이 좋다는 것입니다. 당신의 관심영역이 그리 단순한 것이 아니라면, 잘 훈련된 사람을 찾아 보십시오. 전문가의 훈련과정을 평가하는 것이 어렵지는 않습니다. 서비스 제공자에게 그의 진로상담 훈련과 경험을 요약해달라고 요청할 수 있습니다. 어떤 사람들은 웹사이트나 브로슈어에서 정보를 얻을 수 있게 해놓습니다. 개인적으로 또는 전화로 설명해주는 사람들도 있습니다. 상담자의 박사학위나 석사학위 소지 여부는 중요하지 않습니다. 연구에서는 박사와 석사 수준의 상담자가 제공한 서비스간의 효과에서 차이를 발견하지 못했습니다. 하지만, 다음 두 가지는 평가해야 합니다. 상담자가 최소한 석사 학위를 가지고 있는지, 그리고 상담자가 특별히 진로상담에 관한 전문적인 훈련 경험이 있는지 입니다.

잘 훈련된 상담자를 한 명(또는 두세 명) 찾았다면, 만날 약속을 정해 함께 작업을 잘 할 수 있겠는지 평가해보십시오. 미리 질문을 준비하십시오. (예. 내담자와 작업할 때 어떤 접근을 하나? 나는 어떤 일들을 하게 되나? 평가는 얼마나 하나? 사람들은 대개 몇 회기 정도를 하며 어떤 성과를 경험하는가? 비용은 얼마인가? 성공률은 얼마인가?) 많은 진로

상담자들이 초기 자문 회기를 무료로 또는 할인해서 제공하고 있습니다. 이런 회기를 활용해서 이 상담자와의 작업이 어떤지를 경험해보십시오. 함께 좋은 작업관계를 맺기가 어려울 것 같다고 느껴진다면, 아마도 당신이 옳을 것입니다. 다른 대안을 찾아보십시오. 만약 좋았다면, 일단 시작해보고 상담을 하면서 좋아지고 있는지 평가해보십시오. 이 책의 웹사이트에 www.MakeYourJobaCalling.com, 상담자 선택방법에 대해 좀 더 상세히 제시되어 있습니다.

[Q&A 11]

저는 20년 동안 한 가지 일을 해왔습니다. 그리고, 그 일이 제 소명이라고 생각해 왔지요. 그런데 최근에 저는 뭔가 정체되어 있다는 느낌을 매우 강하게 받고 있습니다. 제 일이 사람들에게 좋은 영향을 준다고 생각하기는 하지만, 너무 반복되는 일이 많다보니 더 이상 저에게는 도전과제가 되지 않고, 이제는 거의 지루해지기까지 합니다. 하지만, 당장 직업을 바꿀만한 형편은 아닙니다. 제가 제 소명을 실천하는데 있어서 좀 더 즐거움을 느낄 수 있도록 조언을 주셨으면 좋겠습니다.

우울감의 수준이 매우 높은 것으로 보여집니다. 하지만 사실 매우 정상적인 현상입니다. 소명이란 고정된 것이 아니라는 사실을 스스로에게 알려줄 필요가 있습니다. 우리가 소명을 실천하고 있다고 생각되는 사람들과 진행한 모든 인터뷰를 보면, 하나의 사건을 통해 소명을 찾아낸 후, 그 후에 아무런 변화도 없이 영원히 행복하게 살았다고 이야기한 사람은 한 명밖에 없었습니다. 자신의 소명은 매우 역동적이고 변화무쌍한 것이라고 생각하고, 비계(scaffolding)를 활용해서 적응과정을 시작해보도록 합시다. 비계라는 말을 들으면 대부분 건설 근로자들이 건물의 외부에서 작업할 때 도움을 받을 수 있도록 설치한 격자모양의 임시가설물이 떠오를 것입니다. 1950년대, 심리학자 제롬 브루너(Jerome Bruner)가 이 개념을 교육학 분야에 적용해서, 비유적으로 교육의 특정 방법으로 활용하였습니다.[13] 이 접근에 따르면, 학생들이 학습하는 것을 돕기 위해 교사는 다양한 지원을 제공해야 하고, 학생이 그 내용을 배움에 따라 하나하나씩 지원을 제거해야 한다고 합니다. 학생들이 더 복잡한 내용으로 넘어감에 따라, 새로운 지원도구가 학습을 조력하게 되고, 하나의 학습이 완료될 때마다 지원도구들이 제거되는 사이클이 반복됩니다. 예를 들어, 학생들이 덧셈과 뺄셈을 처음 배우게 되고, 곱셈을 배운 후에 나눗셈을 배우는 것과 마찬가지입니다. 학생들은 시간이 지나감에 따라, 이전에 배웠던 것을 발판으로 하여 지식을 쌓아가도록 도움을 받게 됩니다.

비계라는 개념은 교육분야뿐 아니라 많은 문화에서 광범위하게 활용되고 있습니다. 대부분의 경우, 사람들은 이전에 배운 지식과 기술을 허물고 나서, 더 고급 지식과 기술을 배우게 된다는 것을 설명할 때 활용됩니다. 다소 추상적인 개념이기는 하지만, 최근 50년 동안 가장 유명했던 락밴드를 한번 떠올려보도록 합시다. 한곡만 히트한 밴드가 아니라, 긴 기간 동안 사랑받았던 밴드 말입니다. 비틀스(Beatles), 롤링 스톤스(Rolling Stones), 유투(U2). 이 밴드들은 특정한 음악 스타일을 연주하고, 특정한 유형의 노래를 부르면서 시작했었습니다. 하지만, 발전해나감에 따라, 새로운 도전과제를 받아들였고, 새로운 형태의 노래를 연주하게 되었습니다. 음악가로서 연주하는 것에 대한 소명을 느끼고 변화하지 않을 수도 있었지만, 그들의 음악에 대한 접근방법은 시간이 지남에 따라 매우 많이 변화하였습니다. 비틀즈를 한번 살펴보도록 합시다. 자신들의 앨범에 대한 동양의 열광적인 반응을 알게 된 후, 뭔가 큰 변화가 일어났습니다. 하지만, 작곡을 하기 위해 컴퓨터 프로그램을 사용하는 것과 같은 변화는 아니었습니다. 그들은 음악을 만드는데 있어서 다른 방법을 택했다. 비틀즈는 자신들의 음악적 기반에 새로운 변화를 추가하였습니다. 자신이 손쉽게 안전감을 느낄 수 있는 구역을 확장하고, 일을 하기 위한 새로운 방법을 배우기 시작했습니다. 당신도 이들과 같은 접근법을 일에 적용할 수 있다. 자신의 일에서 매우 잘하는 일들을 떠올려 봅시다. 초기의 기반을 어떻게 허물 수 있을까요? 현재의 일을 조금 수정해서, 새로운 기술과 지식을 어떻게 배울 수 있을까요? 새롭거나 더 복잡한 과제를 수행해보는 것은, 당신의 소명에 다시 즐거움을 더하는 데에 도움이 될 것입니다.

또 다른 방법은, 자신의 일을 활용해서 다른 사람들을 조력하기 위해 새로운 방법을 시도하는 도전에 참여하는 것입니다. 우리가 5장에서 몇 가지 아이디어를 제공해드렸었지만, 이 작업을 잘 하는 사람의 이야기를 들어보고 싶다면 10장으로 돌아가서 래리 키에프트의 사례를 다시 한 번 읽어보기를 권하고 싶습니다. 그는 수십년 동안 산부인과 전문의로서 여성들 및 어머니들과 밀접하게 일해온 사람이었습니다. 대부분의 사람들은, 의료행위를 하고 출산을 조력하는 일은, 다른 사람들을 돕고자 하는 욕구를 만족시키는 것과 매우 먼 일로 생각합니다. 하지만, 래리는 거기에서 한발짝 더 나갔습니다. 도움이 필요한 어머니들을 위해 산전 프로그램을 기획하고, 보험이 없는 사람들이 비용지원을 받을 수 있도록 일하고, 아동 클리닉을 위해 기금을 조성하며, 보다 효율적으로 소명을 실천하기 위한 모든 노력을 기울였습니다. 은퇴시기가 되자, 래리는 의과대학과 미국 및 아프리카 주민들을 연결해서, 개발도상국의 외과의사들이 높은 수준의, 그리고 자신들의 문화에 적합한 훈련을 받을 수 있도록 돕는 더 큰 꿈을 꾸기 시작했습니다. 그는 35년 동안 동일한 일을 해왔지만, 그의 소명은 계속해서 어려운 사람들을 더 잘 도울 수 있도록 자신의 재능을 활용하는 새로운 방법을 찾아내도록 했습니다. 정체감을 느끼고 있다면, 래리와 같이 생각해봅시다. 일을 하는데 있어서 당신의 재능을 활용하여 이전과의 차이점을 만들 수 있는 새로운 방법은 무엇이 있을까요?

[Q&A 12]

소명이라고 생각했던 직업을 그만두었습니다. 소명을 유지하고 싶은데 어떻게 해야 할지 모르겠어요. 좋은 조언 기다립니다.

당신의 상실 경험은 매우 클 것입니다. 우리는 처음 이런 경험을 해본 분들의 마음을 이해하며, 다른 유형의 상실처럼 실업도 정서적으로 엄청나게 충격적일 수 있다고 생각합니다. 실업을 경험한 사람들은 우울감을 느낄 수도 있습니다. 많이 침체될 수도 있고 무가치감, 무력감, 피로, 불면 또는 초조와 관련된 생각들을 경험할 수 있습니다. 불안을 느끼는 사람들도 있습니다. 근심이나 두려움, 공포 또는 짜증을 느낄 수 있습니다. 어떤 사람들은 두통이나 요통, 심장이 마구 뛰는 것과 같은 신체적인 증상을 느끼기도 합니다. 이러한 감정이나 증상들을 경험했다면, 즉시 심리학자나 주치의의 도움을 받기 바랍니다. 중요한 상실을 겪었을 때에는 슬퍼할 시간이 필요하고, 중요한 다른 사람들의 지지를 받는 것이 좋습니다. 그런 지지를 받으면, 다음 단계를 대처하고 힘을 받는데 도움이 될 것입니다.

질문을 보니 당신이 잃은 직업보다 당신의 소명을 더 크게 보는 느낌이 드는데, 이는 중요한 신념이라고 생각합니다. 소명은 직업을 초월한 것이지만, 동시에 소명을 실천하는 중요한 수단이 됩니다. 당신에게는 최소한 두 가지의 대안이 있습니다. 물론 첫 번째는 당신이 잃은 직업만큼 잘 맞는 새로운 일을 찾는 것입니다. 이전 일과 유사한 직업을 찾는 사람들 중에서, 신속하게 적절한 일을 찾고, 그 직업이 소명이라는 느낌을 받으며, 그 일을 뛰어나게 잘 한다면, 당신은 운이 좋은 사람일 것입니다. 이력서를 수정하고, 새 이력서를 준비하고, 인터뷰 기술을 다시 익히고, 동료들의 네트워크를 활용하여 가능한 한 빨리 만족할만한 새로운 대안들을 찾을 필요가 있습니다. (이 과정에서 각 단계마다 도움이 될 유용한 자료들은 www.MakeYourJobaCalling.com 에서 찾아보십시오.) 물론 제3자의 입장에서 조언을 주기는 쉽다는 것을 압니다. 실제로는 각각의 과제들이 굉장한 노력을 요구하는 것이기 때문에 그것을 수행하는 것이 훨씬 더 어렵고, 모퉁이만 돌면 새로운 직업이 나타난다는 보장도 없습니다.

당신이 잃은 직업과 유사한 일을 찾는 데 예상보다 시간이 더 걸린다면, 또 다른 대안은, 무엇이든 소득이 되는 직업을 찾아서, 최소한 지금은, 일 이외에서 당신의 소명을 실천하려고 노력하는 것입니다. 이런 접근을 통해 당신은 직업에서 얻는 심리적인 이익을 동일하게 얻고, 현재 겪고 있는 상실감도 완화할 수 있을 것입니다. 8장에서 이를 수행하는 방법을 제안한 바 있습니다. 하지만 실업으로 힘들

어하는 사람들은 다음과 같이 일 이외에서 소명을 실천함으로써 보상
을 받을 수도 있습니다.

1. *정체성과 자기가치감*: 실직으로 인한 "공허한 정체성"을 채우
는 것은 쉽지 않습니다. 특히 당신의 정체성이 당신의 직업과 밀접하
게 연결되어 있다면, 그 공허감이 당신의 전체적인 자기가치감을 감
소시킬 수 있습니다. 따라서 소명과 일치하는 활동을 수행하면, 일을
할 때 경험했던 것과 유사한 목적감, 사명감, 성취감을 느낄 수 있습
니다.

2. *타인과의 연계*: 직업이 없어 새로운 일을 찾고 있는 사람을 생
각하면 어떤 이미지가 떠오릅니까? 흐트러진 머리에, 파자마 바지를
입고, 커피 잔을 들고, 이력서 파일과 구직 사이트를 동시에 띄워놓은
채 컴퓨터 화면을 멍하니 바라보고 있는 사람이 떠오를 것입니다. 게
다가 실업으로 느끼는 외로움은 매우 클 수 있습니다. 실직 상태에서
소명을 실천하려는 시도는 그런 패턴을 피하는 데 도움이 될 수 있습
니다. 왜냐하면 소명은 반드시 다른 사람들을 포함하기 때문에, 당신
이 계속 관계를 유지할 수 있게 줍니다. 5장에서 사람들이 관계를 맺
는 데 필요한 기본적인 욕구를 논의하였습니다. 일을 하지 못하는 동
안에도 소명과 관련된 활동에 참여하는 것은 다른 사람들을 도우면서
같은 마음을 가진 사람들과 연계하는 훌륭한 방법이 될 수 있습니다.

3. *취업으로 가는 길*: 진로상담자들은 실직한 내담자와 작업할 때,
직업을 찾으면서 자원봉사를 해보라고 권하곤 합니다. 무임금 노동은
이전에 고려해보지 않았던 새로운 진로 대안들을 볼 수 있는 기회를

줍니다. 스스로 질문해보십시오. 돈 걱정을 하지 않고 무슨 일이든 할수 있다면, 무엇을 하겠습니까? 마음에 떠오르는 것이 있다면 아마도당신의 소명과 잘 맞는 일일 것입니다. 그리고 조직에서 임금을 받지않고 서비스를 수행하면 최소한 기분이 좋아지고 (1번을 보시오), 궁극적으로는 취업의 기회를 얻을 수도 있을 것입니다. 소명은 열정과 에너지, 헌신을 가지고 수행하는 것인데, 이 모두가 고용주의 눈에 띄는특징이기 때문입니다.

[Q&A 13]

저는 소명감에서 출발하여 하나의 사업체를 운영하고 있습니다.우리 조직의 구성원들이 저와 동일한 목적과 미션을 경험할 수 있기를 기대하고 있지요. 제가 그들을 도울 수 있으려면 어떤 일을 해야할까요?

이 책의 전반적인 내용을 통하여, 우리는 개인 구성원이나 구직자의 수준에서 소명을 파악하고 실천하는 것에 초점을 맞춰왔습니다.하지만, 조직에 대해 큰 영향을 미칠 수 있는 위치에 있는 사람들은,더 많은 구성원들에게 긍정적으로 영향을 줄 수 있는 기회를 가지고있습니다.

구성원들이 자신의 일을 소명으로 보게 되면, 그들은 경력과 관련된, 그리고 전반적인 웰빙을 더 크게 경험하게 되고, 그 결과로서 더좋은 성과를 만들어내게 됩니다. 구성원들의 소명개발을 돕는 작업은,개인 구성원뿐 아니라 조직에게도 이득이 되기 마련입니다. 옳은 일일뿐 아니라, 본질적으로 좋은 일인 것입니다. 이 작업을 촉진하기 위해 세 가지의 간단한 제안을 해보려고 합니다. 우리의 홈페이지(www.makeyourjobacalling.com)를 방문하면 더 많은 정보를 얻을 수 있을 것입니다.

1. 구성원들의 재능을 파악하고, 그에 적절한 일을 맡겨주기

구성원들의 자신의 일을 소명으로서 바라볼 수 있으려면, 자신의 독특한 재능에 대해 충분히 이해하고 있을 필요가 있습니다. 각각의 구성원들을 특별하게 만들어주는 것은 무엇일까요? 6장에서 우리는 비공식적인 자기평가(예: 최선의 노력을 다했을 때 나타나는 자신의 강점에 대해 적어보기), 심리평가도구(예: 직업흥미를 측정하는 검사 해보기), 직업상담 전문가의 도움을 받는 등의 방법을 통해 재능을 찾아가는 작업의 중요성에 대해 이야기했었습니다. 고용주가 자신의 조직에서 일하고 있는 구성원들이 대집단이나 소집단 형태로 모여서, 자신의 재능을 평가해볼 수 있는 워크샵과 같은 진로개발 개입을 제공해주는 것이 좋다고 우리는 생각합니다. 이 작업을 효율적으로 하려면, 구성원들이 다양한 심리평가를 받은 후, 심리학자나 상담자가 진행하는 검사해석 워크샵에 참여하도록 하는 것이 바람직하겠습니다.

구성원들이 자신의 재능에 대해 파악할 수 있도록 돕는 것도 의미가 있지만, 그 중에서도 특히 업무기회가 그들의 재능에 맞도록 제공될 수 있다면 더욱 의미가 있을 것입니다. 고용주는 구성원의 독특한 재능이 더 잘 발휘될 수 있는 환경이 되도록, 구성원이 자신의 업무 과제를 변화시킬 수 있는 권한을 줄 수도 있습니다. 한 가지 방법으로는, 고용주가 구성원들을 1대1로 만나서 직장에서 구성원의 재능을 잘 발휘하도록 하려면 어떤 기회를 제공하면 좋을지에 대해 논의하는 것이 있습니다. 구성원의 일부 업무과제를 재설계하는 기회도 줄 수 있고, 아예 구성원을 새로운 자리로 옮기도록 해줄 수 있을 것입니다. 이와 같은 고용주의 현명하고 유연한 개입전략은 구성원들이 시간이 지남에 따라 더 큰 만족감을 느끼게 해줄 것입니다. 특히 구성원 자신의 강점들이 발휘될 수 있는 일을 하면서 말입니다.

2. 구성원들에게 조직의 미션을 충분히 이해시키기

대부분의 고용주들은 명확하게 기술된 미션 선언문을 가지고 있습니다. 이 미션에 기반하여 중요한 결정들을 내리게 되기 때문입니다. 그렇다면, 당신 조직의 구성원들은 그 미션에 대해 얼마나 잘 알고 있을까요? 구성원들은 그 미션을 얼마나 수용하고 있을까요? 자신이 일하고 있는 조직의 더 큰 목적과 목표에 대해 이해하고 있는 구성원들은, 자신의 업무과제를 통해 더 큰 의미를 끌어낼 수 있다고 합니다. 미국에서 가장 성공적으로 운영되고 있는 기업들(예: 구글, 마이크로소프트, 홀푸드)을 보면, 정기적인 모임을 통해 구성원들이 조직의 전체적인 미션에 대해 다시 한 번 기억할 수 있도록 해주고, 각자의 일을 통해 그 미션을 수행할 수 있는 새로운 방법들을 찾아내도록 격려하고 있습니다. 우리도 당신의 사업운영에서 이와 같이 동일한 전략을 사용해보기를 권하고 싶습니다. 조직의 미션을 강조하는 훈련 활동들을 진행하고, 각 구성원들이 그 미션을 잘 이해할 수 있도록 미션의 내용을 명확하고 모호하지 않게 만드는 것이 중요할 것입니다.

3. 구성원들이 서로를 도와줄 수 있는 기회 만들기

구성원들이 지속적으로 자신의 소명을 실천할 수 있도록 조력하려면, 그들의 재능을 활용할 수 있게 해주고, 의미와 목적을 경험하도록 해주어야 하며, 구성원들이 서로를 도울 수 있도록 해주는 것이 중요합니다. 고용주로서, 당신은 특히 마지막 부분을 다양한 방법을 통해 실행할 수 있습니다. 이러한 기회들을 창출할 수 있는 한 가지 간단한 전략은 당신의 사업 자체가 더 큰 선(good)과 연결될 수 있도록 신경을 쓰는 것입니다. 사업의 가치가 명확하다면, 그 가치 자체를 선발 기준으로 사용하고, 조직의 미션을 수용하는 사람들을 고용하면 됩니다. 이 작업을 효과적으로 하는 한, 구성원들이 다른 사람들을 돕고 싶다는 자신의 욕구를 인식할 뿐 아니라, 업무과제를 통해서도 자연스럽게 주위에 대한 조력에 몰입할 수 있는 사람들을 선발할 수 있게 될 것입니다. 다른 사람들을 돕는 것이 당신의 조직 미션에서 핵심부분이 아니라면, 구성원들이 타인의 욕구 충족 과정을 도울 수 있는 다른 방법을 고려해보는 것이 좋습니다. 많은 기업들은 사랑의 집짓기 운동(Habitat for Humanity houses)에 참여해서 집을 짓는 일을 돕거나, 무료 급식소에서 음식을 나눠주는 일과 같은 사회봉사활동을 정기적으로 실행합니다. 이와 같은 유형의 활동들은 누가 봐도 가치로운 행동입니다. 하지만 구성원들의 독특한 강점에 잘 맞는 활동을 할 수 있을 때 그 효과는 극대화될 수 있을 것입니다. 예를 들어, 변호사들이 망치를 꺼내들고 집짓기 봉사를 하면서 즐거워할 수도 있겠지만, 가난한 사람들을 위해 시간을 내어 무료 법률 상담을 하게 된다면 의미와 유용성은 더욱 강화될 것입니다. 우리는 당신도 구성원들의 강점을 잘 파악해서, 정기적으로 자신의 강점을 활용하여 다른 사람들을 도울 수 있는 기회를 만들어보기를 권하고 싶습니다.

참고문헌

제1장

1. Isaac Hunter, Bryan J. Dik, and James H. Banning, "College Students' Perceptions of Calling in Work and Life," *Journal of Vocational Behavior* 76.2 (2010): 178-86.
2. Isaac Hunter, Bryan J. Dik, and James H. Banning, "Perceptions of Calling in Work and Life," American Psychological Association, San Diego, CA, August 2011.
3. Roy Baumeister, *Meanings of Life* (New York: Guilford, 1991).
4. Amy Wrzesniewski, "Callings," in *The Oxford Handbook of Positive Organizational Scholarship*, ed. Kim Cameron and Gretchen Spreitzer (New York: Oxford University Press, forthcoming).
5. Stephen W. Hawking, *A Brief History of Time: From the Big Bang to Black Holes* (New York: Bantam, 1988).
6. Nancy E. Abrams and Joel R. Primack, "Einstein's View of God," in *God for the Twenty-first Century*, ed. Russell Stannard (Radnor, PA: Templeton Foundation Press, 2000), 153-57.
7. Steven Weinberg, interview from the PBS film *Faith and Reason* (1998), New River Media and Five Continents Music (Ronald Bailey

and Andrew Walworth, executive producers; Ronald Ailey and Cameron Allan, producers; Margaret Wertheim, writer and host), www.pbs.org/faithandreason/.

8. Stuart Bunderson and Jeffery A. Thompson, "The Call of the Wild: Zookeepers, Callings and the Double-Edged Sword of Deeply Meaningful Work," *Administrative Science Quarterly* 54.1 (2009): 32-57, 50.

9. Bryan J. Dik and Ryan D. Duffy, "Calling and Vocation at Work: Definitions and Prospects for Research and Practice," *Counseling Psychologist* 37.3 (2009): 424-450, 427.

10. William C. Placher, Callings: *Twenty Centuries of Christian Wisdom on Vocation* (Grand Rapids: Eerdmans, 2005).

11. Drawn from the 2007 Pew Forum Religious Landscape Survey, http://religions.pewforum.org.

12. 이 분의 실명에 대한 사용을 허락받으려 했지만 다시 찾을 수가 없었기 때문에, 로힛(Rohit)이라는 가명을 썼다.

13. 존재의 목표를 최대한 명확하게 하기 위해, "목적(purpose)"은 "먼저 자신에게 의미가 있고, 그 결과 자신을 넘어서서 다른 사람들에게도 의미가 있게 되는 무엇인가를 달성하기 위한 안정적이고 일반화된 의도"로 정의하였다(William Damon, Jenni Menon, and Kendall C. Bronk, "The Development of Purpose during Adolescence," *Applied Developmental Science* 7.3[2003]: 119-28, 121). 그리고, "의미(meaning)"과 "의미있음(meaningfulness)"은 "자신이라는 존재의 본질에 있어서 느껴지는 중요한 요소"로 정의하였다(M. F. Steger, Patricia Frazier, Shigehiro Oishi, and Metthew Kaler, "The Meaning in Life Questionnaire : Assessing the Presence of and Search for Meaning in Life," *Journal of Counseling Psychology* 53.1[2006]: 80-93, 81). 한 가지 더 명확하게 해둘 것이 있다. 로소, 데카스, 브제스니예브스키(Rosso, Dekas, Wrzesniewki)의 최근 연구에 따르면, 연구자들이 앞으로는 일에서의 "의미"와 "의미있음"을 구분하는 것을 제안한다. 왜냐하

면, "일에서의 의미"는 대부분의 경우, 조직구성원들이 일로부터 찾아내
는 의미의 유형을 가리키는 반면, "일에서의 의미있음"은 자신의 일에
대해 중요성을 부여하는 정도를 가리키기 때문이다. 우리는 "의미있음"
보다는 "의미"를 더 많이 언급했는데, 그 이유는 "의미"가 일반적으로
더 많이 사용되는 용어이며, 길이가 더 짧은 단어이기 때문이었다. 또한,
우리가 생각하기로는 맥락상 사람들이 경험하는 긍정적인 중요성을 가
리킬 때 "의미"라는 단어를 쓰는 것이 더 적절해보였기 때문이기도 했다
(Brent D. Rosso, Kathryn J. Dekas, and Amy Wrzesniewki, "On
the Meaning of Work : A Theoretical Integration and Review,"
Research in Organizational Behavior 30[2010]: 91−127).

14. Roy F. Baumeister and Kathleen D. Vohs, "The Pursuit of
    Meaningfulness in Life," in *The Handbook of Positive Psychology*,
    ed. C. R. Synder and Shane Lopez (New York: Oxford University
    Press, 2002), 608-18.

15. Douglas T. Hall and Dawn E. Chandler, "Psychological Success:
    When the Career Is a Calling," *Journal of Organizational Behavior*
    26.2 (2005): 155-76.

16. Amy Wrzesniewski and Jane E. Dutton, "Crafting a Job: Revisioning
    Employees as Active Crafters of Their Work," *Academy of Management
    Review* 26.2 (2001): 179-01.

17. Jesper Isaksen, "Constructing Meaning Despite the Drudgery of
    Repetitive Work," *Journal of Humanistic Psychology* 40.3 (2000):
    84-107.

18. Blake E. Ashforth and Glen E. Kreiner, "'How Can You Do It?':
    Dirty Work and the Challenge of Constructing a Positive Identity,"
    Academy of Management Review 24.3 (1999): 413-34.

19. James C. Davidson and David P. Caddell, "Religion and the Meaning
    of Work," *Journal for the Scientific Study of Religion* 33.2 (1994):
    135-47.

20. Dik and Duffy, "Calling and Vocation at Work."

21. Ryan D. Duffy, Bryan J. Dik, and Michael F. Steger, "Calling and Work—Related Outcomes: Career Commitment as a Mediator," *Journal of Vocational Behavior* 78.2 (2011): 210-18.

22. Michael F. Steger, N. Pickering, J. Y. Shin, and Bryan J. Dik, "Calling in Work: Secular or Sacred?" *Journal of Career Assessment* 18.1 (2010): 82-96.

23. Ryan D. Duffy, Elizabeth M. Bott, Blake A. Allan, Carrie L. Torrey, and Bryan J. Dik, "Perceiving a Calling, Living a Calling, and Job Satisfaction: Testing a Moderated, Multiple Mediator Model," *Journal of Counseling Psychology* 59.1 (2012): 50-59.

24. Lee Hardy, *The Fabric of This World: Inquiries into Calling, Career Choice, and the Design of Human Work* (Grand Rapids: Eerdmans, 1990).

25. Amy Wrzesniewski, Clark McCauley, Paul Rozin, and Barry Schwartz, "Jobs, Careers, and Callings: People's Relations to Their Work," *Journal of Research in Personality* 31.1 (1997): 21-33.

제2장

1. Robert N. Bellah, Richard Madsen, William M. Sullivan, Ann Swidler, and Steven M. Tipton, *Habits of the Heart: Individualism and Commitment in American Life* (New York: Harper & Row, 1985).

2. Studs Terkel, *Working* (New York: New Press, 1997), xi.

3. Ibid., xviii.

4. Bellah et al., *Habits of the Heart*, 68.

5. Ibid., 66.

6. Michael G. Pratt, Camille Pradies, and Douglas A. Lepisto, "Doing Well, Doing Good, and Doing With: Organizational Practices for Effectively Cultivating Meaningful Work," in *Meaning and Purpose in the Workplace*, ed. Bryan Dik, Zinta Byrne, and Mike Steger (Washington, DC: APA Books, forthcoming).

7. 1997년에 브제스니에프스키 등이 진행한 일 지향 척도 요인 분석에서는 직업 지향과 소명 지향이 양 극단에 위치하고, 진로 지향은 독립된 차원임을 시사하고 있다.

8. 포크너의 유명한 인용은 한 수녀를 위한 레퀴엠(Requiem for a Nun) 3장 1막의 마지막 부분에서 가빈 스티븐스(Gavin Stevens)라는 인물이 한 말이다. 여기서는 약간 맥락을 벗어났지만 – 스티븐스의 요점은 한 개인의 과거 행동들은 계속해서 현재를 형성하기 때문에 절대로 과거로 남을 수가 없다는 점을 지적하고 있다. – 그럼에도 불구하고 우리는 이 일반적인 원리가 넓게, 개인들을 넘어서서 서구 문명으로 확장해서 적용할 수 있다고 믿는다.

9. Lee Hardy, *The Fabric of This World: Inquiries into Calling, Career Choice, and the Design of Human Work* (Grand Rapids: Eerdmans, 1990).

10. *Plutarch: The Lives of the Noble Grecians and Romans*, translated by John Dryden and revised by Arthur Hugh Clough (New York: Modern Library, n.d.), 182-83. Quoted in *Working: Its Meanings and Its Limits*, ed. Gilbert Meilaender (Notre Dame, IN: University of Notre Dame Press, 2000).

11. Eusebius (c. 260-c. 339), *Demonstration of the Gospel* discussed in Darrow L. Miller, *LifeWork: A Biblical Theology for What You Do Every Day* (Seattle: YWAM Publishing, 2009).

12. 플라톤과 플루타르크만큼 유명하지는 않지만, 조르디아노 브루노(Giordiano Bruno), 조반니 피코 델라 미란돌라(Giovanni Pico Della Mirandola), 마르실리오 피치노(Marsilio Ficino)같은 사람들을 포함하고 있다.

13. Hardy, *Fabric of This World*, 27.

14. Ibid., 28.

15. Patricia A. Emison, *Creating the "Divine" Artist: From Dante to Michelangelo* (Leiden: Brill, 2004).

16. Hardy, *Fabric of This World*, 28.

17. Agnes Heller, *Renaissance Man* (London: Routledge, Kegan and

Paul, 1978), cited in Hardy, *Fabric of This World*.

18. 농담을 한 것이다.

19. 몇몇 학자들은 교회 문에 실제로 못을 박았는지, 아니면 대신에 교회의 권위자들에게 편지를 보냈는지에 대해 의문을 갖고 있다. 어떤 식으로든, 그 글은 교회의 권위자들에게 보내졌고, 이것이 종교개혁의 출발점으로 간주되고 있다.

20. Miller, *LifeWork*, 22.

21. Alister McGrath, *Reformation Thought: An Introduction* (Malden, MA: Blackwell, 2001).

22. Hardy, *Fabric of This World*, 76.

23. Gordon T. Smith, *Courage and Calling: Embracing Your God-Given Potential* (Downers Grove, IL: InterVarsity Press, 1999).

24. Roy Baumeister, *Meanings of Life* (New York: Guilford, 1991), 125.

25. Amy Wrzesniewski, Clark McCauley, Paul Rozin, and Barry Schwartz, "Jobs, Careers, and Callings: People's Relations to Their Work," *Journal of Research in Personality* 31.1 (1997): 21-33.

26. 1장부터 소명의 정의에 대한 차이를 논했던 것을 기억하는가? 우리가 소명을 개념화한 방식은 브제스니예프스키 등의 방식과는 약간 다르다. 예를 들면, 신고전주의 입장에서의 소명 추구는 자신의 일을 적절한 관점에 놓는 것을 포함하는데, 이 점을 3장에서 간단하게, 9장에서 좀 더 깊이 논의하였다. C에서처럼, 집에서나 휴가 때 일하는 것은 이것과 일치하지 않는 것 같다. 그런 행동은 사실 C를 잠재적 일중독자로 보이게 한다. 이에 대해 9장에서 소명의 왜곡으로 설명하였다.

27. Christopher Peterson, Nansook Park, Nicholas Hall, and Martin E. P. Seligman, "Zest and Work," *Journal of Organizational Behavior* 30.2 (2009): 161-72.

28. Ibid., 162.

제3장

1. 유명한 심리학 이론(욕구위계론 – 역주)에서, 매슬로우(Maslow)는 상위

단계의 욕구(자존감이나 자기실현에 대한 욕구)를 충족시키기 위해서는, 하위단계의 욕구(식욕과 같은 생리적 욕구, 안전감에 대한 욕구)가 먼저 충족되어야 한다고 주장했다(Abraham H. Malow, *Motivation and Personality*[New York: Harper & Row, 1970]).

2. Michael J. Breslin and Christopher A. Lewis, "Theoretical Models of the Nature of Prayer and Health: A Review," *Mental Health, Religion and Culture* 11.1 (2008): 9-21.

3. http://religions.pewforum.org/pdf/report2religious−landscape−study−key−findings.pdf.

4. Brandy M. Eldridge and Bryan J. Dik, "Calling vs. Vocation: The Role of a Transcendent Summons," American Psychological Association, Boston, August 2008.

5. Jose F. Domene, "Calling and Career Outcome Expectations: The Mediating Role of Self−Efficacy," *Journal of Career Assessment* (forthcoming).

6. Cristina Jenaro, Noelia Flores, and Benito Arias, "Burnout and Coping in Human Service Practitioners," *Professional Psychology: Research and Practice* 38.1 (2007): 80-87; Alan M. Saks, "Multiple Predictors and Criteria of Job Search Success," *Journal of Vocational Behavior* 68.3 (2006): 400-415.

7. Douglas J. Schuurman, *Vocation: Discerning Our Callings in Life* (Grand Rapids: Eerdmans, 2004), 37.

8. 슈어만(Schuurman)은 이 매개체들에 대해 설명할 때, 기독교인 사회의 맥락을 고려해야 한다고 주장하였다. 재능, 욕구, 의무, 논의, 기도와 같은 성경의 매개체들은 직업심리학 이론에서 추출된 변인들과의 일치도가 매우 높기 때문에, 우리는 그 개념들을 매우 광범위하게 사용하고 있다. 슈어맨이(동일한 책에서 인용, 32−36) 탐색했듯이, 이 원칙들을 일반화시킨 현상은 이전에도 있었고, 신학적으로도 타당했다.

9. Steven D. Brown and Nancy E. Ryan−Krane, "Four (or Five) Sessions and a Cloud of Dust: Old Assumptions and New Observations about

Career Counseling," in *Handbook of Counseling Psychology* (3rd ed.), ed. Steven Brown and Robert Lent (New York: Wiley, 2000), 740-66.

10. Ibid.

11. "삶의 공간(life space)"이라는 개념은 핵심 & 부가적 역할 모두에 있어서, 직업심리학자 도날드 수퍼에 의해 정리되었다. 다음의 문헌들을 참고하기 바란다. Donald E. Super, Mark J. Savickas, C. Super, "The Life—Span, Life—Space Approach to Careers," in *Career Choice and Development* (3rd ed.), ed. Duane Brown and Linda Brooks (San Francisco : Jossey—Bass, 1996), 121—78.

12. Roy Baumeister, *Meanings of Life* (New York: Guilford, 1991).

13. 이 부분에 대해서는 8장에서 조금 더 자세히 다루도록 하겠다.

14. Jeff rey H. Greenhaus and Gary N. Powell, "When Work and Family Are Allies: A Theory of Work—Family Enrichment," *Academy of Management Review* 31.1 (2006): 72-92.

15. 이 부분에 대해서는 5장에서 더 심층적으로 다룰 예정이다.

16. In chapter 8.

17. http://www.goodreads.com/author/quotes/19982.Frederick_Buechner.

18. 우리는 내담자들의 신분을 보호해야 하는 우리의 의무를 매우 충실하게 수행하고 있다. 마리아는 그녀의 실명이 아니고, 그녀의 이야기는 브라이언이 함께 작업했던 몇 명의 내담자의 사례들을 합친 내용으로 구성되어 있다.

제4장

1. M. F. Steger, Patricia Frazier, Shigehiro Oishi, and Matthew Kaler, "The Meaning in Life Questionnaire: Assessing the Presence of and Search for Meaning in Life," *Journal of Counseling Psychology* 53.1 [2006]: 80-93, 81.

2. See Michael F. Steger and Bryan J. Dik, "Work as Meaning: Individual and Organizational Benefits of Engaging in Meaningful Work," in *Oxford Handbook of Positive Psychology at Work*, ed. Alex Linley, Susan Harrington, and Nicola Garcia (Oxford: Oxford

University Press, 2010), 131-42.

3. William Damon, Jenni Menon, and Kendall C. Bronk, "The Development of Purpose during Adolescence," *Applied Developmental Science* 7.3 (2003): 119-28, 121.

4. Peggy Lowe, "Work and God? Not Mutually Exclusive, Exec Says," *Orange County Register*, March 10, 2011, http://www.ocregister.com articles/mutually−291713−county−orange.html.

5. Brent D. Rosso, Kathryn H. Dekas, and Amy Wrzesniewski, "On the Meaning of Work: A Theoretical Integration and Review," *Research in Organizational Behavior* 30 (2010): 91-127.

6. 이 연구는 핵크만과 올드햄의 직업 특징 모델(Job Characteristics Model)에서 온 것이다. 그들은 "사람은 그가 개인적으로 (경험된 책임감) 관심을 가지는 과제를 잘 수행했다고 (경험된 의미감) 알게 되는 (결과에 대한 지식) 정도만큼 긍정 정서를 경험한다."고 주장했다. 프리드와 페리스의 메타분석 연구(특정 연구문제에 대한 연구들의 결과들을 양적으로 종합한 연구)는 우리가 여기서 설명한 관계들을 지지해주고 있다.

7. Matthew B. Crawford, *Shop Class as Soulcraft: An Inquiry into the Value of Work* (New York: Penguin Press, 2009), 4.

8. http://www.newbelgium.com/culture/our−story.aspx.

9. Two examples: Michael G. Pratt, "The Good, the Bad, and the Ambivalent: Managing Identification among Amway Distributors," *Administrative Science Quarterly* 45.3 (2000): 456-93; Jeffery A. Thompson and J. S. Bunderson, "Violations of Principle: Ideological Currency in the Psychological Contract," *Academy of Management Review* 28.4 (2003): 17-39.

10. Gerald R. Salancik and Jeffery Pfeffer, "A Social Information Processing Approach to Job Attitudes and Task Design," *Administrative Science Quarterly* 23.2 (1978): 224-52.

11. Amy Wrzesniewski, Jane E. Dutton, and Gelaye Debebe, "Interpersonal Sense−Making and the Meaning of Work," *Research in Organizational*

Behavior 25 (2003): 93-135.

12. 동료들 간의 관계는 일의 가치를 평가하는 척도들 중의 하나로서, 개인 차를 측정하기 위해 고안된 것이다.

13. Fred O. Malumbwa, Amanda L. Christensen, and Michael K. Muchiri, "Transformational Leadership and Meaningful Work," in *Purpose and Meaning in the Workplace*, ed. Bryan Dik, Zinta Byrne, and Michael Steger (Washington, DC: American Psychological Association, forth-coming).

14. Kara A. Arnold, Nick Turner, Julian Barling, Kevin E. Kelloway, and Margaret C. McKee, "Transformational Leadership and Psychological Well-Being: The Mediating Role of Meaningful Work," *Journal of Occupational Health Psychology* 12.3 (2007): 193-203.

15. Amy Wrzesniewski and Jane E. Dutton, "Crafting a Job: Revisioning Employees as Active Crafters of Their Work," *Academy of Management Review* 26.2 (2001): 179-201.

16. Richard J. Leider and David A. Shapiro, *Whistle While You Work: Heeding Your Life's Calling* (San Francisco: Barrett-Koehler, 2001), xiv.

17. Robert A. Giacalone, Carol L. Jurkiewica, and Louis W. Fry, "From Advocacy to Science: The Next Steps in Workplace Spirituality Research," in *Handbook of the Psychology of Religion and Spirituality*, ed. Raymond F. Paloutzian and Crystal L. Park (New York: Guilford, 2005), 515-28, 515.

18. Marjolein Lips-Wiersma, "The Influence of Spiritual 'Meaning Making' on Career Behavior," *Journal of Management Development* 21.7 (2002): 497-520; Susan C. Sullivan, "The Work-Faith Connection for Low-Income Mothers: A Research Note," *Sociology of Religion* 67.1 (2006): 99-108.

19. Sullivan, "Work-Faith Connection for Low-Income Mothers," 105.

20. Crystal L. Park, "Making Sense of the Meaning Literature: An

Integrative Review of Meaning Making and Its Effects on Adjustment to Stressful Life Events," *Psychological Bulletin* 136.2 (2010): 257–301.

21. Bryan J. Dik, Ryan D. Duffy, and Andrew P. Tix, "Religion, Spirituality, and a Sense of Calling in the Workplace," in *The Psychology of Religion and Workplace Spirituality*, ed. Peter Hill and Bryan Dik (Charlotte, NC: Information Age Publishing, forthcoming).

22. Peter C. Hill and Bryan J. Dik, "Toward a Science of Workplace Spirituality: Contributions from the Psychology of Religion and Spirituality," in *The Psychology of Religion and Workplace Spirituality*, ed. Peter Hill and Bryan Dik (Charlotte, NC: Information Age Publishing, forthcoming); Lowe, "Work and God?"

23. Pete Hammond, R. Paul Stevens, and Todd Svanoe, *The Marketplace Annotated Bibliography: A Christian Guide to Books on Work, Business, and Vocation* (Downers Grove, IL: InterVarsity Press, 2002).

24. www.cardus.ca.

25. http://www.faithandwork.org/.

26. http://www.princeton.edu/csr/current−research/faith−and−work/.

27. Christopher Peterson and Martin E. P. Seligman, *Character Strengths and Virtues: A Handbook and Classification* (Oxford: Oxford University Press, 2004).

28. Martin E. P. Seligman, Tracy A. Steen, Nansook Park, and Christopher Peterson, "Positive Psychology Progress: Empirical Validation of Interventions," *American Psychologist* 60.5 (2005): 410–21.

29. Hadassa Littman−Ovadia and Michael F. Steger, "Character Strengths and Well−Being among Volunteers and Employees: Towards an Integrative Model," *Journal of Positive Psychology* 5.6 (2010): 419–30.

30. Martin E. P. Seligman, "Positive Psychology: Fundamental Assumptions," *Psychologist* 16.3 (2003): 126–27.

31. 꼬떼와 모스코비츠는 행동일치모델(behavioral concordance model)에 서 가장 강한 개인 특질과 일치하는 방식으로 행동하는 것의 이익을 기 술하고 있다. 스테거, 힉스, 카쉬단, 크루거, 부차드의 연구에서도 강점과 다른 개인 차원들 간의 일관성 있는 연결을 보여주고 있으므로 이 설명 은 적합한 것 같다.

32. This point, along with additional context for this discussion, comes from this chapter: Bryan J. Dik, Michael F. Steger, Arissa R. Fitch — Martin, and Casey C. Onder, "Cultivating Meaningfulness at Work," in *The Experience of Meaning in Life: Classical Perspectives, Emerging Themes, and Controversies*, ed. Clay Routledge and Joshua Hicks (New York: Springer, forthcoming).

33. Rebecca J. Schlegel, Joshua A. Hicks, Laura A. King, and Jamie Arndt, "Feeling Like You Know Who You Are: Perceived True Self — Knowledge and Meaning in Life," *Personality and Social Psychology Bulletin* 37.6 (2011): 745–56.

34. Apparently this story has a long history, but we first read it in this essay: John J. Ryan, "Humanistic Work: Its Philosophical and Cultural Implications," in *A Matter of Dignity: Inquiries into the Humanization of Work*, ed. William J. Heisler and John W. Houck (Notre Dame, IN: University of Notre Dame Press, 1977), 11–22.

35. 사회심리학자들은 사람들이 자신의 일치성을 높일 때(self — concordant) — 즉, 사람들이 자기의 흥미와 가치에 가까운 목표를 추구할 때 잘해낸다 는 자료를 제시한다. 이와 유사하게, 구성수준이론(construal level theory) 에서는 매우 중요한 목적을 지금 여기에서의 세부 행동과 연결 짓기 힘들 수는 있지만, 일 행동을 삶의 목적과 연결 짓는 것은 좀 더 구체적이고 실재하는 목적으로 가는, 스스로 일치하는 길을 만들 것임을 시사한다.

36. Michael F. Steger, Bryan J. Dik, and Ryan D. Duff y, "Measuring Meaningful Work: The Work and Meaning Inventory (WAMI)," *Journal of Career Assessment* (forthcoming).

37. Elliot Sober and David S. Wilson, *Unto Others: The Evolution and*

Psychology of Unselfish Behavior (Cambridge, MA: Harvard University Press, 1998).

38. Daniel C. Batson, *The Altruism Question: Toward a Social — Psychological Answer* (Hillsdale, NJ: Lawrence Erlbaum, 1991).

39. Robert B. Cialdini, Stephanie L. Brown, Brian P. Lewis, Carol Luce, and Steven L. Neuberg, "Reinterpreting the Empathy-ltruism Relationship: When One into One Equals Oneness," *Journal of Personality and Social Psychology* 73.3 (1997): 481-94.

40. M. E. McCullough, Marcia B. Kimeldorf, and Adam D. Cohen, "An Adaptation for Altruism? The Social Causes, Social Effects, and Social Evolution of Gratitude," *Current Directions in Psychological Science* 17.4 (2008): 281-85.

41. By "we" here, we mean Bryan along with our colleague Michael Steger. Here's the reference: Michael F. Steger and Bryan J. Dik, "If One Is Looking for Meaning in Life, Does Finding Meaning in Work Help?" *Applied Psychology: Health and Well — Being* 1.3 (2009): 303-20.

42. 우리는 이 결과들을 과장하고 싶지 않다. 이 실험은 우리가 기대한 것보다 작은 수의 참여자로 제한되었다. 그래서 여기서 설명한 결과 패턴은 결정적이라기 보다 제안적이라고 보는 편이 더 낫다. 그럼에도 불구하고, 이 결과들은 조사 자료, 관련된 다른 연구들, 그리고 이론에 근거해서 우리가 기대했던 것에 잘 맞는다.

43. All of what follows is summarized in Brent D. Rosso, Katherine H. Dekas, and Amy Wrzesniewski, "On the Meaning of Work: A Theoretical Review," *Research in Organizational Behavior* 30 (2010): 91-127.

제5장

1. Jared M. Diamond, *Collapse: How Societies Choose to Fail or Succeed* (New York: Viking Press, 2005).

2. David M. Buss, *Evolutionary Psychology: The New Science of the Mind* (New York: Allyn & Bacon, 2007).

3. http://www.bls.gov/news.release/archives/atus_06222010.htm.

4. http://www.cnn.com/SPECIALS/cnn.heroes/.

5. Michael F. Steger, Todd B. Kashdan, and Shigehiro Oishi, "Being Good by Doing Good: Eudaimonic Activity and Daily Well−Being Correlates, Mediators, and Temporal Relations," *Journal of Research in Personality* 42.1 (2008): 22–42.

6. Netta Weinstein and Richard M. Ryan, "When Helping Helps: Autonomous Motivation for Prosocial Behavior and Its Influence on Well−Being for the Helper and Recipient," *Journal of Personality and Social Psychology* 98.2 (2010): 222–44.

7. 우리는 이와 같은 논쟁을 즐기지 않는다는 말을 믿어주셨으면 좋겠다. 그리고, 그러한 논쟁을 할 수 있는 기회는 무궁무진하게 존재한다.

8. 에밀리는 실명이 아니라 가명이다.

9. Adam M. Grant and Justin M. Berg, "Prosocial Motivation at Work: When, Why, and How Making a Difference Makes a Difference," in *Handbook of Positive Organizational Scholarship*, ed. Kim Cameron and Gretchen Spreitzer (Oxford: Oxford University Press, 2011), 28–44.

10. Adam M. Grant, Elizabeth M. Campbell, Grace Chen, Keenan Cottone, David Lapedis, and Karen Lee, "Impact and the Art of Motivation Maintenance: The Effects of Contact with Benefi ciaries on Persistence Behavior," *Organizational Behavior and Human Decision Processes* 103.1 (2007): 53–67.

11. Adam M. Grant, "Relational Job Design and the Motivation to Make a Prosocial Difference," *Academy of Management Review* 32.2 (2007): 393–417.

12. Grant and Berg, "Prosocial Motivation at Work."

13. Adam M. Grant and James W. Berry, "The Necessity of Others Is the Mother of Invention: Intrinsic and Prosocial Motivations,

Perspective—Taking, and Creativity," *Academy of Management Journal* 54.1 (2011): 73-96.

14. Ryan D. Duffy and William E. Sedlacek, "What's Most Important to Students' Long—Term Career Choices: Analyzing 10—Year Trends and Group Differences," *Journal of Career Development* 34.2 (2007): 149-63.

15. Peter Marshall, *Mr. Jones, Meet the Master: Sermons and Prayers of Peter Marshall*, ed. Catherine Marshall (New York: Revell, 1951), 147-48.

16. Amy Wrzesniewski and Jane E. Dutton, "Crafting a Job: Revisioning Employees as Active Crafters of Their Work," *Academy of Management Review* 26.2 (2001): 179-201.

17. John Rosecrance, "The Invisible Horseman: The Social World of the Backstretch," *Qualitative Sociology* 8.3 (1985): 248-65.

18. Arthur P. Brief and Stephan J. Motowidlo, "Prosocial Organizational Behaviors," *Academy of Management Review* 11.4 (1986): 710-25.

19. Grant, "Relational Job Design and the Motivation to Make a Prosocial Difference."

제6장

1. Donald H. Blocher, *The Evolution of Counseling Psychology* (New York: Springer, 2000), 14.

2. M. Pope and M. Sveinsdottir, "Frank, We Hardly Knew Ye: The Very Personal Side of Frank Parsons," *Journal of Counseling and Development* 83 (2005), 105-15.

3. 이 문장은 마크 새비카스의 표현을 인용한 것이다.

4. Frank Parsons, *Choosing a Vocation* (Boston: Houghton Miffl in, 1909), 5.

5. Mark L. Savickas, "Constructing Careers: Actor, Agent, and Author," *Journal of Employment Counseling* 48.4 (2011): 179-81.

6. Henry A. Murray and Clyde Kluckhohn, *Personality in Nature, Society, and Culture* (New York: Knopf, 1953).

7. Susan C. Whiston, Thomas L. Sexton, and David L. Lasoff, "Career–Intervention Outcome: A Replication and Extension of Oliver and Spokane (1988)," *Journal of Counseling Psychology* 45.2 (1998): 150–65; Susan C. Whiston, Briana K. Brecheisen, and Joy Stephens, "Does Treatment Modality Affect Career Counseling Effectiveness?" *Journal of Vocational Behavior* 62.3 (2003): 390–410.

8. Steven D. Brown and Nancy E. Ryan–Krane, "Four (or Five) Sessions and a Cloud of Dust: Old Assumptions and New Observations about Career Counseling," in *Handbook of Counseling Psychology* (3rd ed.), ed. Steven Brown and Robert Lent (New York: Wiley, 2000), 740–66.

9. 이것이 더 낫다고 말하는 것은 이 접근들을 비교하는 연구들에서 재직자 접근이 약간 더 효과적임을 발견했기 때문이다.

10. 내담자들의 신분을 보호하는 것은 아주 중요한 우리의 의무이다. 셰릴은 가명이고, 이 이야기는 브라이언과 상담했던 내담자들의 이야기를 합성한 것이다.

11. Donald E. Super, "A Theory of Vocational Development," *American Psychologist* 8.5 (1953): 185–90.

12. www.bls.gov/news.release/pdf/nlsoy.pdf.

13. http://www.bls.gov/news.release/tenure.nr0.htm.

14. Anya Kamanetz, "The Four–Year Career: Lessons from the New World of Quicksilver Work Where 'Career Planning' Is an Oxymoron," *Fast Company*, February 2012.

15. Douglas T. Hall, *The Career Is Dead: Long Live the Career* (San Francisco: Jossey–Bass, 1996).

16. Donald E. Super, Mark L. Savickas, and C. Super, "The Life–Span, Life–Space Approach to Careers," in *Career Choice and Development* (3rd ed.), ed. Duane Brown and Linda Brooks (San Francisco: Jossey–Bass, 1996), 121–78.

17. Mark L. Savickas, *Career Counseling* (Washington, DC: American Psychological Association Books, 2011).
18. Frederick Buechner, *Wishful Thinking: A Theological ABC* (New York: Harper and Row, 1973), 95.
19. 2009 Global Women in Engineering survey by the U.K. Resource Centre for Women in Science, Engineering, and Technology, http://www.ieee.org/portal/site/tionline/menuitem.130a3558587d56e8 fb2275875bac26c8/index.jsp?&pName = institute_level1_article&TheCat = 2201&article = tionline/legacy/inst2010/mar10/featureWIE.xml&.

제7장

1. Amy Wrzesniewski and Jane E. Dutton, "Crafting a Job: Revisioning Employees as Active Crafters of Their Work," *Academy of Management Review* 26.2 (2001): 179–201, 179.
2. Justin M. Berg, Jane E. Dutton, and Amy Wrzesniewski, "Job Crafting and Meaningful Work," in *Purpose and Meaning in the Workplace*, ed. Bryan Dik, Zeeta Byrne, and Michael Steger (Washington, DC: American Psychological Association, forthcoming).
3. Justin M. Berg, Adam M. Grant, and Victoria Johnson, "When Callings Are Calling: Crafting Work and Leisure in Pursuit of Unanswered Occupational Callings," *Organization Science* 21.5 (2010): 1–22.
4. 위의 책과 동일한 출처.
5. Justin M. Berg, Amy Wrzesniewski, and Jane E. Dutton, "Perceiving and Responding to Challenges in Job Crafting at Different Ranks: When Proactivity Requires Adaptivity," *Journal of Organizational Behavior* 31.2 (2010): 158–86.
6. 위의 책과 동일한 출처. 166.
7. 위의 책과 동일한 출처.
8. Roy Baumeister and Mark R. Leary, "The Need to Belong: Desire

for Interpersonal Attachments as a Fundamental Human Motivation," *Psychological Bulletin* 117.3 (1995): 497–529.

9. Berg, Wrzesniewski, and Dutton, "Perceiving and Responding to Challenges in Job Crafting at Different Ranks," 166.

10. 위의 책과 동일한 출처. 167.

11. 위의 책과 동일한 출처.

12. 이 결과는 다음 연구의 내용이다. Amy Wrzesniewski and Jane E. Dutton, "Crafting a Job : Revisioning Employees as Active Crafters of Their Work," *Academy of Management Review* 26.2 (2001) : 미출판 보고서의 p.179 – 201, Jane E. Dutton, Gelaye Debebe, and Amy Wrzesniewski, "A Social Valuing Perspective on Relationship Sensemaking," : University of Michigan, Ann Arbor.

13. Berg, Dutton, and Wrzesniewski, "Job Crafting and Meaningful Work."

14. Thomas N. Bradbury, Frank D. Fincham, and Steven R. H. Beach, "Research on the Nature and Determinants of Marital Satisfaction: A Decade in Review," *Journal of Marriage and the Family* 62.4 (2000): 964–80.

15. Robert Epstein, "How Science Can Help You Fall in Love," *Scientific American Mind*, January/February 2010, 26–33.

제8장

1. 요식업에 종사하는 사람들은 스트레스 수준이 높고 합법적, 비합법적 물질에 쉽게 접근할 수 있기 때문에, 특히 그런 악습에 빠지기 쉽다는 연구 결과가 있다.

2. Ryan D. Duff y, Pamela F. Foley, Trisha L. Raque – Bogdan, Laura Reid, Bryan J. Dik, Megan C. Castano, and Christopher Adams, "Counseling Psychologists Who View Their Careers as a Calling: A Qualitative Study," *Journal of Career Assessment* (forthcoming).

3. Bryan J. Dik, Brandy M. Eldridge, Michael F. Steger, and Ryan D.

Duff y, "Development and Validation of the Calling and Vocation Questionnaire (CVQ) and Brief Calling Scale (BCS)," *Journal of Career Assessment* (forthcoming).

4. Ryan D. Duff y and William E. Sedlacek, "The Salience of a Career Calling among College Students: Exploring Group Differences and Links to Religiousness, Life Meaning, and Life Satisfaction," *Career Development Quarterly* 59.1 (2010): 27-41.

5. Ryan D. Duff y, Bryan J. Dik, and Michael S. Steger, "Calling and Work — Related Outcomes: Career Commitment as a Mediator," *Journal of Vocational Behavior* 78.2 (2011): 210-18.

6. 다행히도, 새로운 연구에서는 주부 역할을 하는 아버지에 대한 사회적인 태도가 지난 10년 동안 훨씬 더 우호적이 되었던 것으로 나타났다.

7. Justin Coulson, Lindsay Oades, and Gerard Stoyles, "Parent's Conception and Experience of Calling in Child Rearing: A Qualitative Analysis," *Journal of Humanistic Psychology* (forthcoming), 233.

8. Nancy Darling and Laurence Steinberg, "Parenting Style as Context: An Integrative Model," *Psychological Bulletin* 11, no. 3 (1993): 487-96.

9. Justin M. Berg, Adam M. Grant, and Victoria Johnson, "When Callings Are Calling: Crafting Work and Leisure in Pursuit of Unanswered Occupational Callings," *Organization Science* 21.5 (2010): 1-22.

10. Ibid., 12.

11. Ibid.

12. Tina S. Sellers, Kris Thomas, Jennifer Batts, and Cami Ostman, "Women Called: A Qualitative Study of Christian Women Dually Called to Motherhood and Career," *Journal of Psychology and Theology* 33.3 (2005): 198-209.

13. Ibid., 201.

14. Ibid.

15. Kerris L. M. Oates, M. E. L. Hall, and Tamera L. Anderson, "Calling and Conflict: A Qualitative Exploration of Interrole Conflict and the

Sanctification of Work in Christian Mother in Academia," *Journal of Psychology and Theology* 33.3 (2005): 210-33.

16. Ibid., 217.

17. Ibid., 215.

18. Ibid.

제9장

1. Hillary Frank, "The Miseducation of Josh Frank" in "Kids as Adults," *This American Life*, Episode 150, NPR, January 21, 2000.

2. Malcolm Gladwell, *Outliers: The Story of Success* (New York: Little, Brown, 2008).

3. Amy Wrzesniewski, Clark McCauley, Paul Rozin, and Barry Schwartz, "Jobs, Careers, and Callings: People's Relations to Their Work," *Journal of Research in Personality* 31.1 (1997): 21-33.

4. 스틸워터라는 가상의 밴드를, 실제로 1973년부터 1982년까지 조지아 (Georgia)의 워너 로빈스(Warner Robins)에서 활동했던 밴드 스틸워터 (Stillwater)와 헷갈리지 말기 바란다.

5. Jeffrey H. Greenhaus and Gary N. Powell, "When Work and Family Are Allies: A Theory of Work—Family Enrichment," *Academy of Management Review* 31.1 (2006): 72-92.

6. Thomas W. H. Ng, Kelly L. Sorensen, and Daniel C. Feldman, "Dimensions, Antecedents, and Consequences of Workaholism: A Conceptual Integration and Extension," *Journal of Organizational Behavior* 28.1 (2007): 111-36.

7. 위의 책과 동일한 출처

8. 위의 책과 동일한 출처

9. Walter Isaacson, *Steve Jobs* (New York: Simon & Schuster, 2011).

10. Shoshana R. Dobrow and Jennifer Tosti—Kharas, "Calling: The Development of a Scale Measure," *Personnel Psychology* 64.4 (2011): 1001-49, 1005.

11. Daniel J. Wakin, "The Juilliard Effect: Ten Years Later," *New York Times*, December 12, 2004; Andrew Druckenbrod, "Many Small Orchestras Whistle a Happier Tune," *Pittsburgh Post−Gazette*, November 27, 2005, http://www.post−gazette.com/pg/05331/613157.stm.

12. Stuart Bunderson and Jeffery A. Thompson, "The Call of the Wild: Zookeepers, Callings and the Double−Edged Sword of Deeply Meaningful Work," *Administrative Science Quarterly* 54.1 (2009): 32–57.

13. 위의 책과 동일한 출처, 52.

14. 위의 책과 동일한 출처, 43.

15. Douglass J. Schuurman, *Vocation: Discerning Our Callings in Life* (Grand Rapids: Eerdmans, 2004).

16. John Calvin, "Treatises against the Anabaptists and against the Libertinese," ed. and trans. Benjamin Farley (Grand Rapids, MI: Baker Academic, 2001), cited in Schuurman, *Vocation*.

17. Ervin Staub, *The Psychology of Good and Evil: Why Children, Adults, and Groups Help and Harm Others* (New York: Cambridge University Press, 2003).

18. Schuurman, Vocation, 79.

19. 위의 책과 동일한 출처

20. 요세프는 실명이 아니라 가명이다.

제10장

1. Rana Foroohar, "What Ever Happened to Upward Mobility?" *Time*, November 14, 2011.

2. Nadya A. Fouad and John Bynner, "Work Transitions." *American Psychologist* 63.4 (2008): 241–51, 245.

3. Alec R. Levenson, "Millennials and the World of Work: An Economist's Perspective," *Journal of Business Psychology* 25.2 (2010): 257–64, 262.

4. Ruth E. Fassinger, "Workplace Diversity and Public Policy: Challenges and Opportunities for Psychology," *American Psychologist* 63.4 (2008):

252–68.
5. David L. Blustein, *The Psychology of Working: A New Perspective for Career Development, Counseling, and Public Policy* (Mahwah, NJ: Erlbaum, 2008); Blustein, "The Role of Work in Psychological Health and Well–Being: A Conceptual, Historical, and Public Policy Perspective," *American Psychologist* 63.4 (2008): 228–40.
6. Tod Sloan, "Global Work–Related Suffering: A Priority for Vocational Psychology," *Counseling Psychologist* 33.2 (2005): 207–14.
7. Fred H. Borgen, "Advancing Social Justice in Vocational Theory, Research and Practice," *Counseling Psychologist* 33.2 (2005): 197–206, 201.
8. This research is summarized in Blustein, *Psychology of Working.*
9. Richard E. Lucas, Andrew E. Clark, Yannis Georgellis, and Ed Diener, "Unemployment Alters the Set–Point for Life Satisfaction," *Psychological Science* 15.1 (2004): 8–13.
10. Frances M. McKee–Ryan, Zhaoli Song, Connie R. Wanberg, and Angelo J. Kiniki, "Psychological and Physical Well–Being during Unemployment: A Meta–Analytic Study," *Journal of Applied Psychology* 90.1 (2005): 53–76.
11. Douglas T. Hall and Dawn E. Chandler, "Psychological Success," *Journal of Organizational Behavior* 26.2 (2005): 155–76, 167.
12. Ibid.
13. http://www.census.gov/hhes/www/cpstables/032011/perinc/toc.htm.
14. American Psychological Association, *Report of the APA Task Force on Socioeconomic Status* (Washington, DC: American Psychological Association, 2007), http://www2.apa.org/pi/SES_task_force_report.pdf.
15. Marianne Bertrand and Sendhil Mullainathan, "Are Emily and Greg More Employable than Lakisha and Jamal? A Field Experiment on Labor Market Discrimination," *American Economic Review* 94.4 (2003): 991–1013.

16. Claude M. Steele, "A Threat in the Air: How Stereotypes Shape the Intellectual Identities and Performance of Women and African Americans," *American Psychologist* 52.6 (1997): 613–29.

17. All of this is reviewed in Ruth E. Fassinger, "Workplace Diversity and Public Policy: Challenges and Opportunities for Psychology," *American Psychologist* 63.4 (2008): 252–68.

18. There were some men in the sample used in this study, too, but not many (American Association of University Women, *Drawing the Line: Sexual Harassment on Campus* [Washington, DC: American Association of University Women Educational Foundation, 2006]).

19. Barbara L. Bernier, "Sugar Cane Slavery: Bateyes in the Dominican Republic," *New England Journal of International and Comparative Law* 9.1 (2003): 17–45.

20. http://news.bbc.co.uk/2/hi/asia – pacifi c/6955202.stm

21. David G. Myers, "The Funds, Friends, and Faith of Happy People," *American Psychologist* 55.1 (2000): 56–7; Daniel Kahneman and Angus Deaton, "High Income Improves Evaluation of Life but Not Emotional Well – Being," *Proceedings of the National Academy of Sciences of the United States of America* 107.38 (2010): 16489–93.

22. Ellen H. McWhirter, David L. Blustein, and Justin C. Perry, "Annunciation: Implementing an Emancipatory Communitarian Approach to Vocational Psychology," *Counseling Psychologist* 33.2 (2005): 215–24, 222.

23. Ken Dychtwald, Tamara J. Ericson, and Robert Morison, *Workforce Crisis* (Boston: Harvard Business School Press, 2006).

24. Kelly Greene, "When We're All 64," Wall Street Journal, September 26, 2005; cited in Wayne F. Cascio, "The Changing World of Work," in *Oxford Handbook of Positive Psychology and Work*, ed. P. Alex Linley, Susan Harrington, and Nicola Garcea (New York: Oxford University Press, 2010), 13–23.

25. United States Department of Labor, Aging Workforce Initiative, 2011, http://www.doleta.gov/brg/indprof/AWI/.

26. Alec R. Levenson, "Millennials and the World of Work: An Economist's Perspective," *Journal of Business Psychology* 25.2 (2010): 257–64.

27. Sylvia A. Hewlett, Laura Sherbin, and Karen Sumberg, "How Gen Y and Boomers Will Reshape Your Agenda," *Harvard Business Review* 87.7 – 8 (2009): 1–6.

28. Bryan J. Dik, Zinta S. Byrne, and Michael F. Steger, eds., *Purpose and Meaning in the Workplace* (Washington, DC: American Psychological Association, forthcoming).

29. Heather E. Quick and Phyllis Moen, "Gender, Employment, and Retirement Quality: A Life Course Approach to the Differential Experiences of Men and Women," *Journal of Occupational Health Psychology* 3.1 (1998): 44–64.

30. Cascio, "Changing World of Work."

31. E.g., Douglas T. Hall, *Careers in and out of Organizations*, 1st ed. (Thousand Oaks, CA: Sage Publications, 2002); Jon P. Briscoe and Douglas T. Hall, "The Interplay of Boundaryless and Protean Careers: Combinations and Implications," *Journal of Vocational Behavior* 69.1 (2006): 4–18.

32. Douglas T. Hall, "The Protean Career: A Quarter – Century Journey," *Journal of Vocational Behavior* 65.1 (2004): 1–13, 4.

33. Briscoe and Hall, "Interplay of Boundaryless and Protean Careers."

34. Hall and Chandler, "Psychological Success."

Questions and Answers

1. Andreas Hirschi, "Callings in Career: A Typological Approach to Essential and Optional Components," *Journal of Vocational Behavior* 79.1 (2011): 60–73.

2. 위의 책과 동일한 출처, 70.

3. Bill Bryson, *The Mother Tongue: English and How It Got That Way* (New York: William Morrow, 1991).

4. http://religions.pewforum.org/reports.

5. M. Hermansen, "Islamic Concepts of Vocation," in *Revisiting the Idea of Vocation: Theological Explorations*, ed. John Haughey (Washington, DC: Catholic University of America Press, 2004), 77–96, 77–78.

6. Marsha Sinetar, *Do What You Love, the Money Will Follow: Discovering Your Right Livelihood* (New York: Paulist Press, 1987).

7. Dalai Lama and Harold C. Cutler, *The Art of Happiness at Work* (New York: Riverhead Books, 2004).

8. Andrew Newberg, Michael Pourdehnad, Abass Alavi, and Eugene O'Aquili, "Cerebral Blood Flow during Meditative Prayer: Preliminary Findings and Methodological Issues," *Perceptual and Motor Skills* 97.2 (2003): 525–30.

9. Jeffrey A. LePine, Amir Erez, and Diane E. Johnson, "The Nature and Dimensionality of Organizational Citizenship Behavior: A Critical Review and Meta–Analysis," *Journal of Applied Psychology* 87.1 (2002): 52–65.

10. Bryan J. Dik, Michael F. Steger, Amanda Gibson, and William Peisner, "Make Your Work Matter: Development and Pilot Evaluation of a Purpose–Centered Career Education Intervention," *New Directions in Youth Development* 132, Winter (2011): 59–75.

11. Rich Feller, personal communication with the authors, January 31, 2012.

12. 구글에서 "경력 코치 자격증(career coach certification)"을 한번 검색해 보기 바란다. 우리가 해보았을 때 가장 먼저 나온 결과는 다음과 같았다. "전문 진로 코치 되기 - 고수익 보장". 또 다른 검색결과는 조금 더 화려한 문장이었다. "당신도 경력 코치가 될 수 있다 - 오늘날 빠르게 성

장하고 있는 분야 – 많은 사람들이 직업을 찾는 일을 도우면서 시간당 20만원 이상을 벌 수 있는데다가, 재택근무도 가능함!" 오해하지 않았으면 좋겠다. 대부분의 코치들은 어려운 상황에서도 많은 사람들을 위해 일하고 있고, 그렇게 손쉽게 부자가 되지는 못한다. 물론, 어떤 코치들은 좋은 수익을 올리기도 한다.

13. David Woods, Jerome S. Bruner, and Gail Ross, "The Role of Tutoring in Problem Solving," *Journal of Child Psychology and Psychiatry* 17.2 (1976): 89–100.

찾아보기

지은이 소개

브라이언 딕(Bryan J. Dik)
콜로라도 주립 대학교의 심리학과 조교수이며, 인간행동을 분석하는 회사인 jobZology의 창립자이자 연구담당 최고책임자(chief science officer)이다. 브라이언은 여섯 개의 연구저널의 편집위원회에 소속되어 있으며, 「종교심리학과 직장영성(Psychology of Religion and Workplace Spirituality)」과 「일터에서 의미찾기(Purpose and Meaning in the Workplace)」의 공동편집자이다. 그리고, 2010년 직업심리학회에서 수여하는 초기경력에 대한 전문가 상을 수상하기도 하였다.

라이언 더피(Ryan D. Duffy)
플로리다 대학교의 조교수이다. 경력평가저널(Journal of Career Assessment)과 상담심리학 저널(Journal of Counseling Psychology)의 편집위원회에 소속되어 있다.

옮긴이 소개

박 정 민
이화여자대학교 대학원 심리학과에서 상담심리학 전공으로 박사 학위를 받았다. 한국청소년상담원(현 한국청소년상담복지개발원) 선임상담원, 이화여자대학교 학생상담센터 상담원, ㈜다산 E&E의 EAP 팀장, ㈜피플인싸이트 그룹의 EAP 팀장, ㈜리더스인싸이트그룹의 Development 담당 상무를 역임하였고, 현재 COZY SUDA 라는 1인 기업 대표로 재직 중이다. 다양한 조직의 임원 및 팀장, 구성원을 대상으로 건강한 마음관리를 하는 상담심리전문가, Smart Leadership & Followership 을 관리하는 전문코치로 활발히 활동하고 있다.
[Homepage] www.cozysuda.com   [Email] monica@cozysuda.com

[저서]
코칭여행자를 위한 안내서(지식과감성, 2015)
오해하지 말아주세요(박영스토리, 2014)
남자의 공간(21세기북스, 2013)
멘붕 탈출! 스트레스 관리(학지사, 2013)

[역서]
일터에서 의미찾기(박영스토리, 2015)
역량기반 평가기법(지식과감성, 2015)
스트레스 없는 풍요로운 삶(시그마프레스, 2013)
상사를 관리하라(랜덤하우스, 2011)
Y세대의 코칭 전략(시그마북스, 2010)
중간관리자의 성과코칭전략(이너북스, 2009)
심리치료의 거장(학지사, 2008)

지 승 희

이화여자대학교 대학원 심리학과에서 상담심리학 전공으로 박사학위를 받았다. 한국청소년상담복지개발원 상담교수를 역임했으며 현재 고려사이버대학교 상담심리학과 교수이다.

[역서]
우울과 자살 위기의 청소년 치료(공역, 학지사, 2016)
일터에서 의미찾기(공역, 박영스토리, 2015)
학교에서의 연극치료와 가족치료(공역, 시그마프레스, 2013)
스트레스 없는 풍요로운 삶(공역, 시그마프레스, 2013)
예방상담학(공역, 시그마프레스, 2010)
괴롭힘 없는 교실 만들기(공역, 시그마프레스, 2008)

[저서]
학교폭력 예방의 이론과 실제(공저, 학지사, 2014)
멘붕 탈출! 스트레스 관리(공저, 학지사, 2013)

나의 일을 의미있게 만드는 방법

초판인쇄	2016년 11월 10일
초판발행	2016년 11월 20일
지은이	Bryan J. Dik·Ryan D. Duffy
옮긴이	박정민·지승희
펴낸이	안상준
편 집	한두희
기획/마케팅	노 현
표지디자인	권효진
제 작	우인도·고철민
펴낸곳	㈜ 피와이메이트
	서울특별시 마포구 월드컵북로 400, 5층 2호(상암동, 문화콘텐츠센터)
	등록 2014. 2. 12. 제2015-000165호
전 화	02)733-6771
f a x	02)736-4818
e-mail	pys@pybook.co.kr
homepage	www.pybook.co.kr
ISBN	979-11-87010-86-9 03180

First Edition published by Templeton Press. 2012
copyright © 2016 by Bryan J. Dik and Ryan D. Duffy

정 가   20,000원

박영스토리는 박영사와 함께하는 브랜드입니다.